ARIOL

Für Madame Chermette,
Emmanuel Guibert

Emmanuel Guibert Marc Boutavant

ARiOL

Ein stolzer Gockel

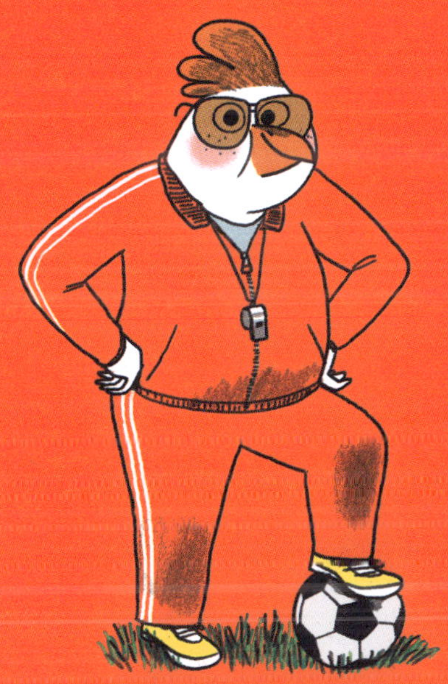

Farben: Rémi Chaurand

REPRODUKT

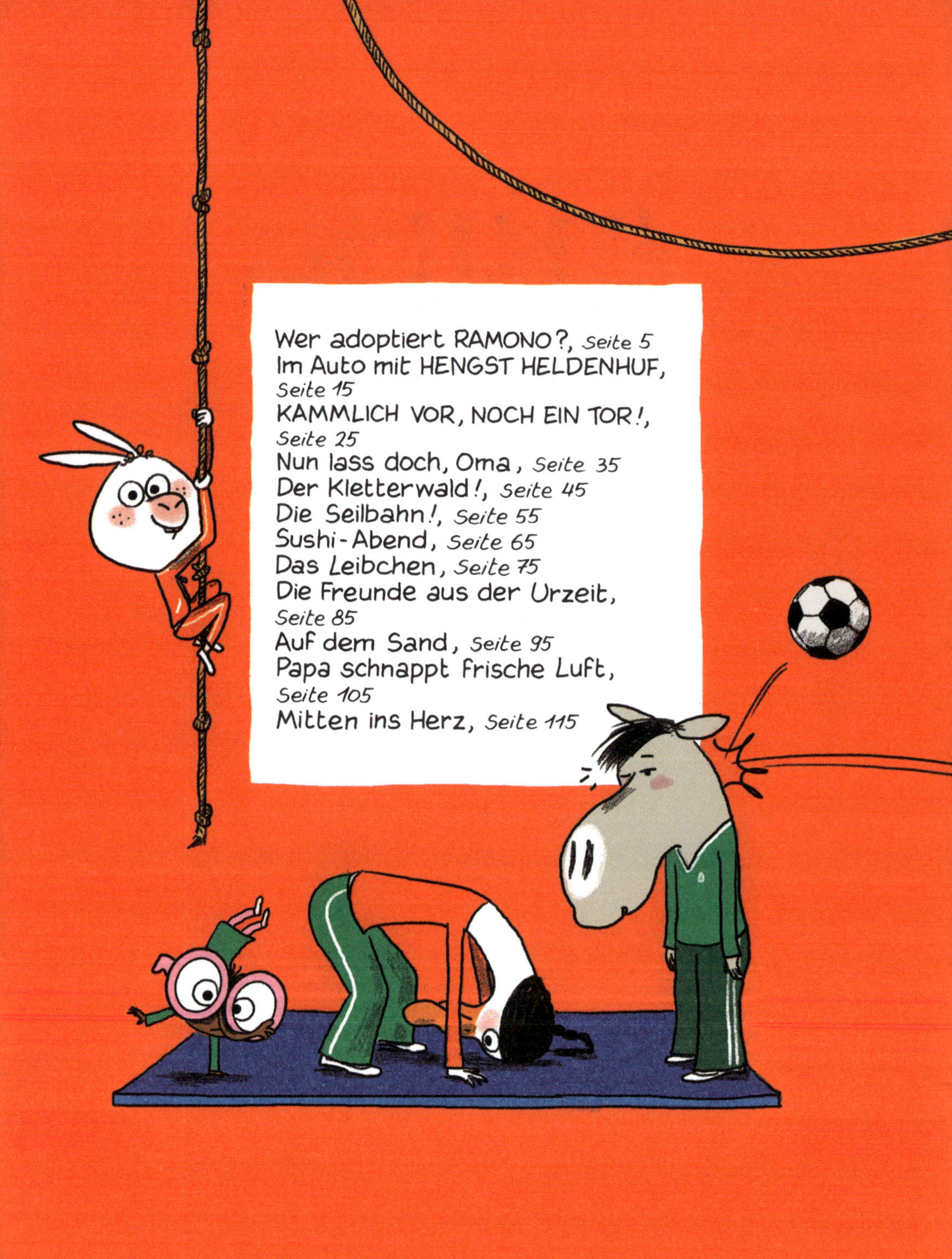

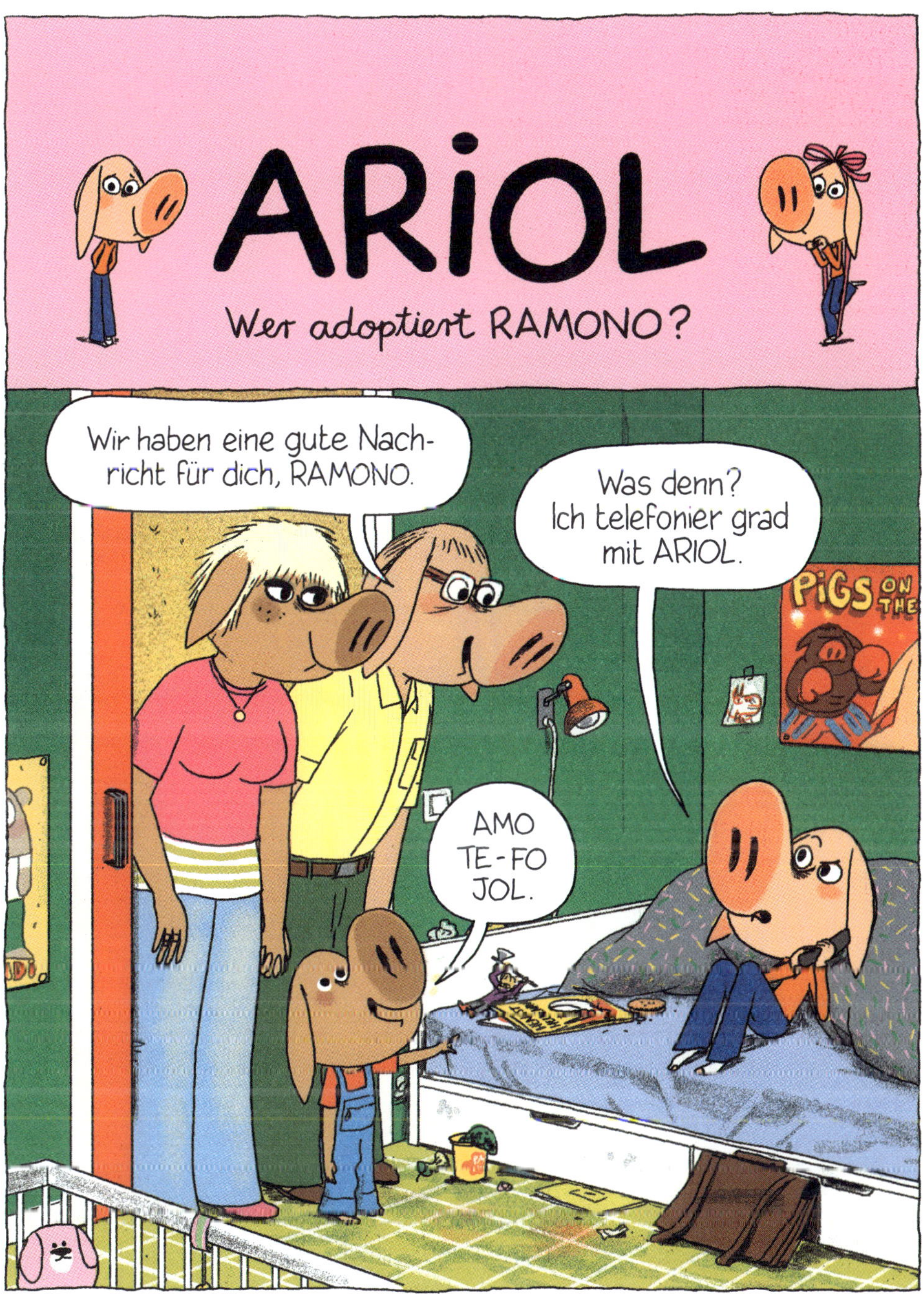
ARIOL
Wer adoptiert RAMONO?
Wir haben eine gute Nachricht für dich, RAMONO.
Was denn? Ich telefonier grad mit ARIOL.
AMO TE-FO JOL.
PIGS ON THE

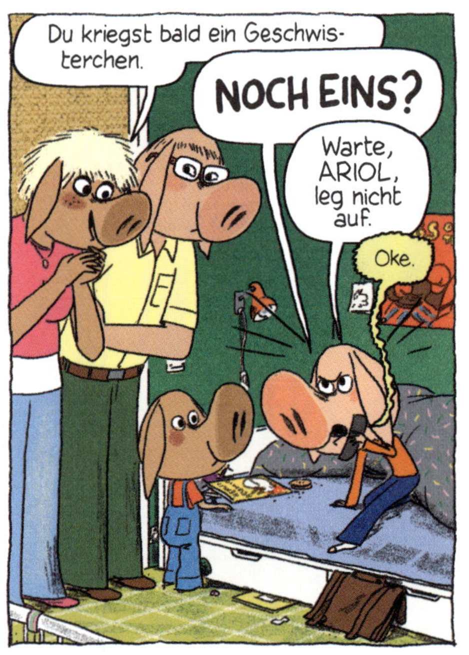
Du kriegst bald ein Geschwisterchen.
NOCH EINS?
Warte, ARIOL, leg nicht auf.
Oke.

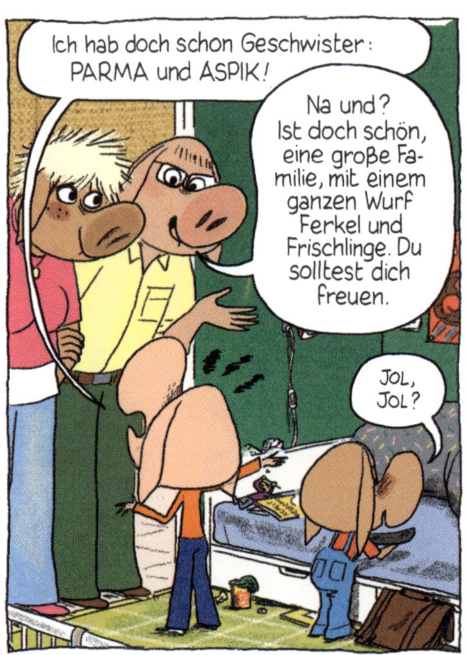
Ich hab doch schon Geschwister: PARMA und ASPIK!
Na und? Ist doch schön, eine große Familie, mit einem ganzen Wurf Ferkel und Frischlinge. Du solltest dich freuen.
JOL, JOL?

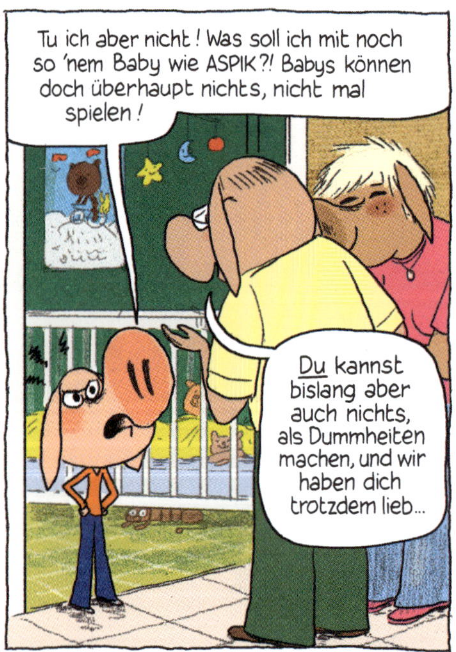
Tu ich aber nicht! Was soll ich mit noch so 'nem Baby wie ASPIK?! Babys können doch überhaupt nichts, nicht mal spielen!
Du kannst bislang aber auch nichts, als Dummheiten machen, und wir haben dich trotzdem lieb...

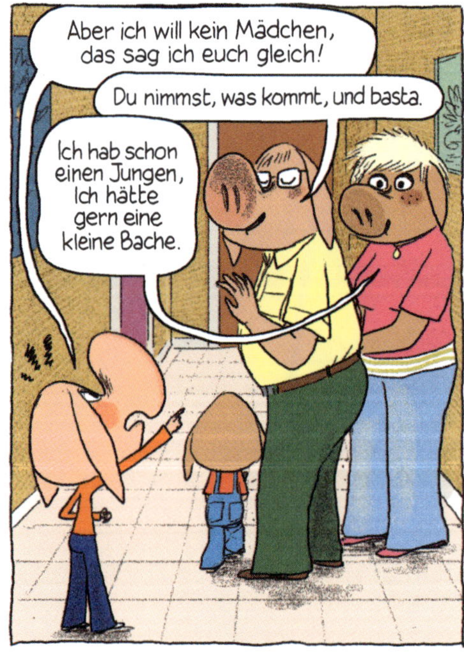
Aber ich will kein Mädchen, das sag ich euch gleich!
Du nimmst, was kommt, und basta.
Ich hab schon einen Jungen, Ich hätte gern eine kleine Bache.

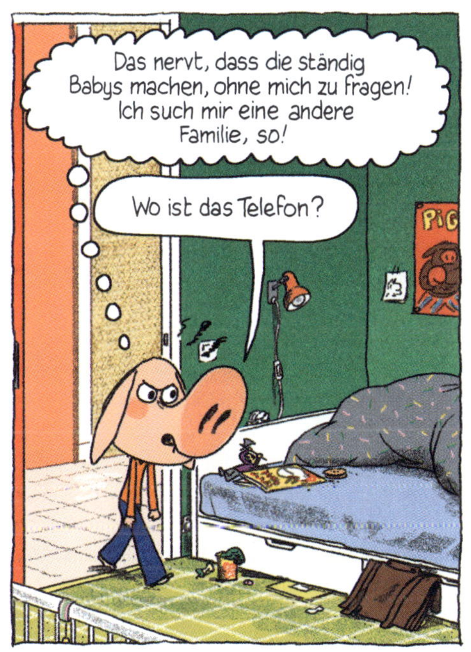
Das nervt, dass die ständig Babys machen, ohne mich zu fragen! Ich such mir eine andere Familie, so!
Wo ist das Telefon?

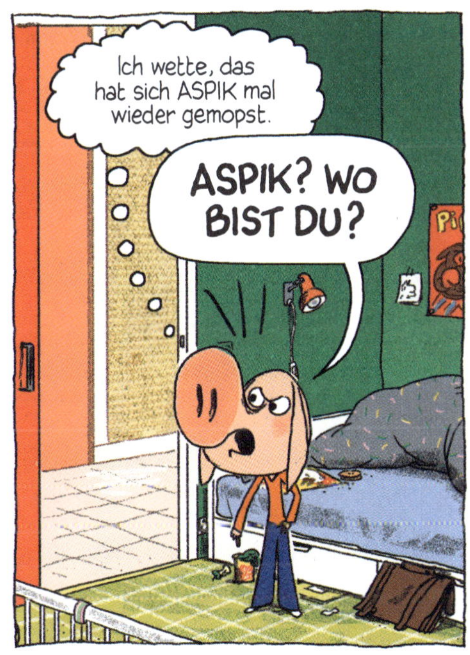
Ich wette, das hat sich ASPIK mal wieder gemopst.
ASPIK? WO BIST DU?

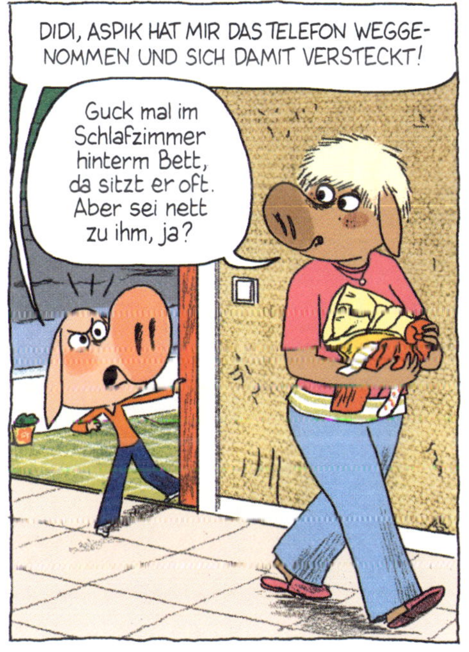
DIDI, ASPIK HAT MIR DAS TELEFON WEGGENOMMEN UND SICH DAMIT VERSTECKT!
Guck mal im Schlafzimmer hinterm Bett, da sitzt er oft. Aber sei nett zu ihm, ja?

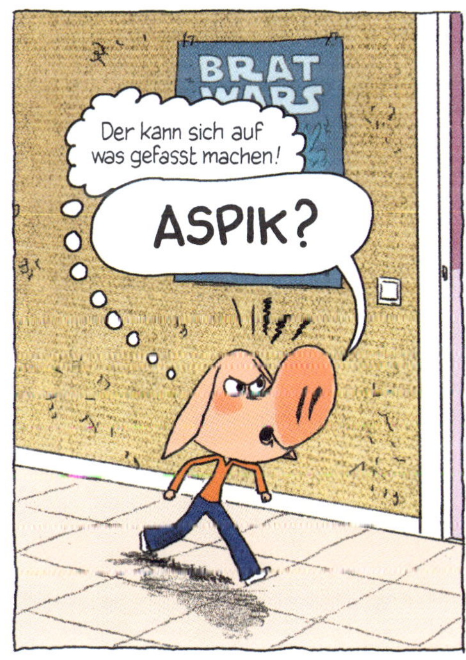
BRAT WARS
Der kann sich auf was gefasst machen!
ASPIK?

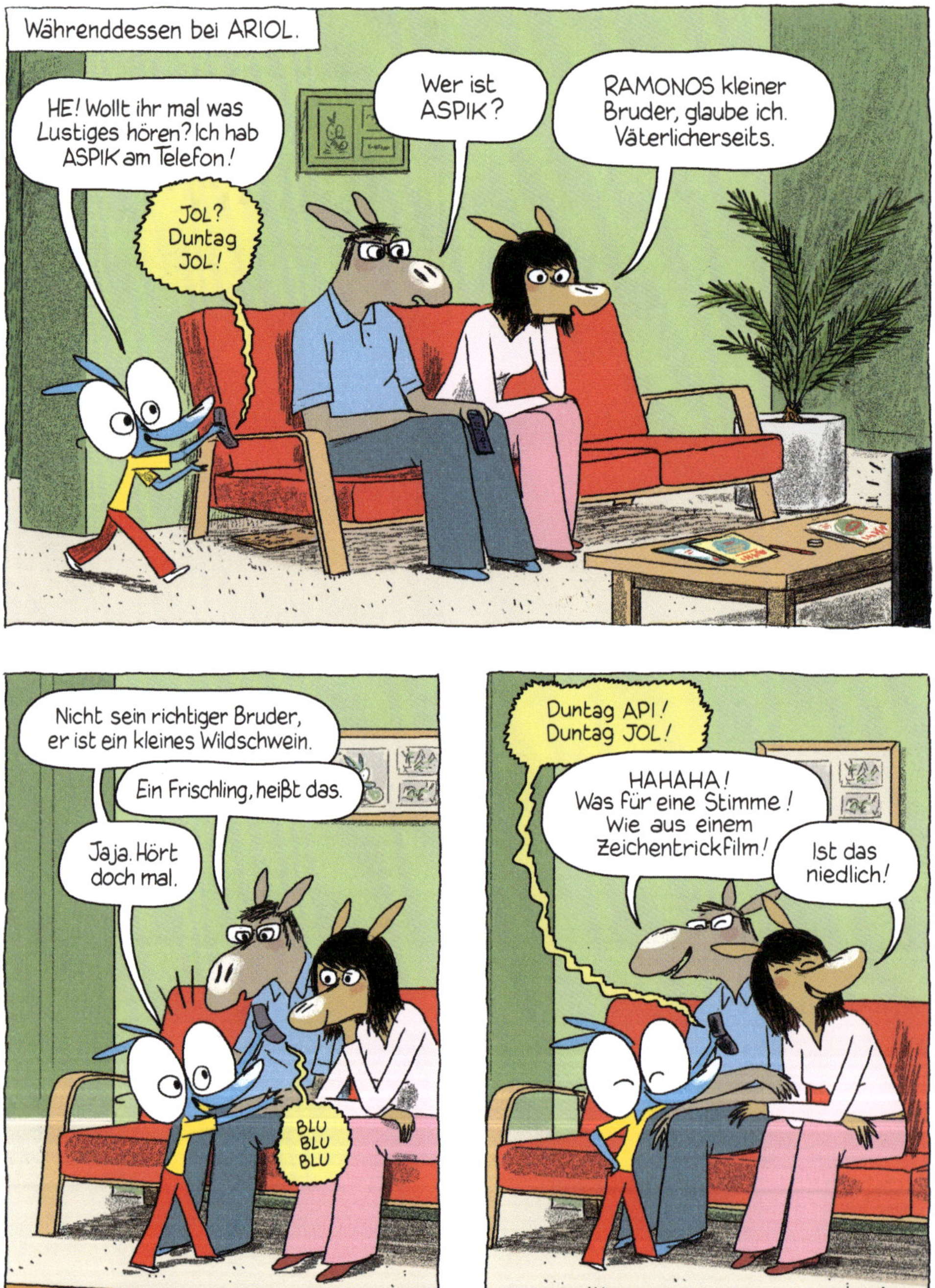

Währenddessen bei ARIOL.

HE! Wollt ihr mal was Lustiges hören? Ich hab ASPIK am Telefon!

JOL? Duntag JOL!

Wer ist ASPIK?

RAMONOS kleiner Bruder, glaube ich. Väterlicherseits.

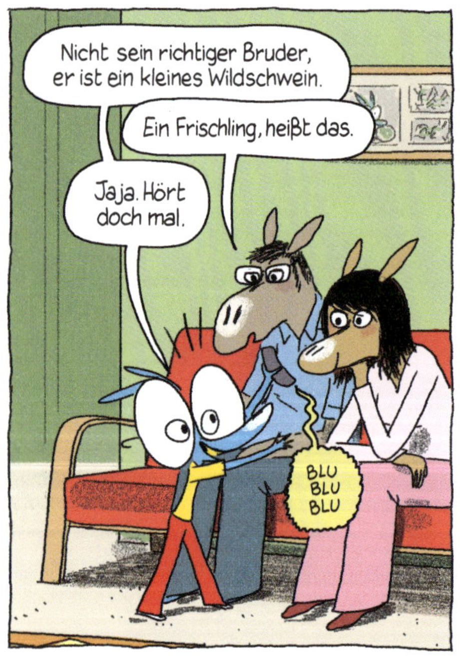

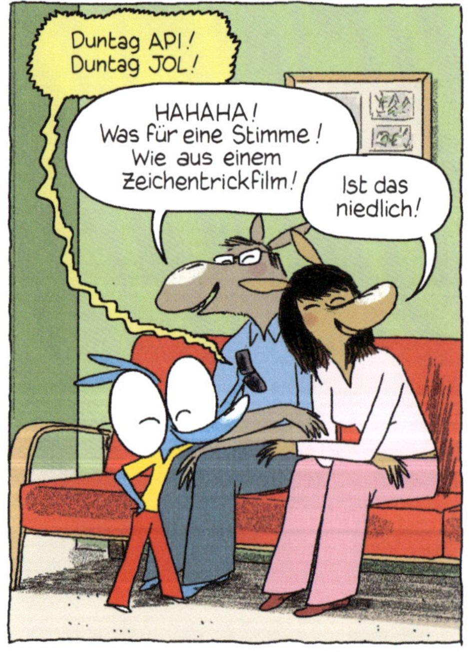

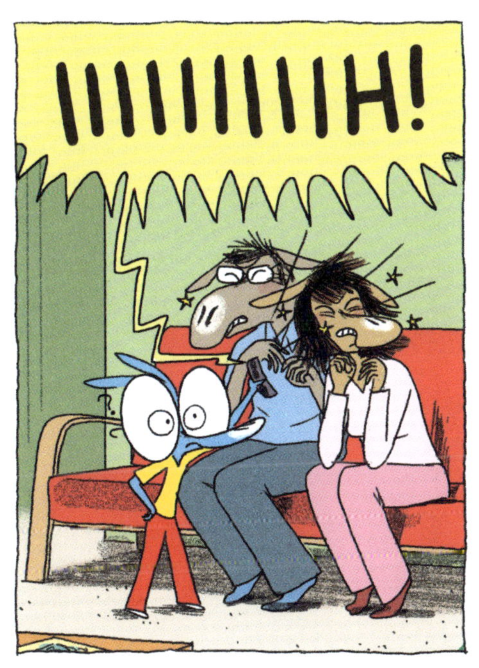
IIIIIIIIIH!

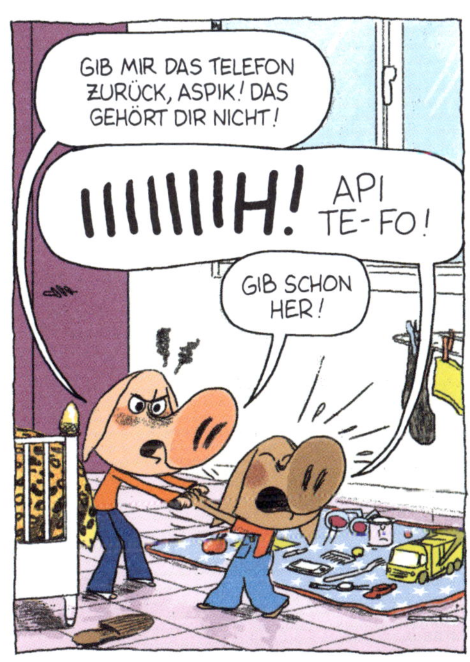
GIB MIR DAS TELEFON ZURÜCK, ASPIK! DAS GEHÖRT DIR NICHT!
IIIIIIIH! API TE-FO!
GIB SCHON HER!

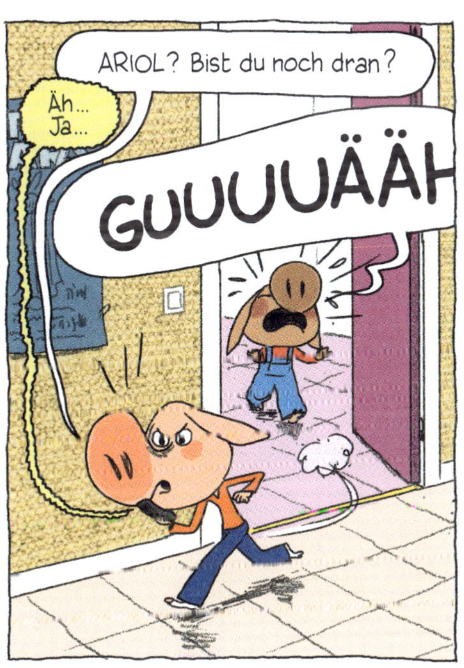
ARIOL? Bist du noch dran?
Äh... Ja...
GUUUUÄÄH

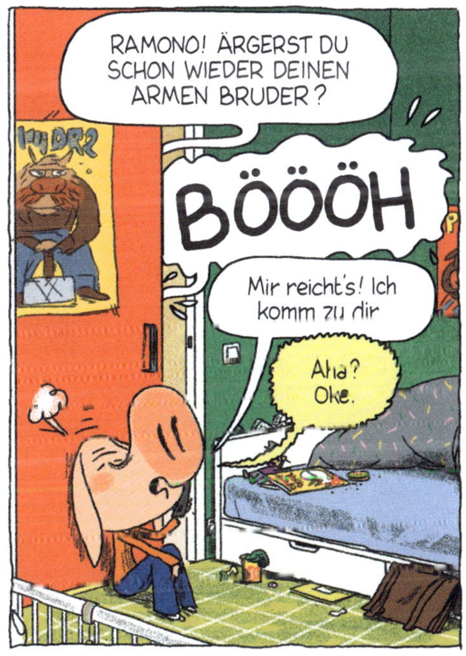
RAMONO! ÄRGERST DU SCHON WIEDER DEINEN ARMEN BRUDER?
BÖÖÖH
Mir reicht's! Ich komm zu dir
Aha? Oke.

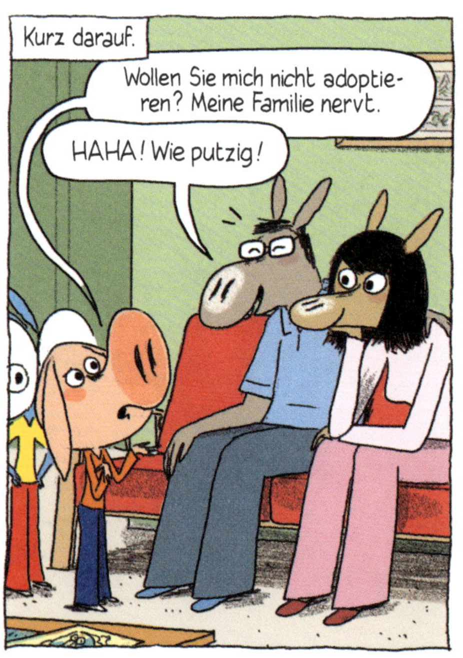
Kurz darauf.
Wollen Sie mich nicht adoptieren? Meine Familie nervt.
HAHA! Wie putzig!

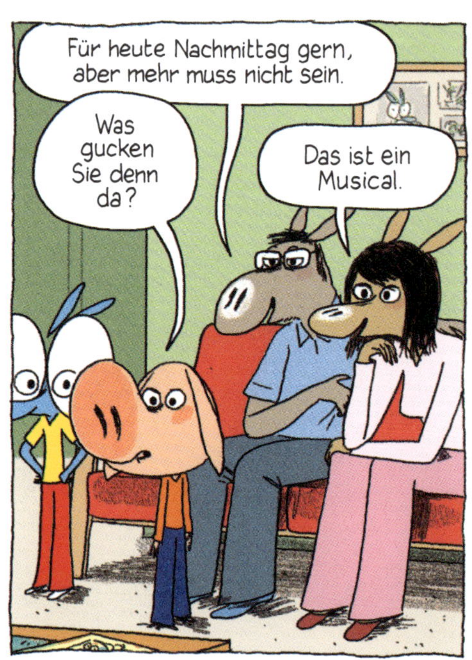
Für heute Nachmittag gern, aber mehr muss nicht sein.
Was gucken Sie denn da?
Das ist ein Musical.

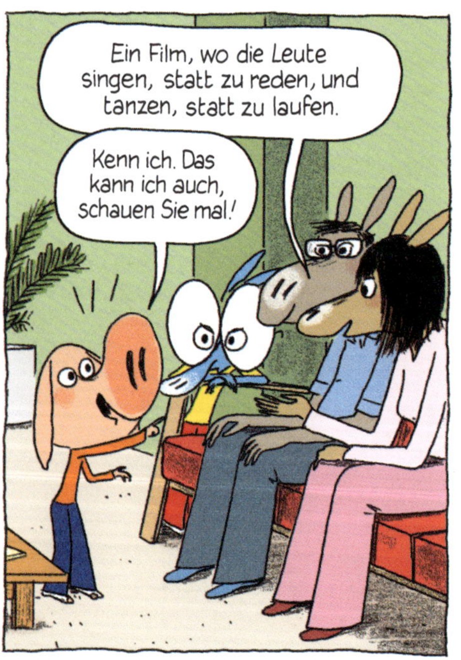
Ein Film, wo die Leute singen, statt zu reden, und tanzen, statt zu laufen.
Kenn ich. Das kann ich auch, schauen Sie mal!

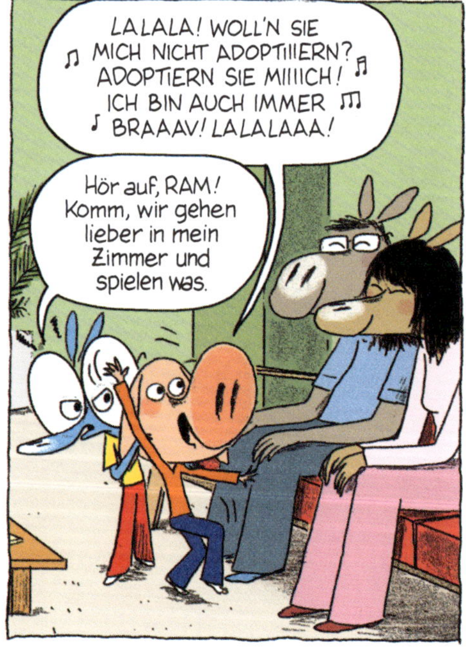
LALALA! WOLL'N SIE MICH NICHT ADOPTIIIERN? ADOPTIERN SIE MIIIICH! ICH BIN AUCH IMMER BRAAAV! LALALAAA!
Hör auf, RAM! Komm, wir gehen lieber in mein Zimmer und spielen was.

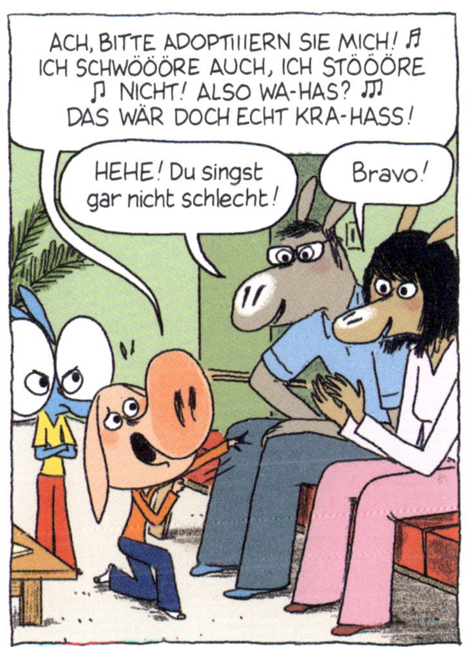
ACH, BITTE ADOPTIIIERN SIE MICH! ♬ ICH SCHWÖÖÖRE AUCH, ICH STÖÖÖRE ♫ NICHT! ALSO WA-HAS? ♬ DAS WÄR DOCH ECHT KRA-HASS!
HEHE! Du singst gar nicht schlecht!
Bravo!

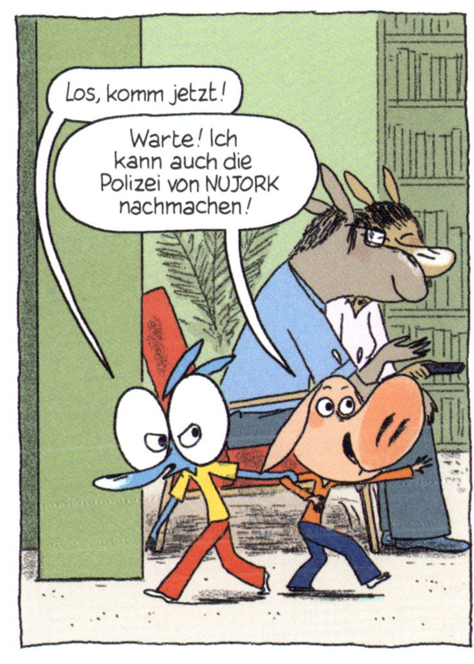
Los, komm jetzt!
Warte! Ich kann auch die Polizei von NUJORK nachmachen!

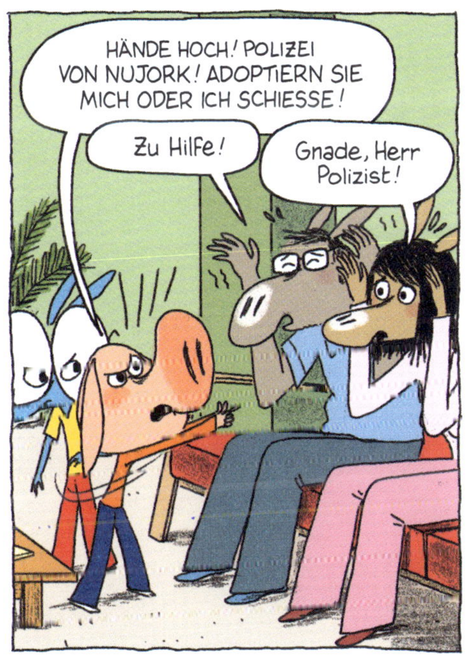
HÄNDE HOCH! POLIZEI VON NUJORK! ADOPTIERN SIE MICH ODER ICH SCHIESSE!
Zu Hilfe!
Gnade, Herr Polizist!

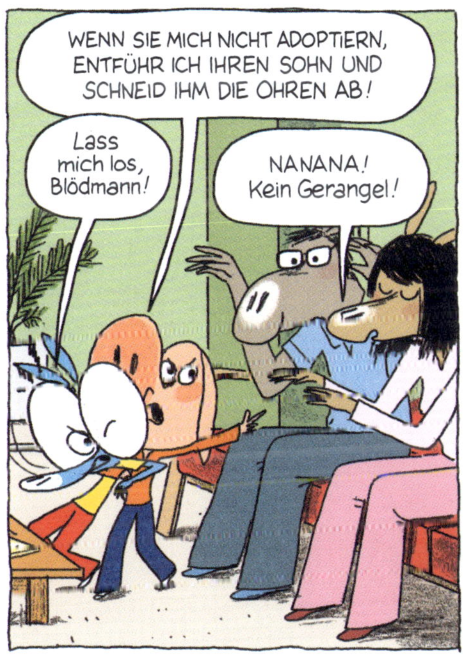
WENN SIE MICH NICHT ADOPTIERN, ENTFÜHR ICH IHREN SOHN UND SCHNEID IHM DIE OHREN AB!
Lass mich los, Blödmann!
NANANA! Kein Gerangel!

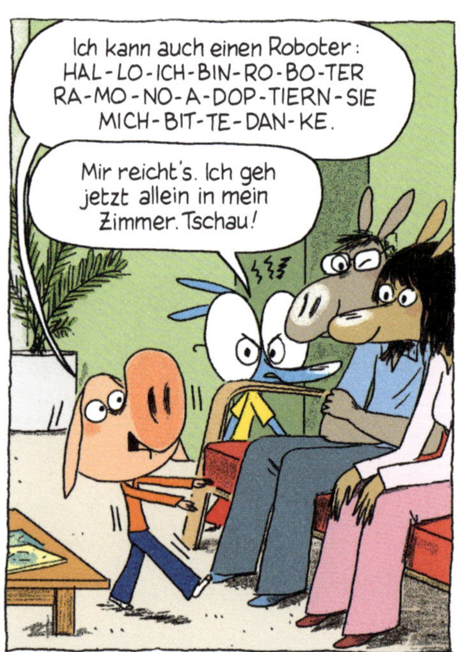
Ich kann auch einen Roboter: HAL-LO-ICH-BIN-RO-BO-TER RA-MO-NO-A-DOP-TIERN-SIE MICH-BIT-TE-DAN-KE.
Mir reicht's. Ich geh jetzt allein in mein Zimmer. Tschau!

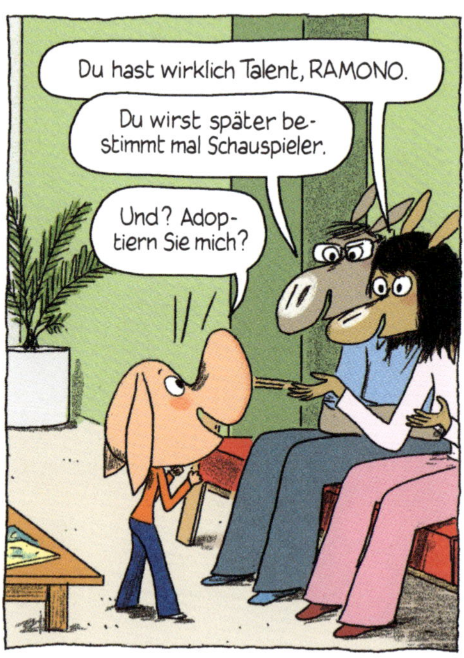
Du hast wirklich Talent, RAMONO.
Du wirst später bestimmt mal Schauspieler.
Und? Adoptiern Sie mich?

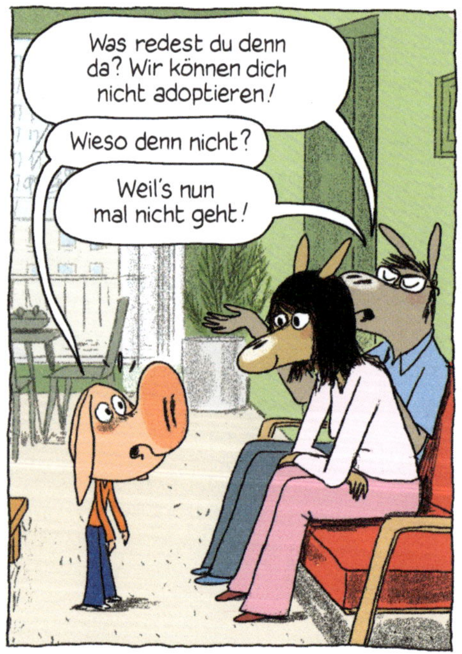
Was redest du denn da? Wir können dich nicht adoptieren!
Wieso denn nicht?
Weil's nun mal nicht geht!

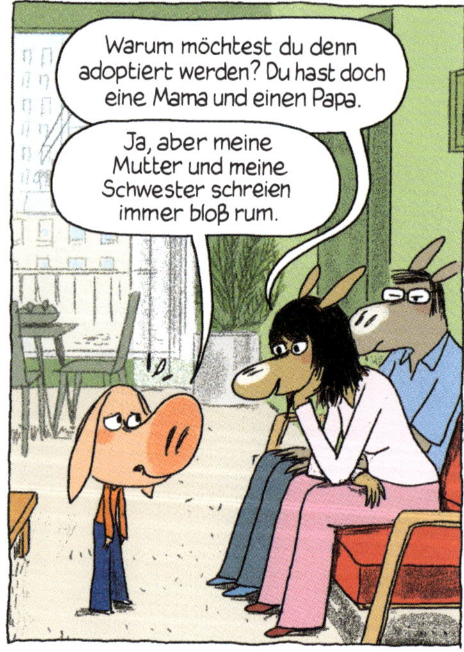
Warum möchtest du denn adoptiert werden? Du hast doch eine Mama und einen Papa.
Ja, aber meine Mutter und meine Schwester schreien immer bloß rum.

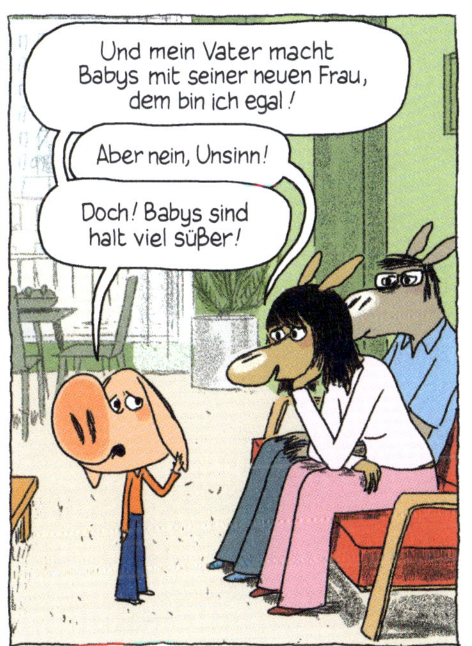
Und mein Vater macht Babys mit seiner neuen Frau, dem bin ich egal!
Aber nein, Unsinn!
Doch! Babys sind halt viel süßer!

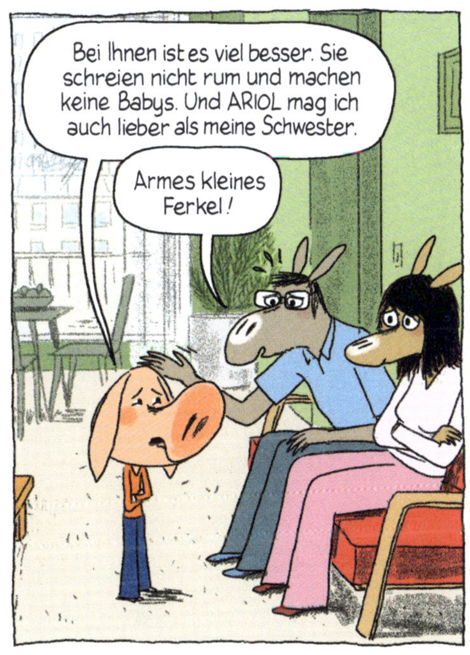
Bei Ihnen ist es viel besser. Sie schreien nicht rum und machen keine Babys. Und ARIOL mag ich auch lieber als meine Schwester.
Armes kleines Ferkel!

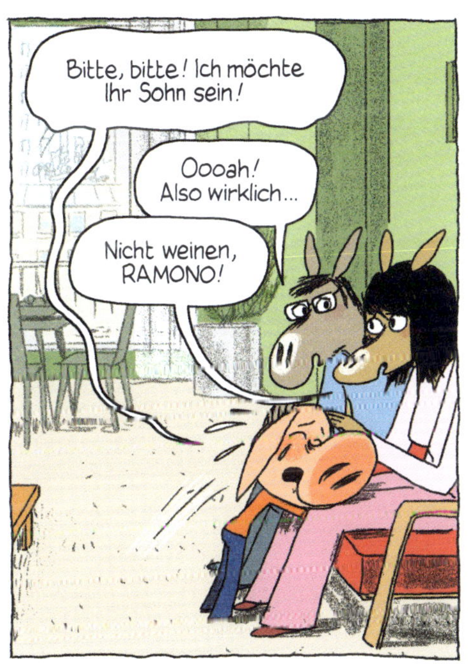
Bitte, bitte! Ich möchte Ihr Sohn sein!
Oooah! Also wirklich...
Nicht weinen, RAMONO!

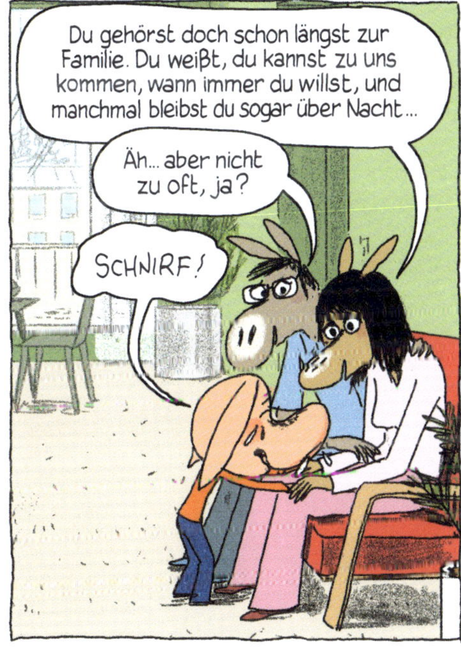
Du gehörst doch schon längst zur Familie. Du weißt, du kannst zu uns kommen, wann immer du willst, und manchmal bleibst du sogar über Nacht...
Äh... aber nicht zu oft, ja?
SCHNIRF!

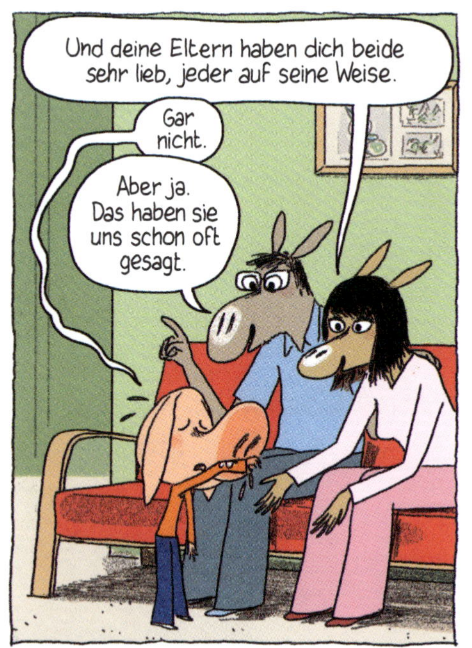

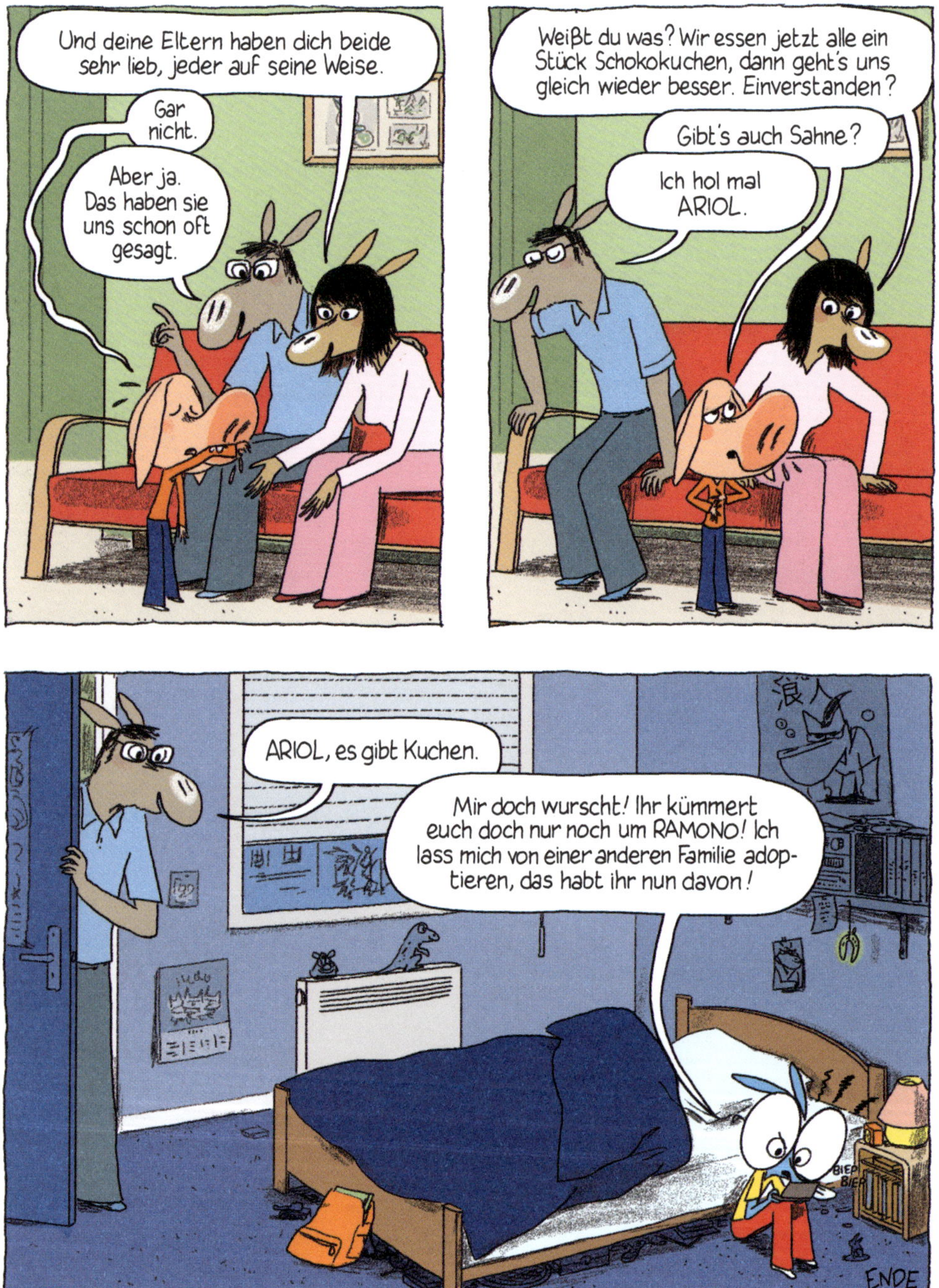

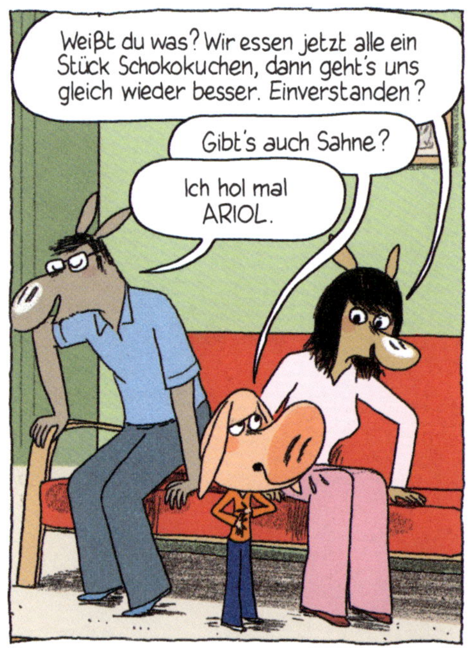

ARIOL, es gibt Kuchen.

Mir doch wurscht! Ihr kümmert euch doch nur noch um RAMONO! Ich lass mich von einer anderen Familie adoptieren, das habt ihr nun davon!

BIEP BIEP

ENDE

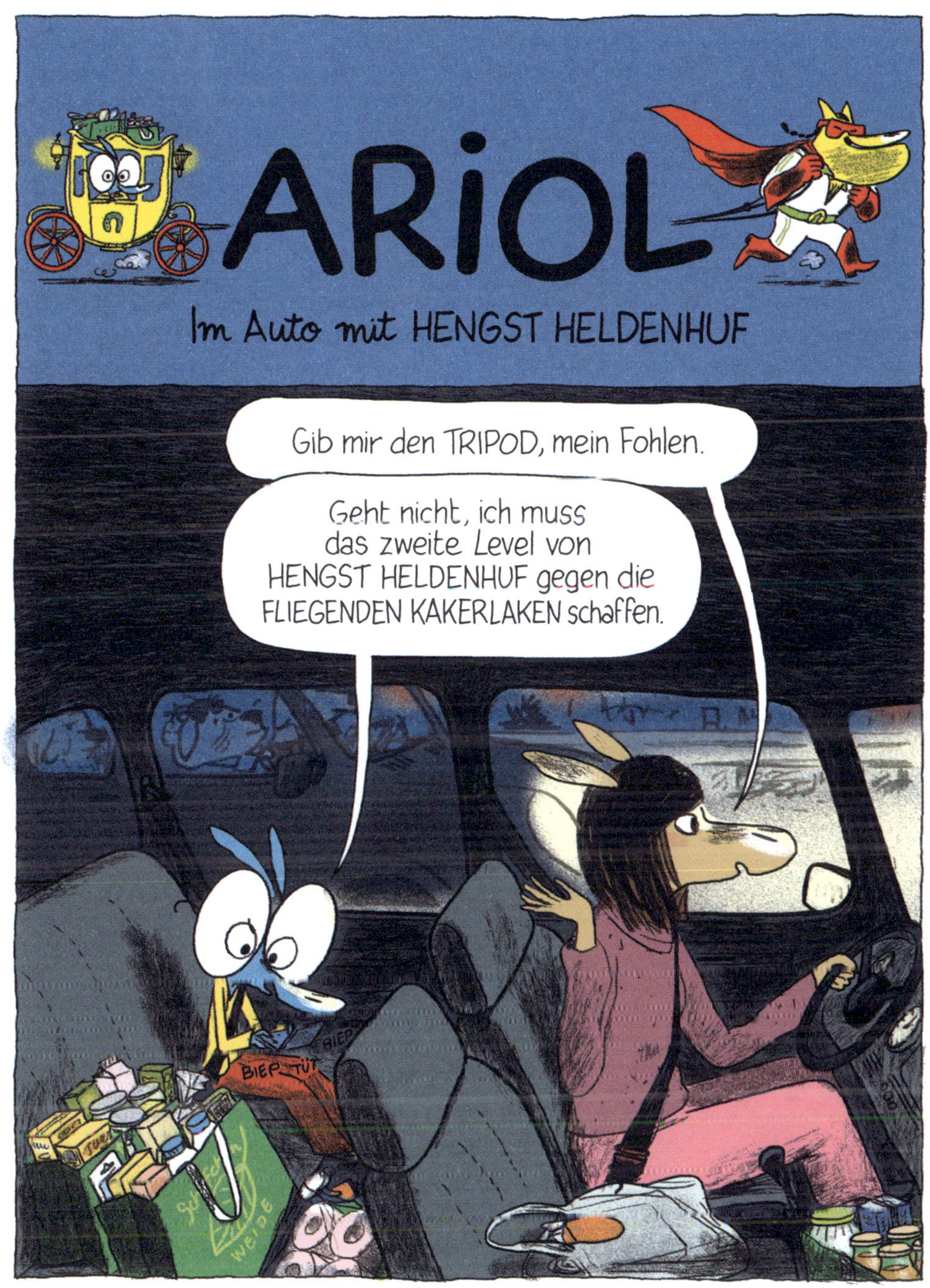
ARiOL
Im Auto mit HENGST HELDENHUF
Gib mir den TRIPOD, mein Fohlen.
Geht nicht, ich muss das zweite Level von HENGST HELDENHUF gegen die FLIEGENDEN KAKERLAKEN schaffen.
BIEP
BIEP TÜT
WEIDE

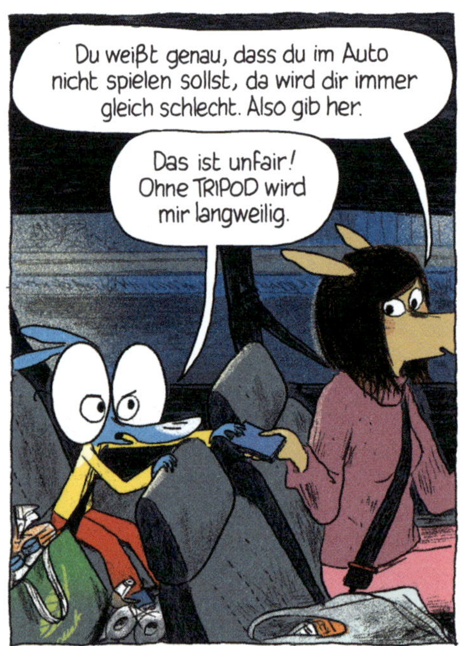
Du weißt genau, dass du im Auto nicht spielen sollst, da wird dir immer gleich schlecht. Also gib her.
Das ist unfair! Ohne TRIPOD wird mir langweilig.

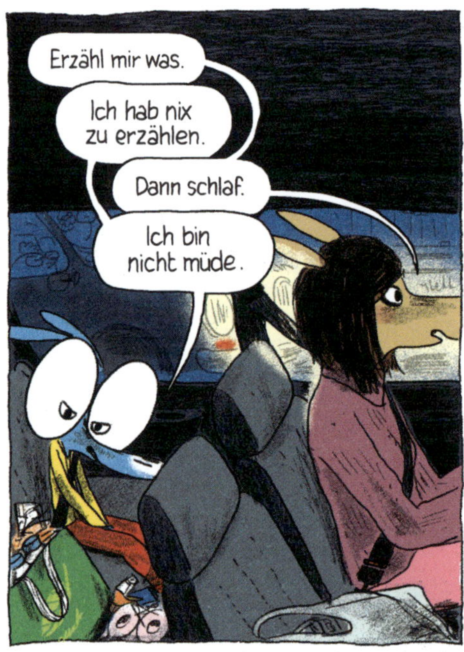
Erzähl mir was.
Ich hab nix zu erzählen.
Dann schlaf.
Ich bin nicht müde.

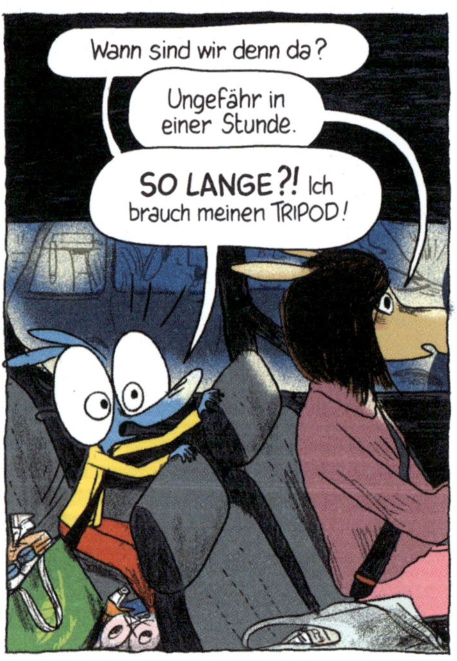
Wann sind wir denn da?
Ungefähr in einer Stunde.
SO LANGE?! Ich brauch meinen TRIPOD!

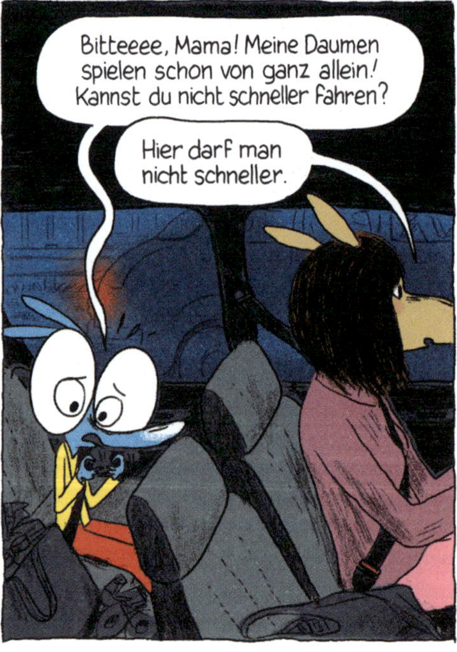
Bitteeee, Mama! Meine Daumen spielen schon von ganz allein! Kannst du nicht schneller fahren?
Hier darf man nicht schneller.

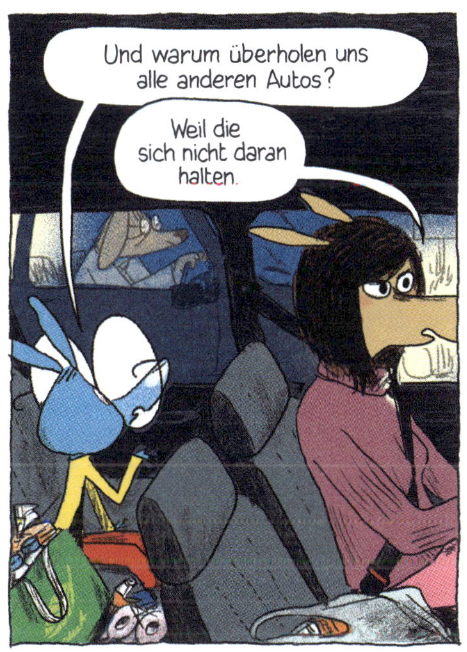
Und warum überholen uns alle anderen Autos?
Weil die sich nicht daran halten.

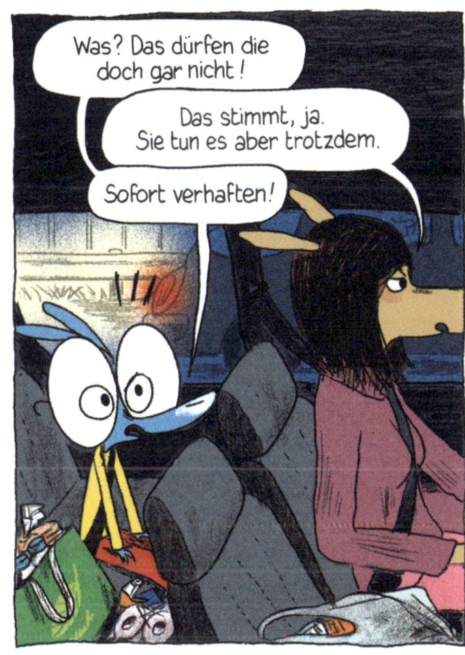
Was? Das dürfen die doch gar nicht!
Das stimmt, ja. Sie tun es aber trotzdem.
Sofort verhaften!

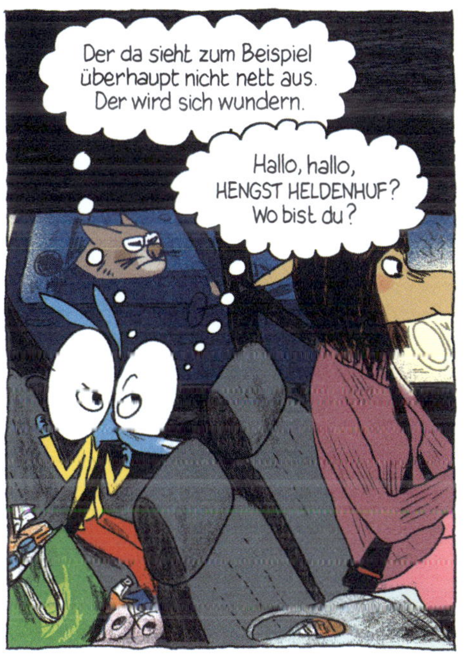
Der da sieht zum Beispiel überhaupt nicht nett aus. Der wird sich wundern.
Hallo, hallo, HENGST HELDENHUF? Wo bist du?

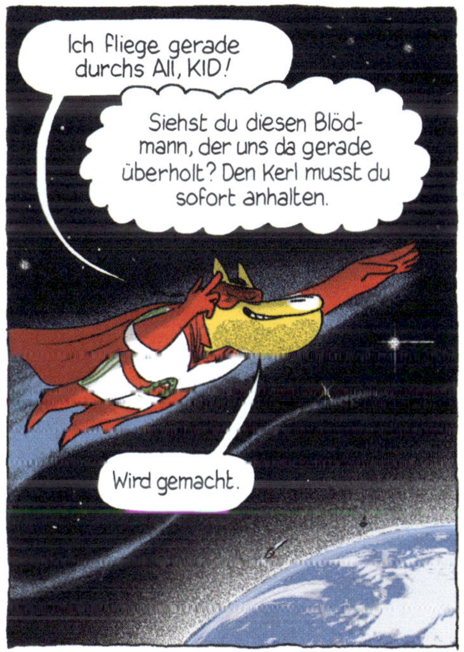
Ich fliege gerade durchs All, KID!
Siehst du diesen Blödmann, der uns da gerade überholt? Den Kerl musst du sofort anhalten.
Wird gemacht.

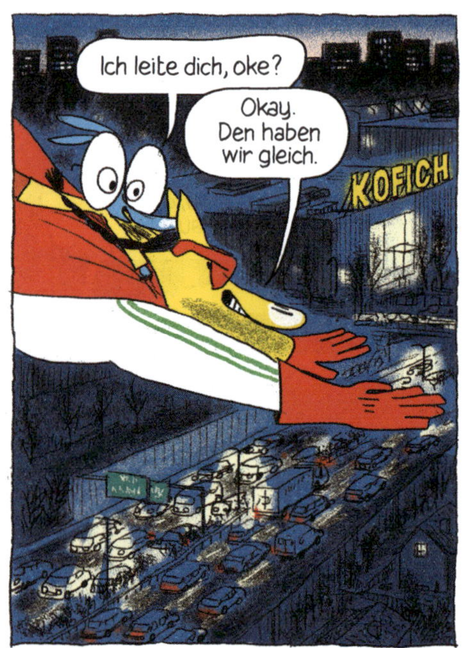
Ich leite dich, oke?
Okay. Den haben wir gleich.
KOFICH

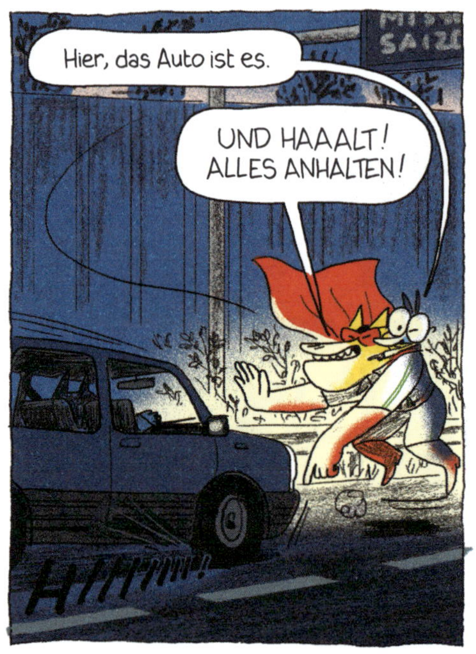
Hier, das Auto ist es.
UND HAAALT! ALLES ANHALTEN!

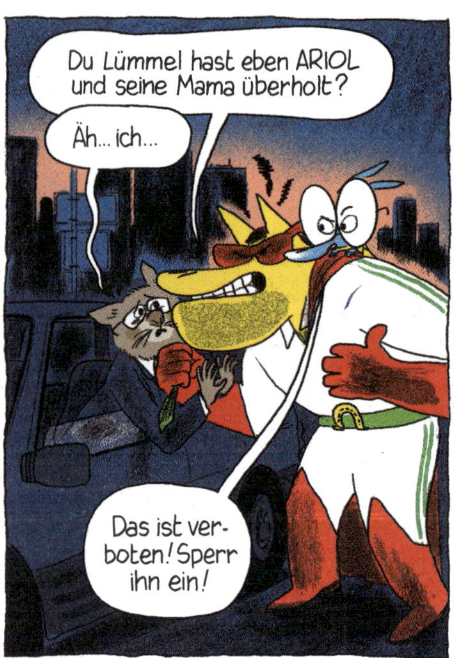
Du Lümmel hast eben ARIOL und seine Mama überholt?
Äh... ich...
Das ist verboten! Sperr ihn ein!

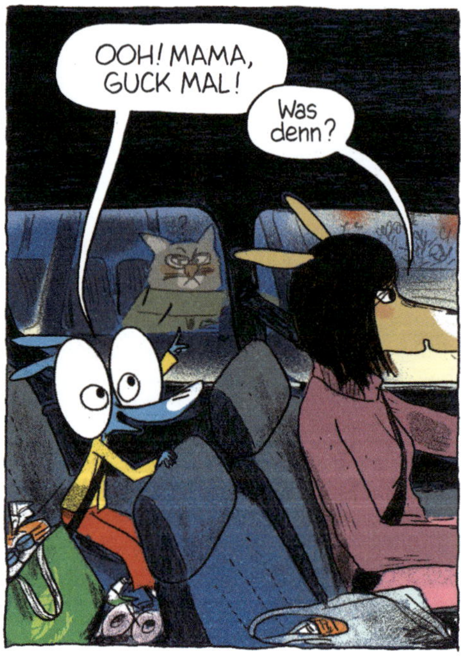
OOH! MAMA, GUCK MAL!
Was denn?

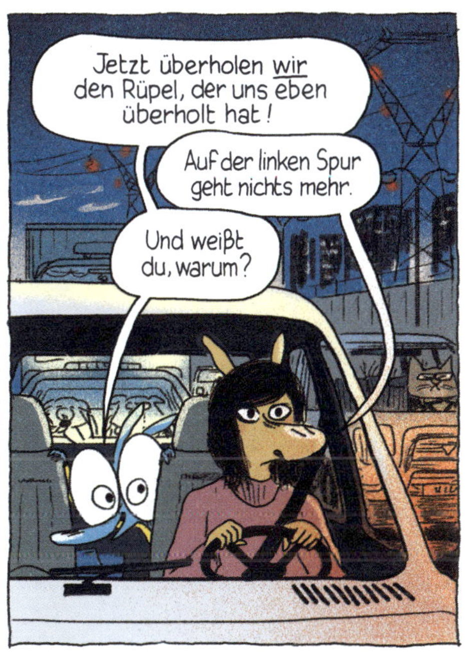
Jetzt überholen wir den Rüpel, der uns eben überholt hat!
Auf der linken Spur geht nichts mehr.
Und weißt du, warum?

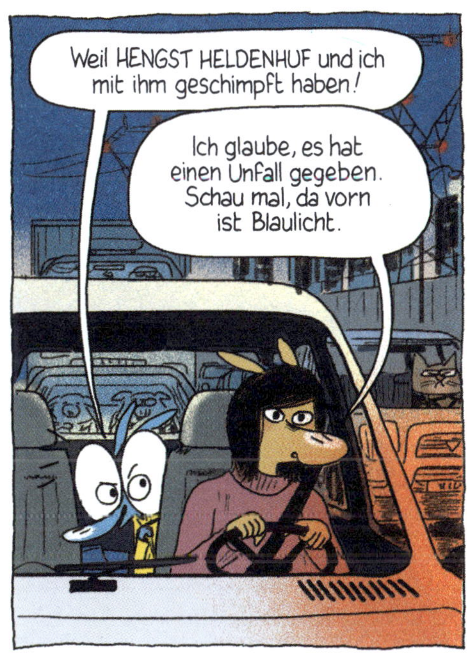
Weil HENGST HELDENHUF und ich mit ihm geschimpft haben!
Ich glaube, es hat einen Unfall gegeben. Schau mal, da vorn ist Blaulicht.

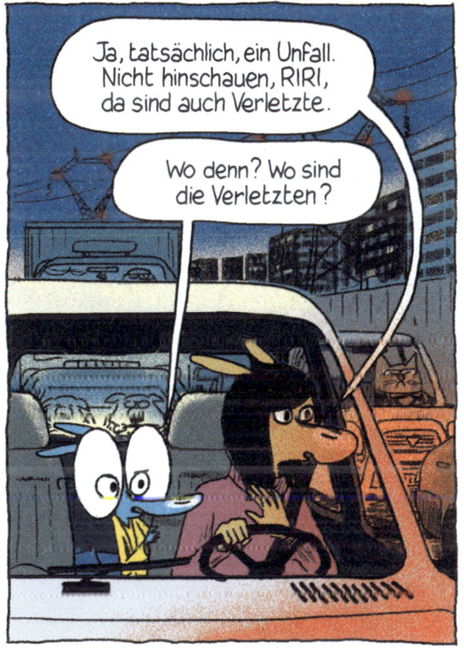
Ja, tatsächlich, ein Unfall. Nicht hinschauen, RIRI, da sind auch Verletzte.
Wo denn? Wo sind die Verletzten?

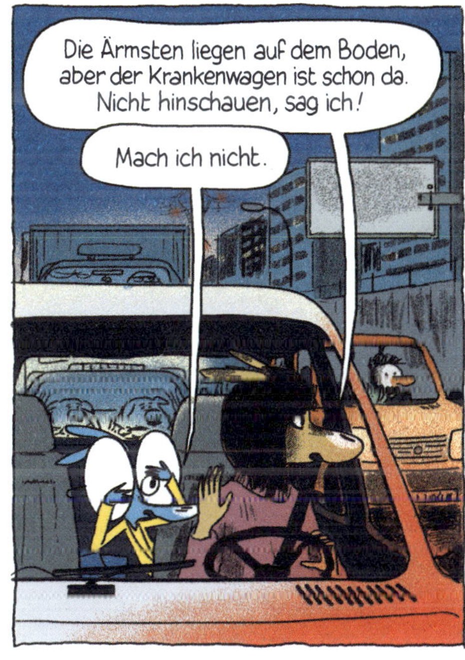
Die Ärmsten liegen auf dem Boden, aber der Krankenwagen ist schon da. Nicht hinschauen, sag ich!
Mach ich nicht.

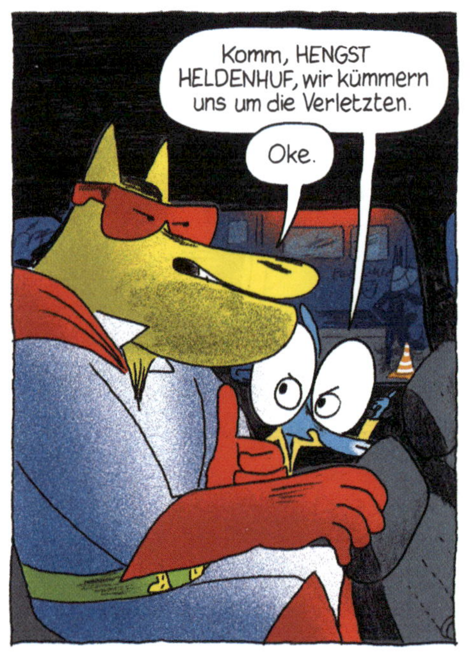
Komm, HENGST HELDENHUF, wir kümmern uns um die Verletzten.
Oke.

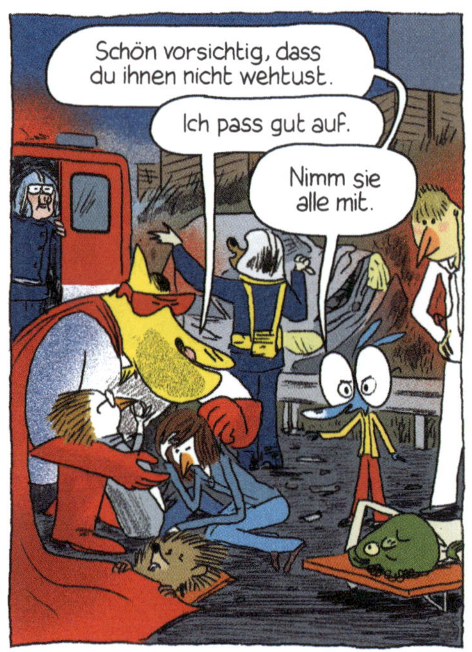
Schön vorsichtig, dass du ihnen nicht wehtust.
Ich pass gut auf.
Nimm sie alle mit.

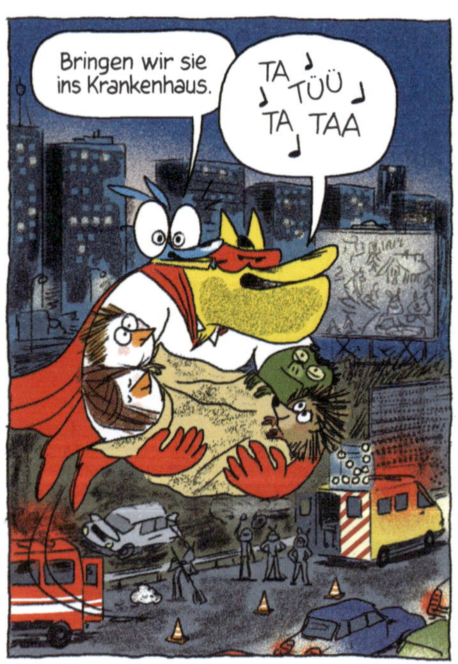
Bringen wir sie ins Krankenhaus.
TA TÜÜ TA TAA

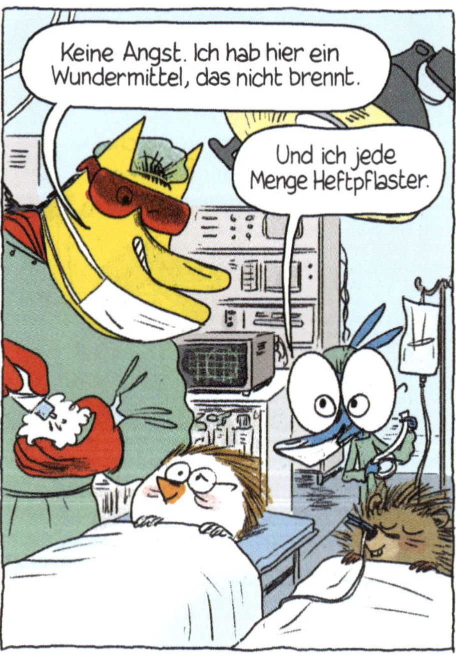
Keine Angst. Ich hab hier ein Wundermittel, das nicht brennt.
Und ich jede Menge Heftpflaster.

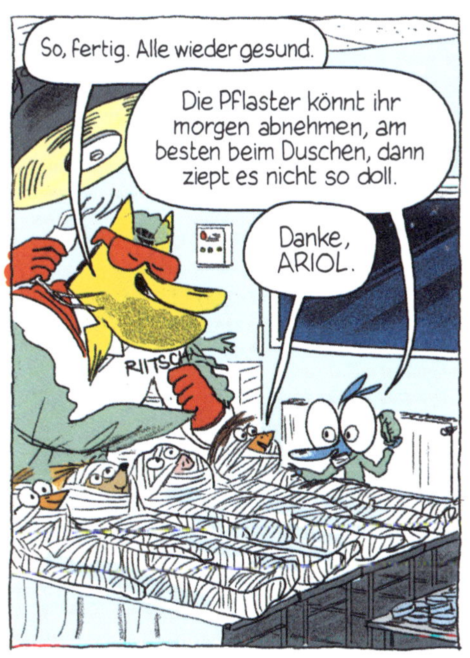
So, fertig. Alle wieder gesund.
Die Pflaster könnt ihr morgen abnehmen, am besten beim Duschen, dann ziept es nicht so doll.
Danke, ARIOL.
RITSCH

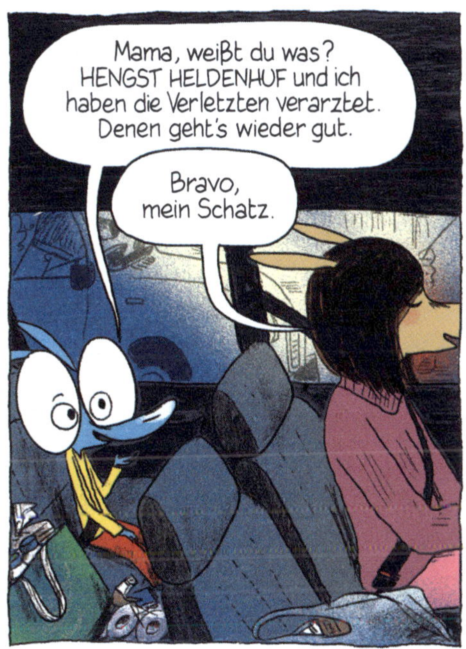
Mama, weißt du was? HENGST HELDENHUF und ich haben die Verletzten verarztet. Denen geht's wieder gut.
Bravo, mein Schatz.

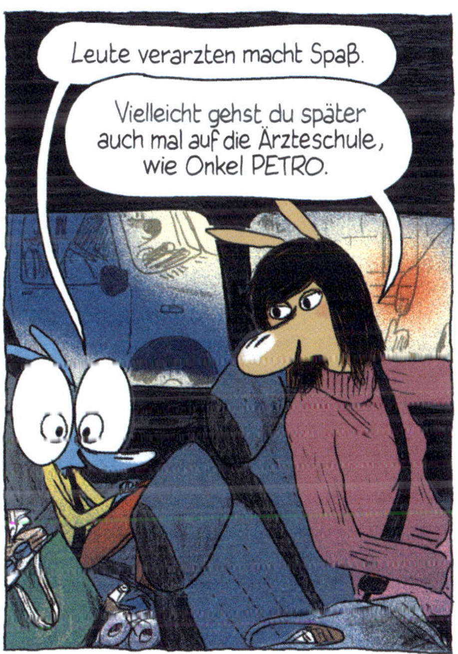
Leute verarzten macht Spaß.
Vielleicht gehst du später auch mal auf die Ärzteschule, wie Onkel PETRO.

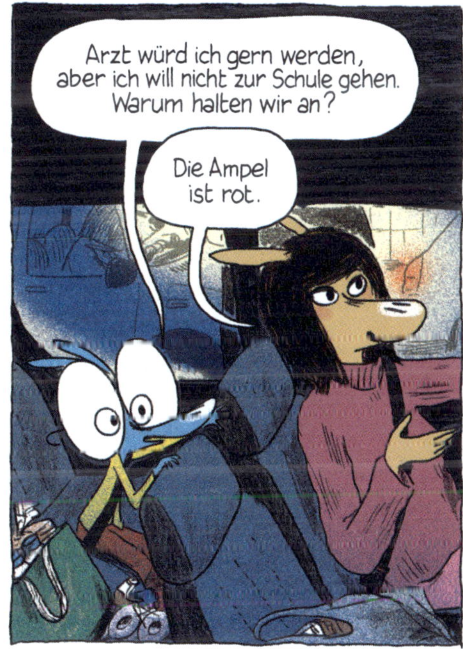
Arzt würd ich gern werden, aber ich will nicht zur Schule gehen. Warum halten wir an?
Die Ampel ist rot.

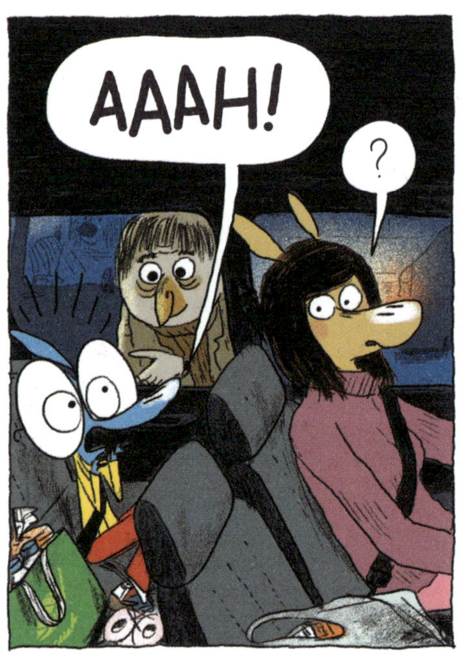
AAAH!
?

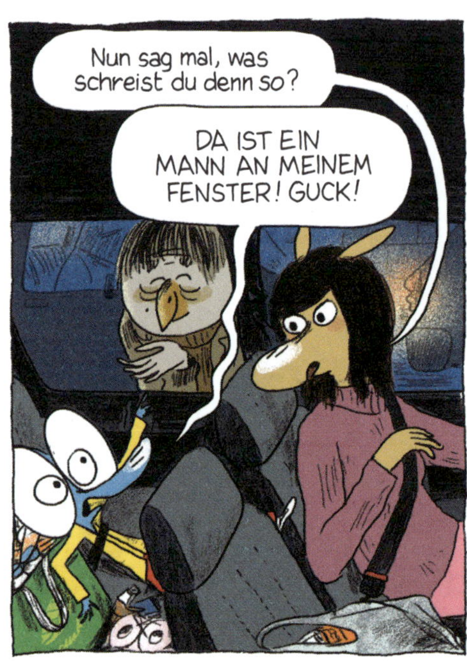
Nun sag mal, was schreist du denn so?
DA IST EIN MANN AN MEINEM FENSTER! GUCK!

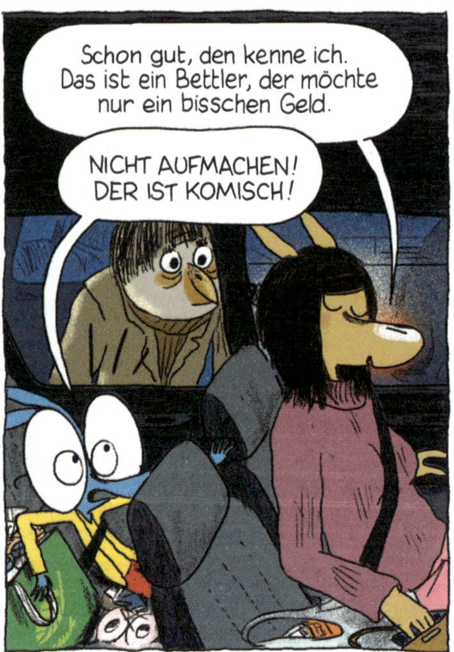
Schon gut, den kenne ich. Das ist ein Bettler, der möchte nur ein bisschen Geld.
NICHT AUFMACHEN! DER IST KOMISCH!

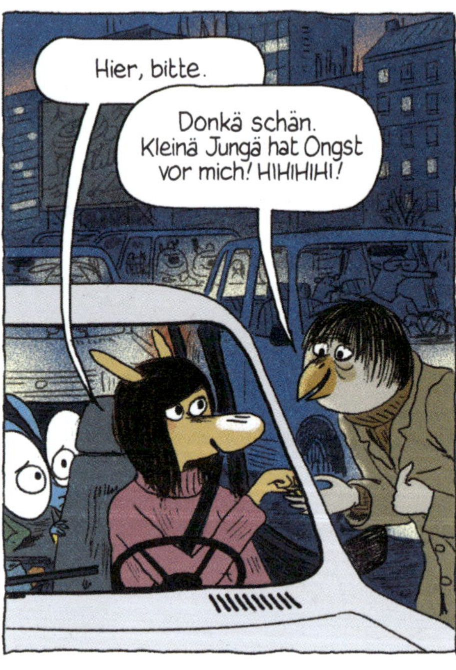
Hier, bitte.
Donkä schän. Kleinä Jungä hat Ongst vor mich! HIHIHIHI!

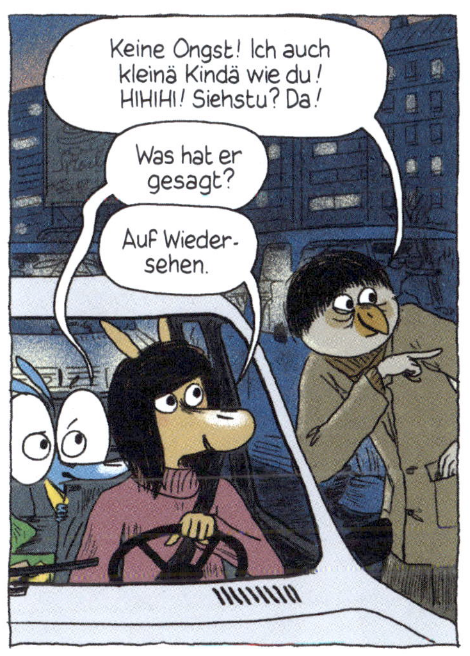
Keine Ongst! Ich auch kleinä Kindä wie du! HIHIHI! Siehstu? Da!
Was hat er gesagt?
Auf Wieder-sehen.

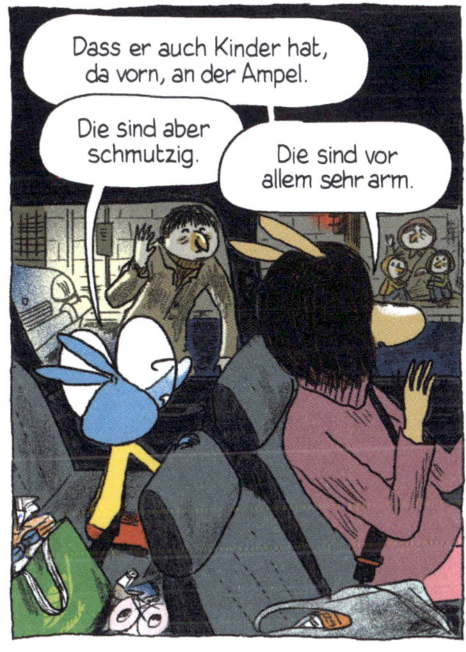
Dass er auch Kinder hat, da vorn, an der Ampel.
Die sind aber schmutzig.
Die sind vor allem sehr arm.

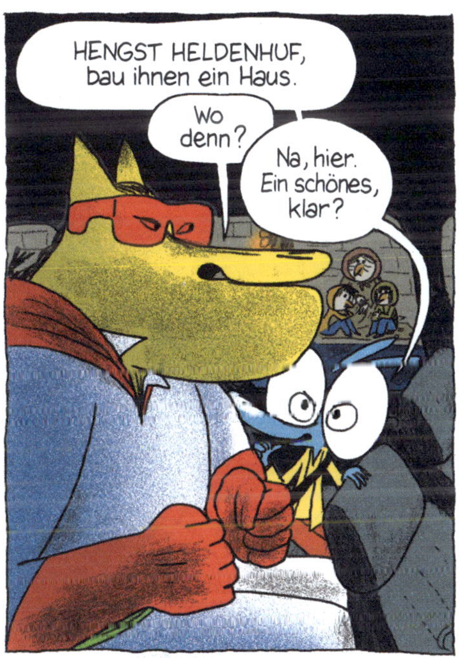
HENGST HELDENHUF, bau ihnen ein Haus.
Wo denn?
Na, hier. Ein schönes, klar?

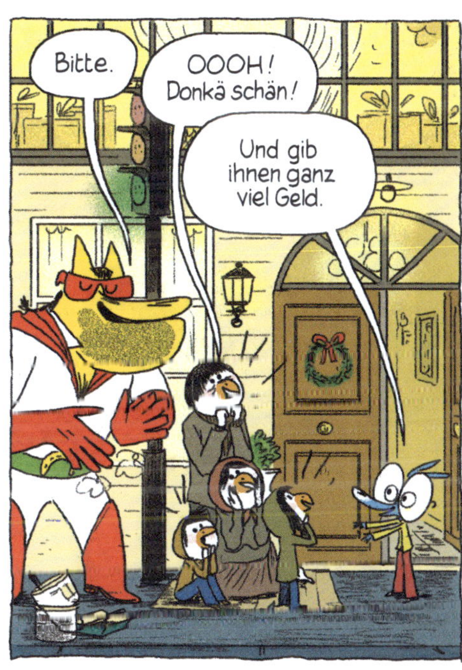
Bitte.
OOOH! Donkä schän!
Und gib ihnen ganz viel Geld.

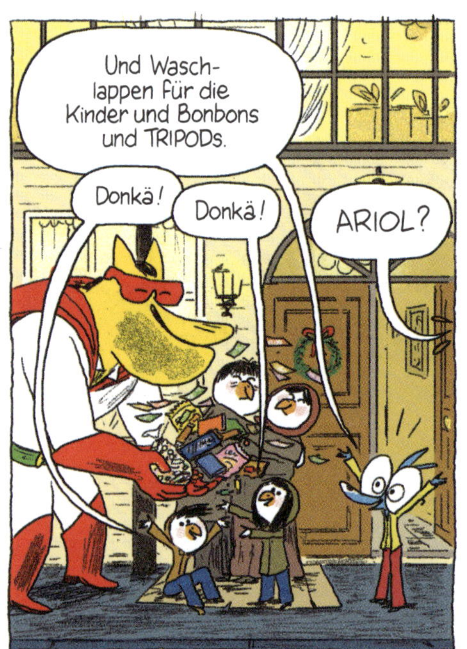

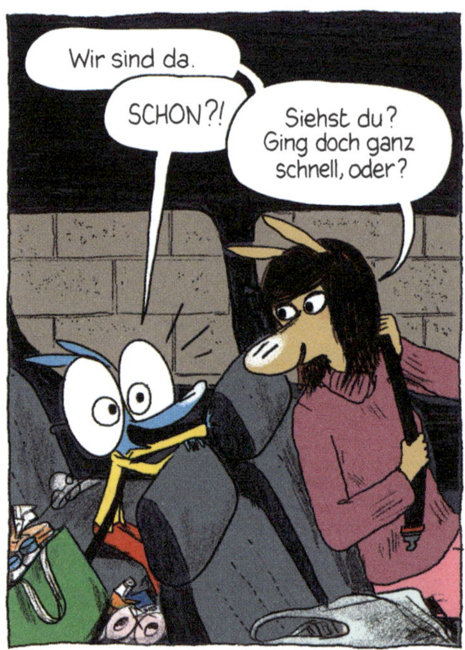

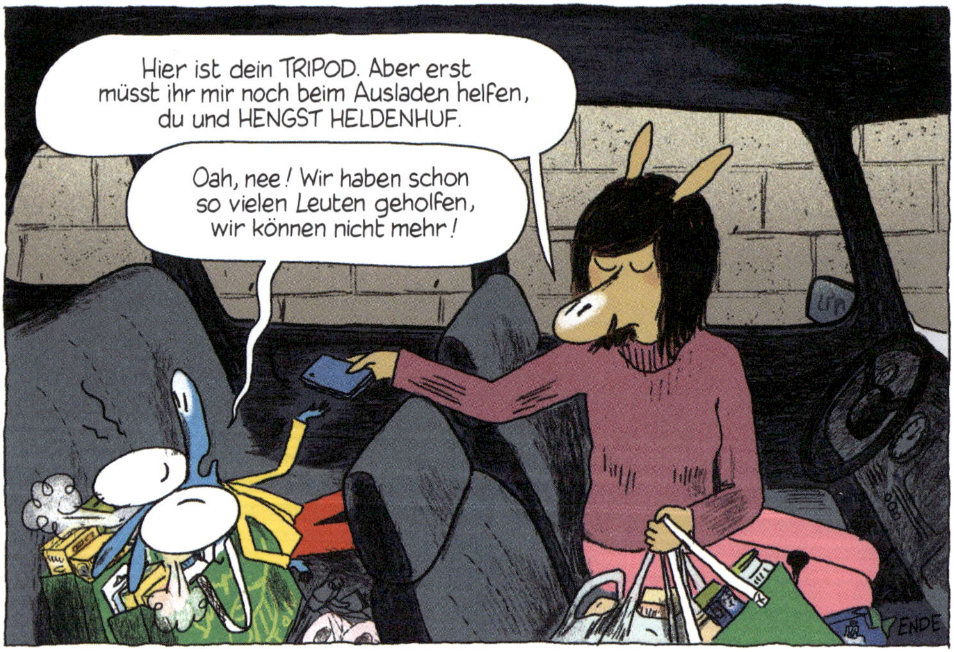

Hier ist dein TRIPOD. Aber erst müsst ihr mir noch beim Ausladen helfen, du und HENGST HELDENHUF.

Oah, nee! Wir haben schon so vielen Leuten geholfen, wir können nicht mehr!

ENDE

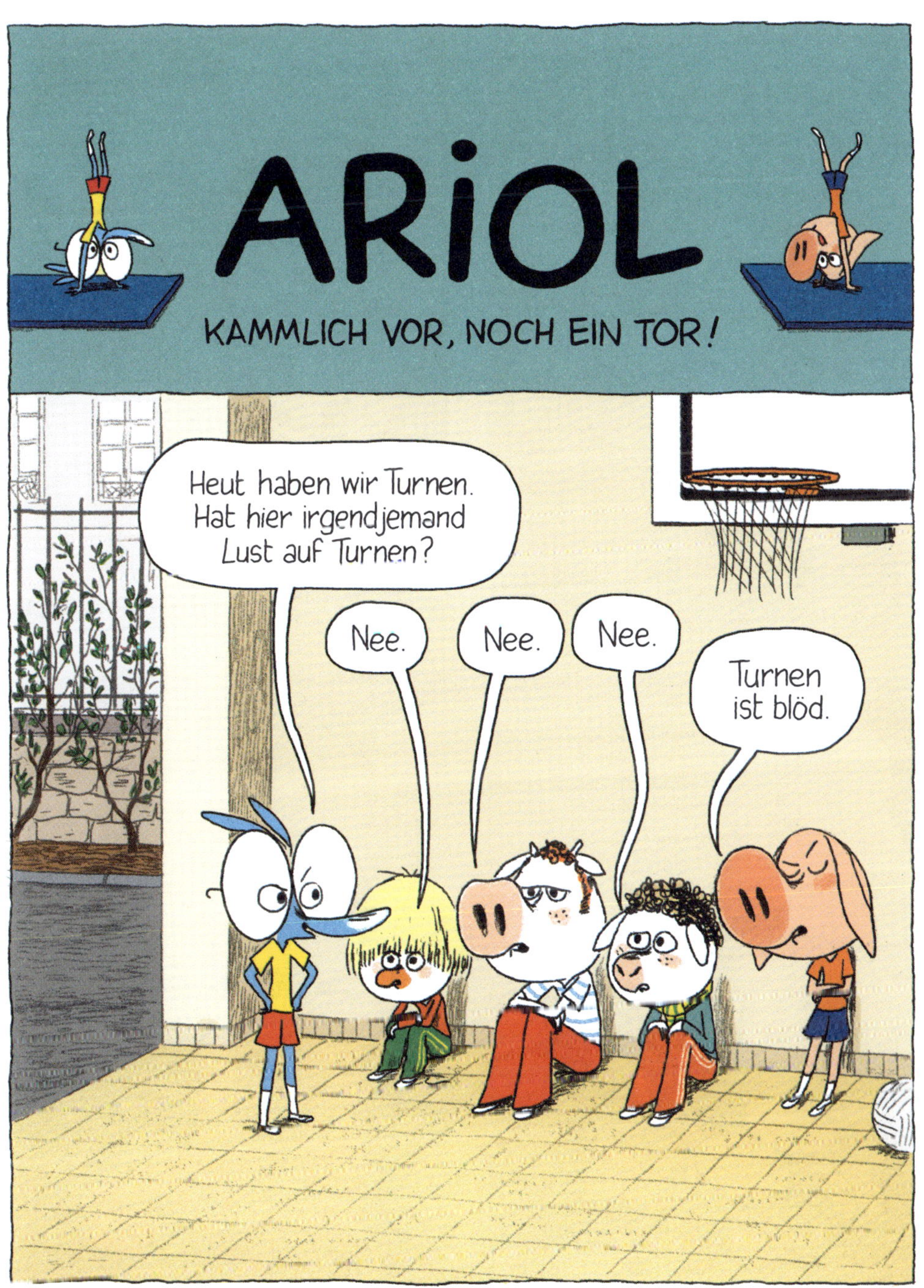
ARiOL
KAMMLICH VOR, NOCH EIN TOR!
Heut haben wir Turnen. Hat hier irgendjemand Lust auf Turnen?
Nee.
Nee.
Nee.
Turnen ist blöd.

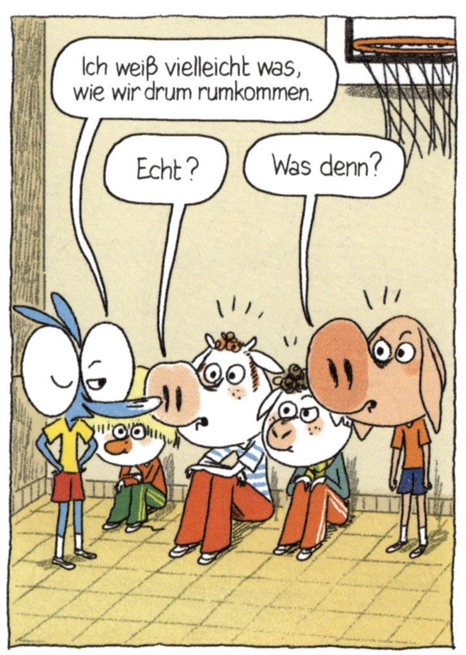
Ich weiß vielleicht was, wie wir drum rumkommen.
Echt?
Was denn?

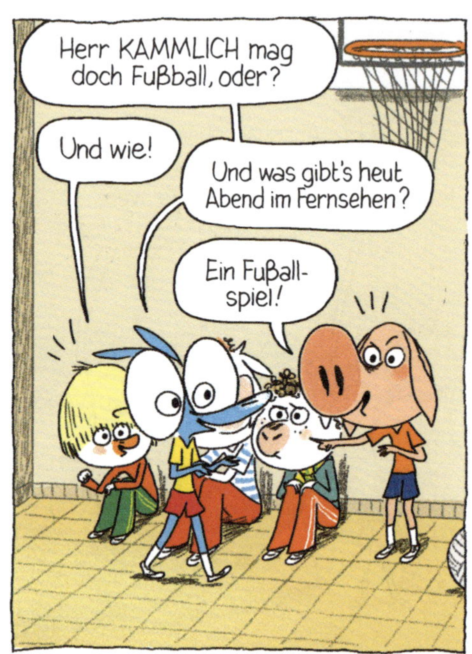
Herr KAMMLICH mag doch Fußball, oder?
Und wie!
Und was gibt's heut Abend im Fernsehen?
Ein Fußball-spiel!

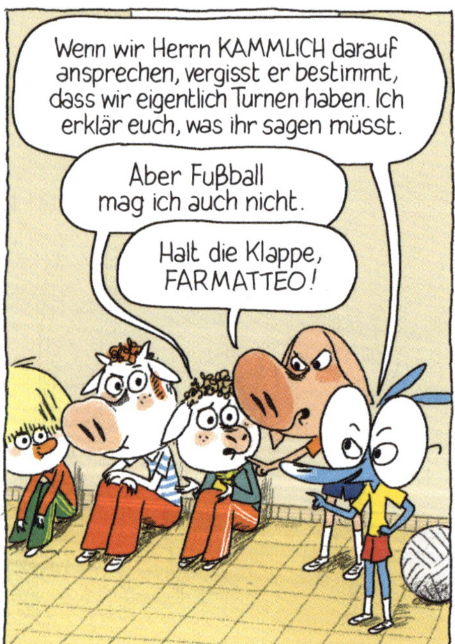
Wenn wir Herrn KAMMLICH darauf ansprechen, vergisst er bestimmt, dass wir eigentlich Turnen haben. Ich erklär euch, was ihr sagen müsst.
Aber Fußball mag ich auch nicht.
Halt die Klappe, FARMATTEO!

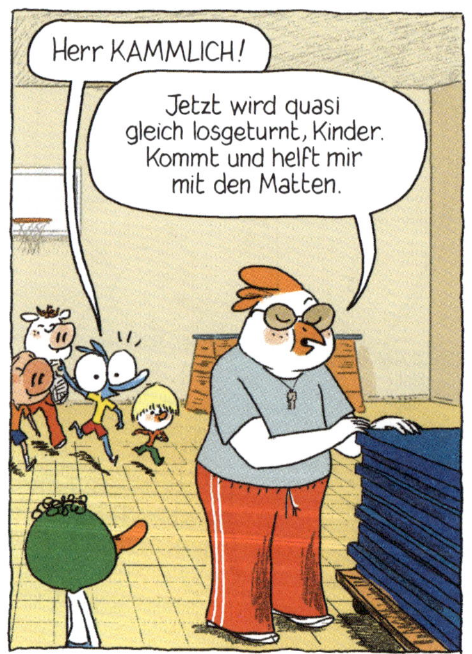
Herr KAMMLICH!
Jetzt wird quasi gleich losgeturnt, Kinder. Kommt und helft mir mit den Matten.

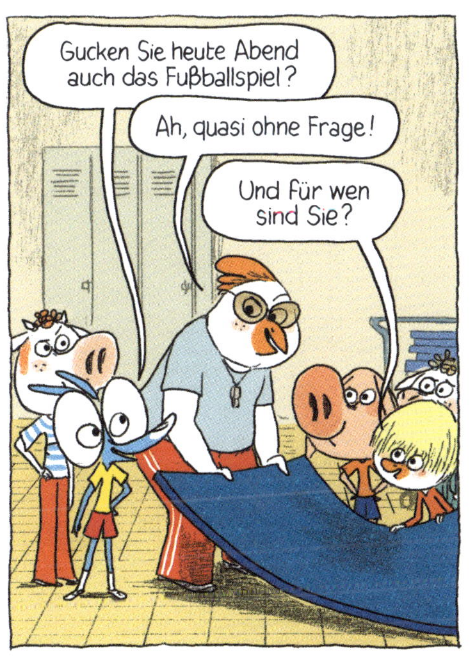
Gucken Sie heute Abend auch das Fußballspiel?
Ah, quasi ohne Frage!
Und für wen sind Sie?

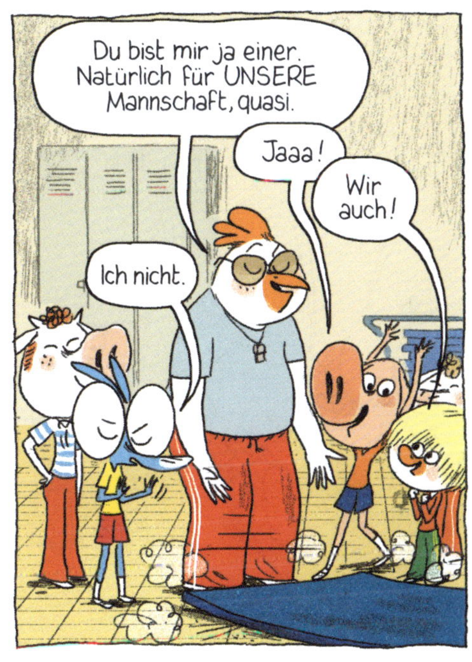
Du bist mir ja einer. Natürlich für UNSERE Mannschaft, quasi.
Jaaa!
Wir auch!
Ich nicht.

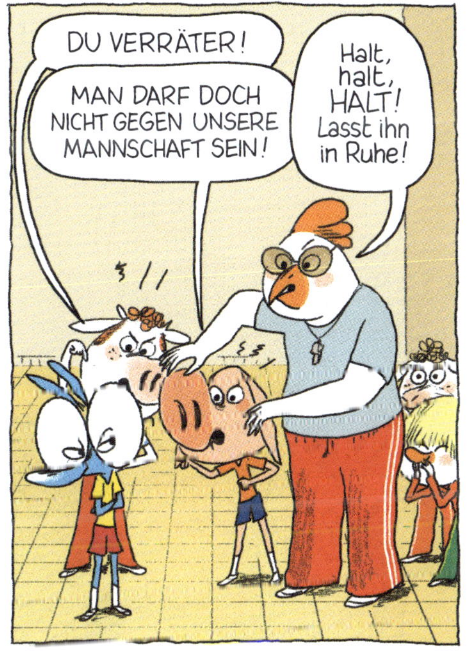
DU VERRÄTER!
MAN DARF DOCH NICHT GEGEN UNSERE MANNSCHAFT SEIN!
Halt, halt, HALT! Lasst ihn in Ruhe!

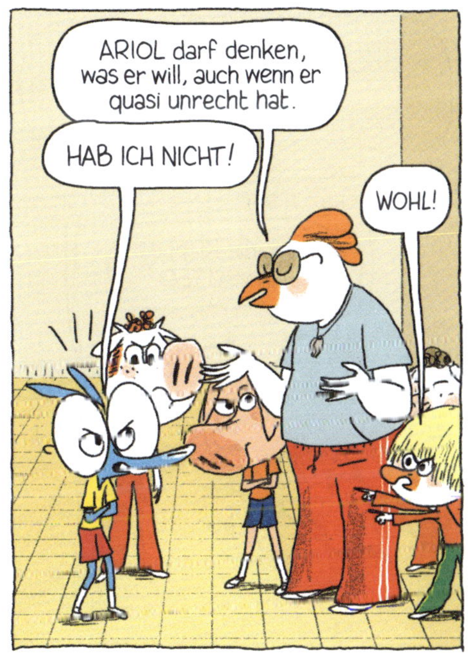
ARIOL darf denken, was er will, auch wenn er quasi unrecht hat.
HAB ICH NICHT!
WOHL!

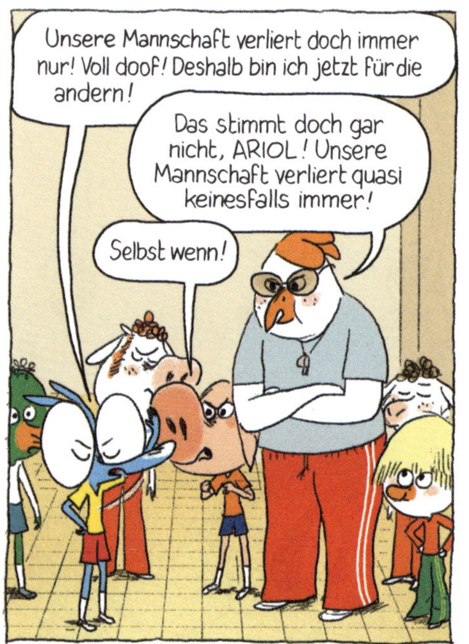
Unsere Mannschaft verliert doch immer nur! Voll doof! Deshalb bin ich jetzt für die andern!
Das stimmt doch gar nicht, ARIOL! Unsere Mannschaft verliert quasi keinesfalls immer!
Selbst wenn!

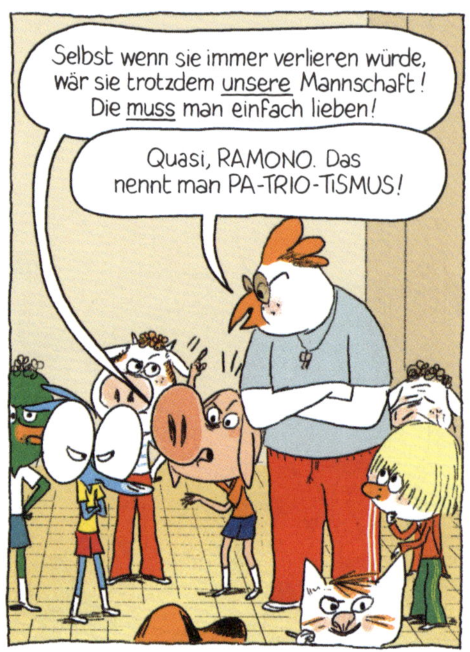
Selbst wenn sie immer verlieren würde, wär sie trotzdem unsere Mannschaft! Die muss man einfach lieben!
Quasi, RAMONO. Das nennt man PA-TRIO-TISMUS!

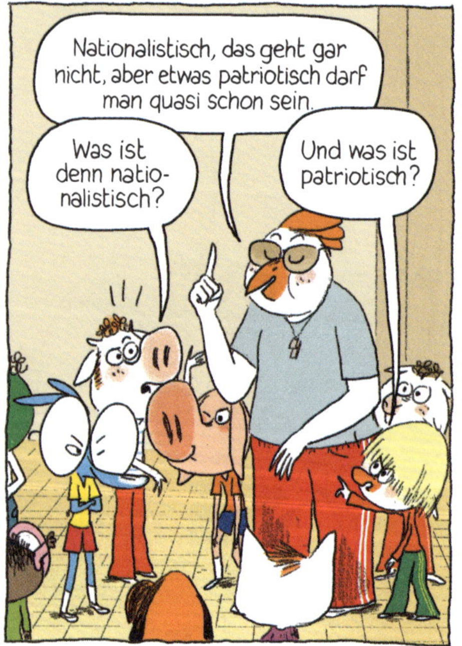
Nationalistisch, das geht gar nicht, aber etwas patriotisch darf man quasi schon sein.
Was ist denn natio-nalistisch?
Und was ist patriotisch?

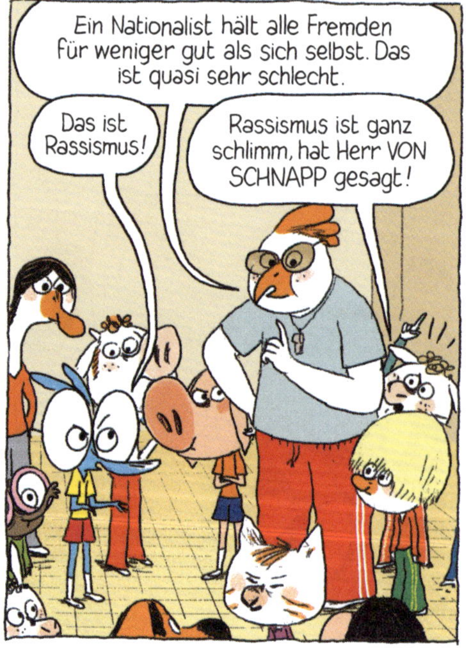
Ein Nationalist hält alle Fremden für weniger gut als sich selbst. Das ist quasi sehr schlecht.
Das ist Rassismus!
Rassismus ist ganz schlimm, hat Herr VON SCHNAPP gesagt!

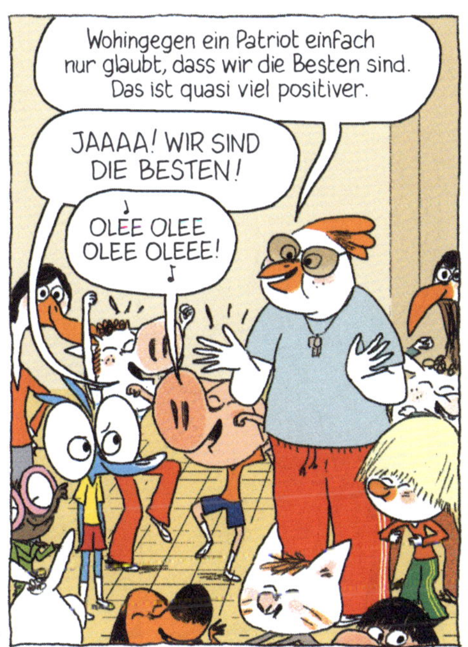
Wohingegen ein Patriot einfach nur glaubt, dass wir die Besten sind. Das ist quasi viel positiver.
JAAAA! WIR SIND DIE BESTEN!
OLEE OLEE OLEE OLEEE!

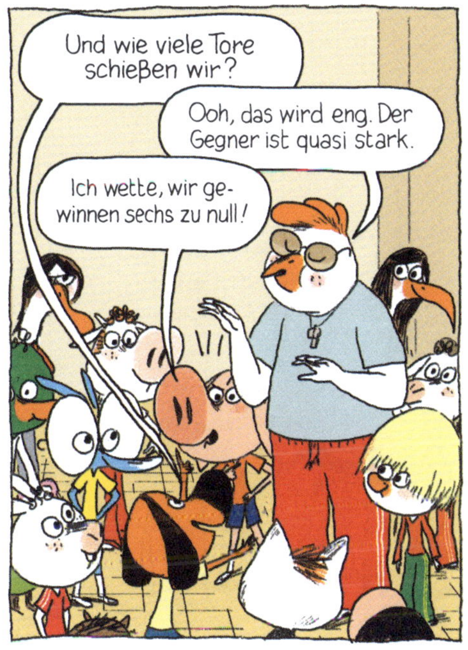
Und wie viele Tore schießen wir?
Ooh, das wird eng. Der Gegner ist quasi stark.
Ich wette, wir gewinnen sechs zu null!

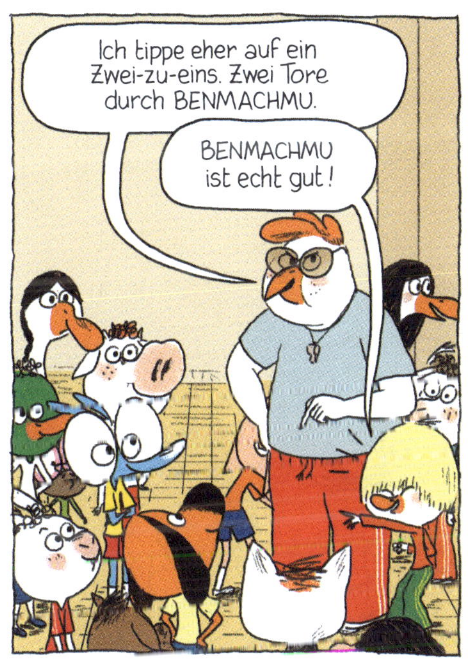
Ich tippe eher auf ein Zwei-zu-eins. Zwei Tore durch BENMACHMU.
BENMACHMU ist echt gut!

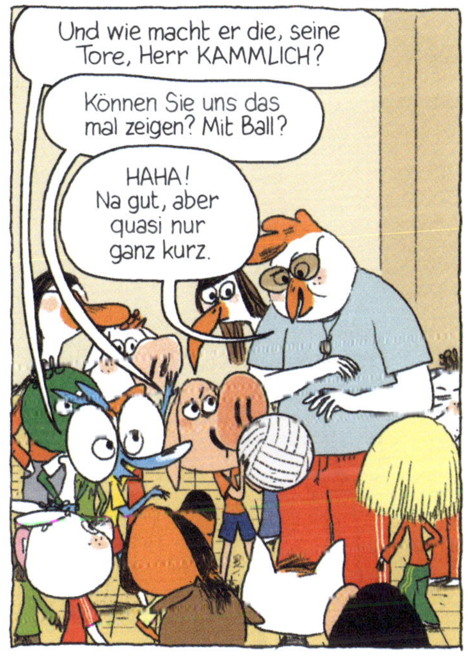
Und wie macht er die, seine Tore, Herr KAMMLICH?
Können Sie uns das mal zeigen? Mit Ball?
HAHA! Na gut, aber quasi nur ganz kurz.

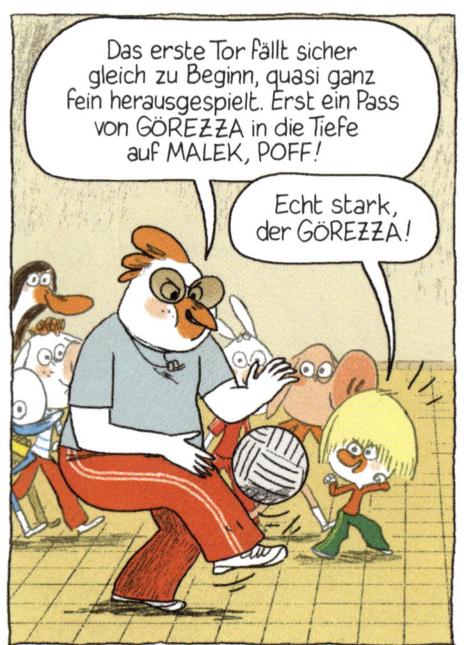
Das erste Tor fällt sicher gleich zu Beginn, quasi ganz fein herausgespielt. Erst ein Pass von GÖREZZA in die Tiefe auf MALEK, POFF!
Echt stark, der GÖREZZA!

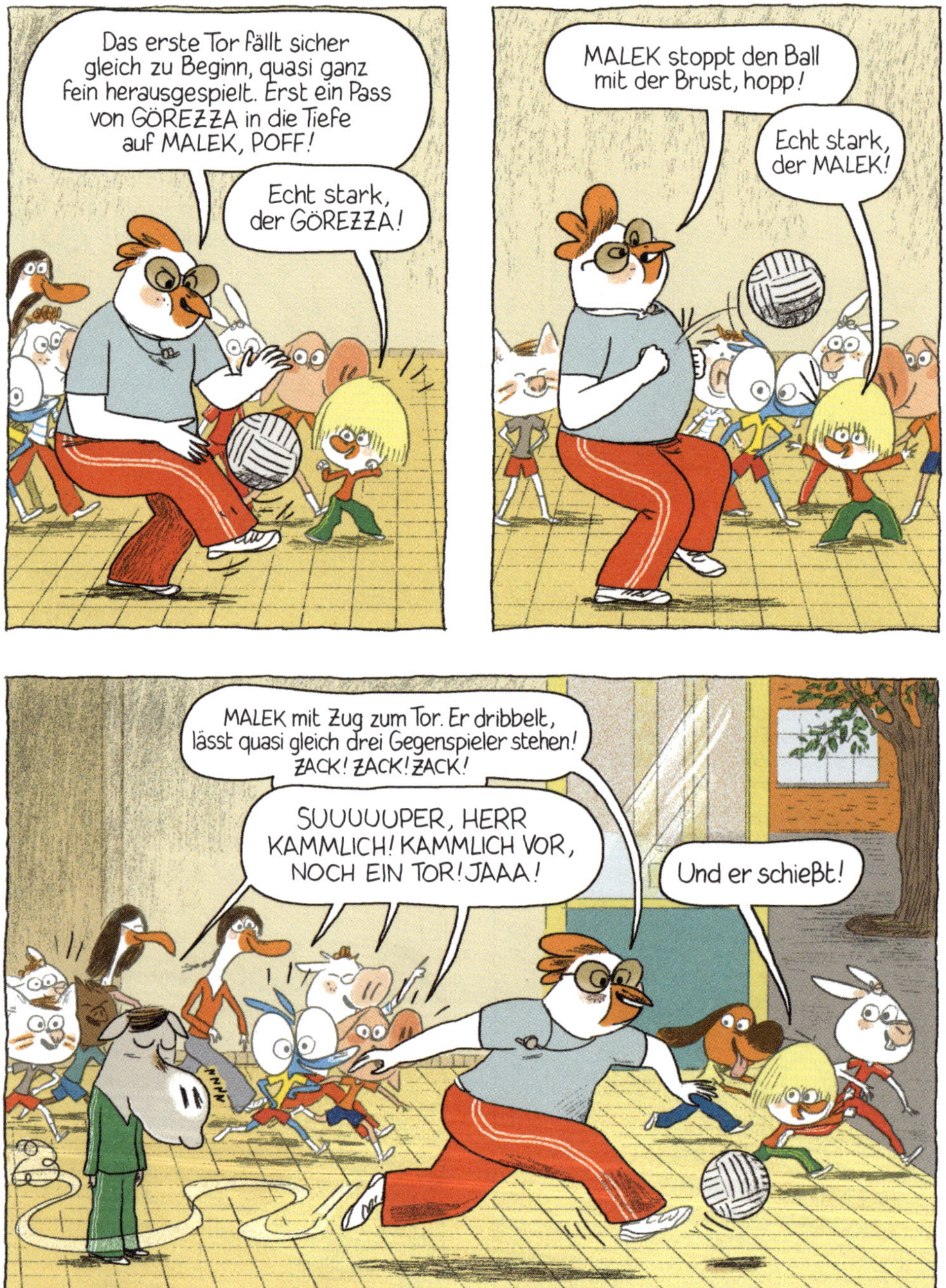

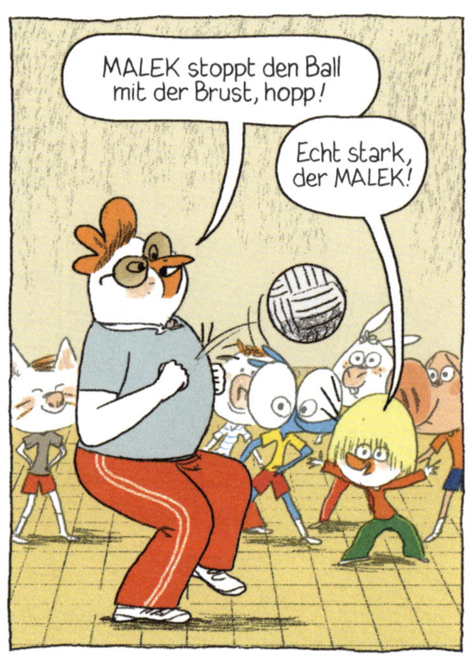
MALEK stoppt den Ball mit der Brust, hopp!
Echt stark, der MALEK!

MALEK mit Zug zum Tor. Er dribbelt, lässt quasi gleich drei Gegenspieler stehen! ZACK! ZACK! ZACK!
SUUUUUPER, HERR KAMMLICH! KAMMLICH VOR, NOCH EIN TOR! JAAA!
Und er schießt!

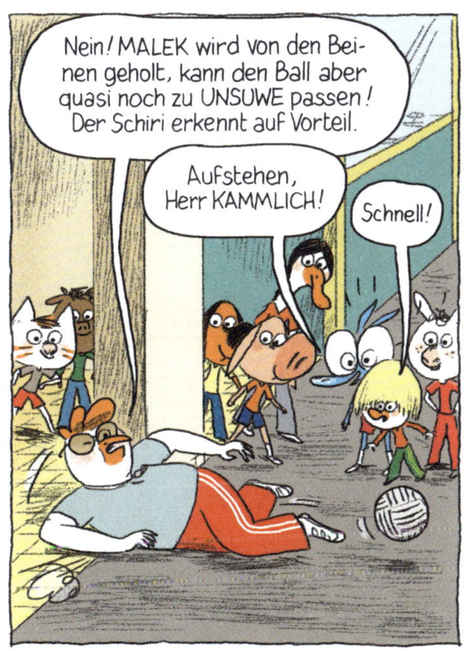
Nein! MALEK wird von den Beinen geholt, kann den Ball aber quasi noch zu UNSUWE passen! Der Schiri erkennt auf Vorteil.
Aufstehen, Herr KAMMLICH!
Schnell!

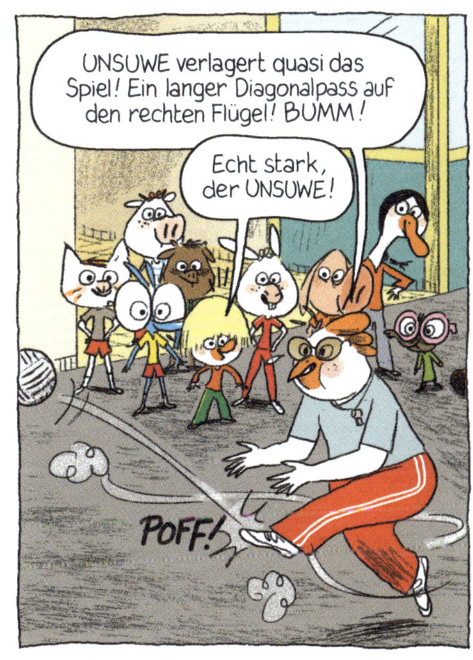
UNSUWE verlagert quasi das Spiel! Ein langer Diagonalpass auf den rechten Flügel! BUMM!
Echt stark, der UNSUWE!
POFF!

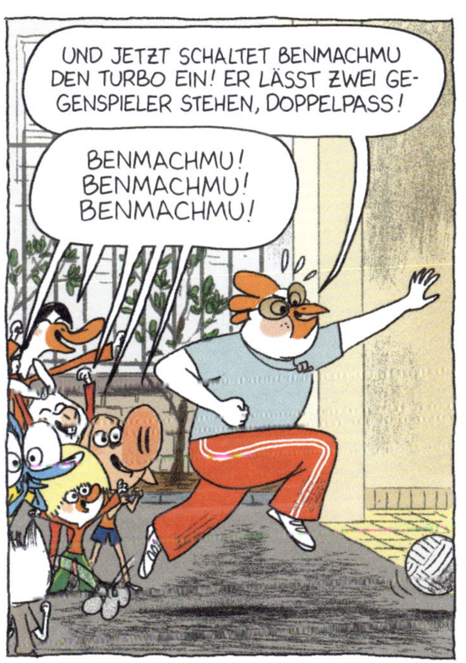
UND JETZT SCHALTET BENMACHMU DEN TURBO EIN! ER LÄSST ZWEI GEGENSPIELER STEHEN, DOPPELPASS!
BENMACHMU! BENMACHMU! BENMACHMU!

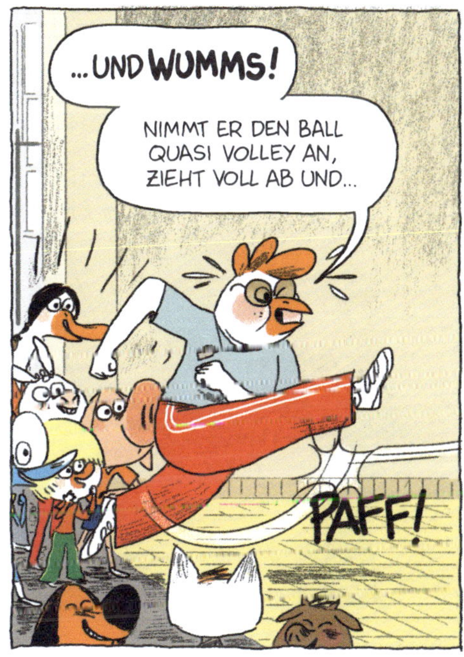
NIMMT ER DEN BALL QUASI VOLLEY AN, ZIEHT VOLL AB UND...
...UND WUMMS!
PAFF!

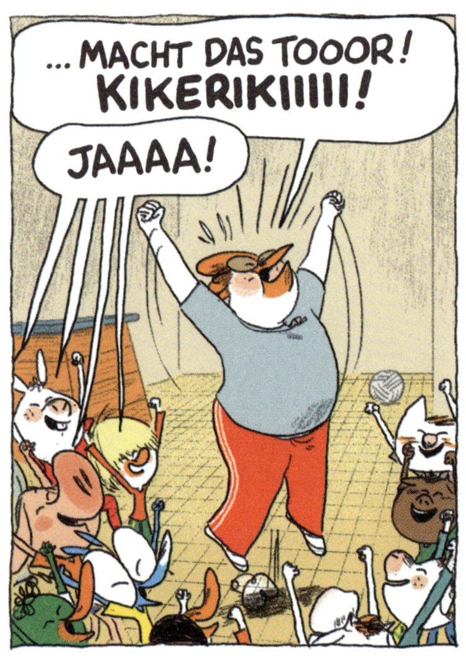
... MACHT DAS TOOOR! KIKERIKIIIIII!
JAAAA!

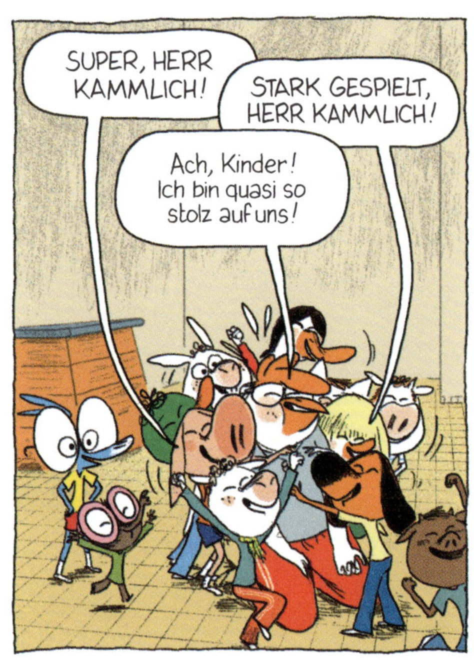
SUPER, HERR KAMMLICH!
STARK GESPIELT, HERR KAMMLICH!
Ach, Kinder! Ich bin quasi so stolz auf uns!

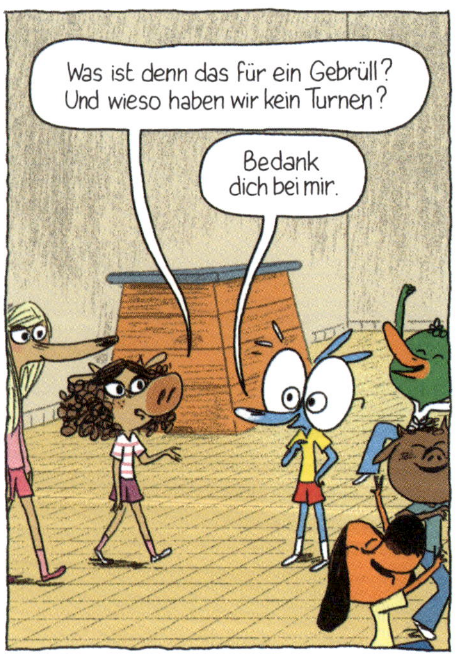
Was ist denn das für ein Gebrüll? Und wieso haben wir kein Turnen?
Bedank dich bei mir.

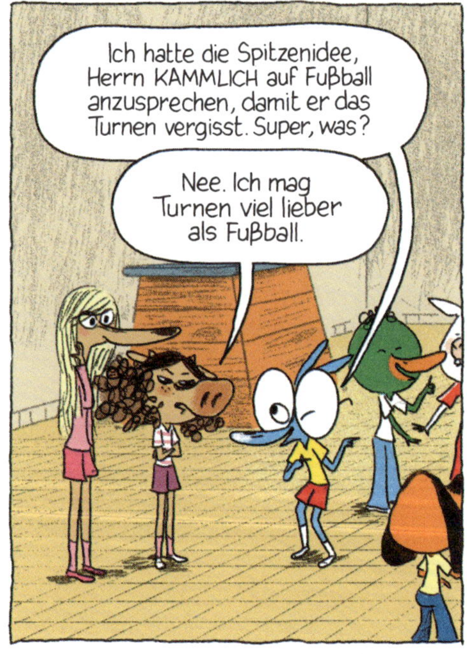
Ich hatte die Spitzenidee, Herrn KAMMLICH auf Fußball anzusprechen, damit er das Turnen vergisst. Super, was?
Nee. Ich mag Turnen viel lieber als Fußball.

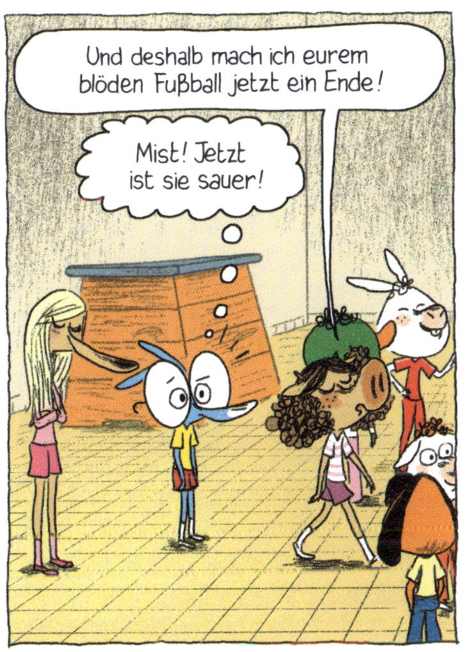
Und deshalb mach ich eurem blöden Fußball jetzt ein Ende!
Mist! Jetzt ist sie sauer!

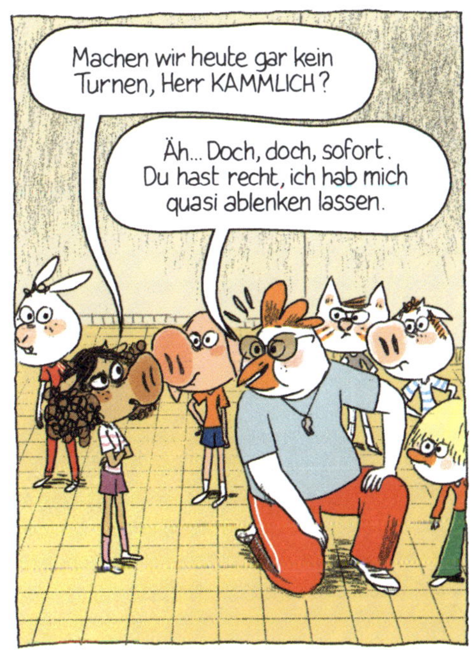
Machen wir heute gar kein Turnen, Herr KAMMLICH?
Äh... Doch, doch, sofort. Du hast recht, ich hab mich quasi ablenken lassen.

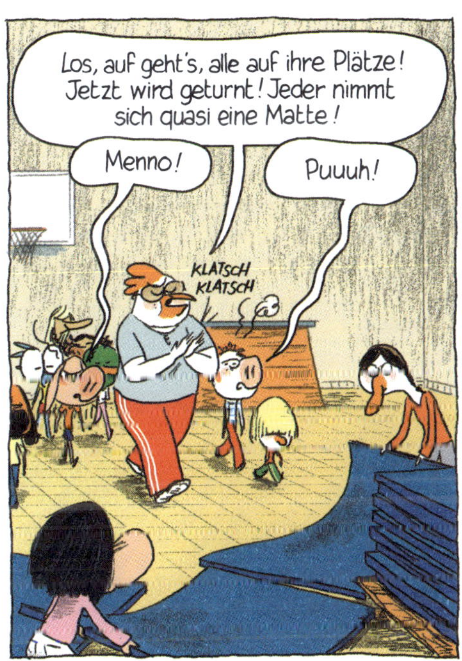
Los, auf geht's, alle auf ihre Plätze! Jetzt wird geturnt! Jeder nimmt sich quasi eine Matte!
Menno!
Puuuh!
KLATSCH KLATSCH

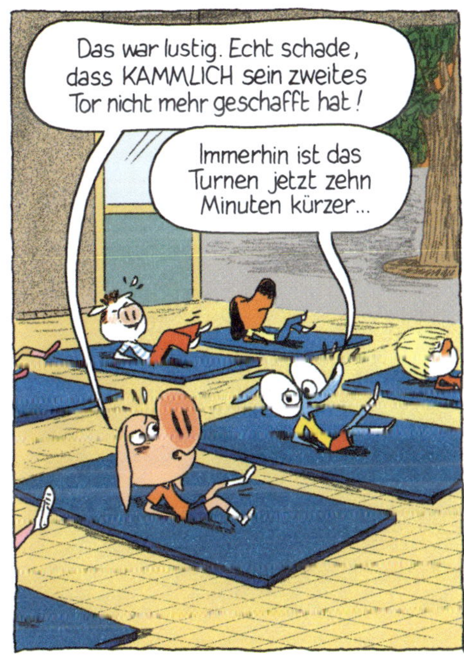
Das war lustig. Echt schade, dass KAMMLICH sein zweites Tor nicht mehr geschafft hat!
Immerhin ist das Turnen jetzt zehn Minuten kürzer...

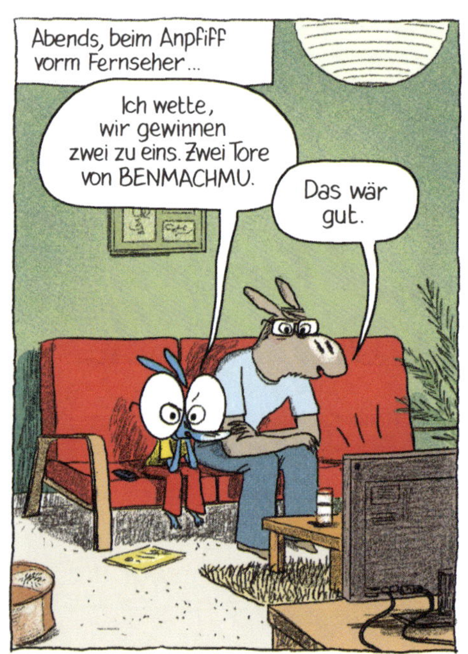

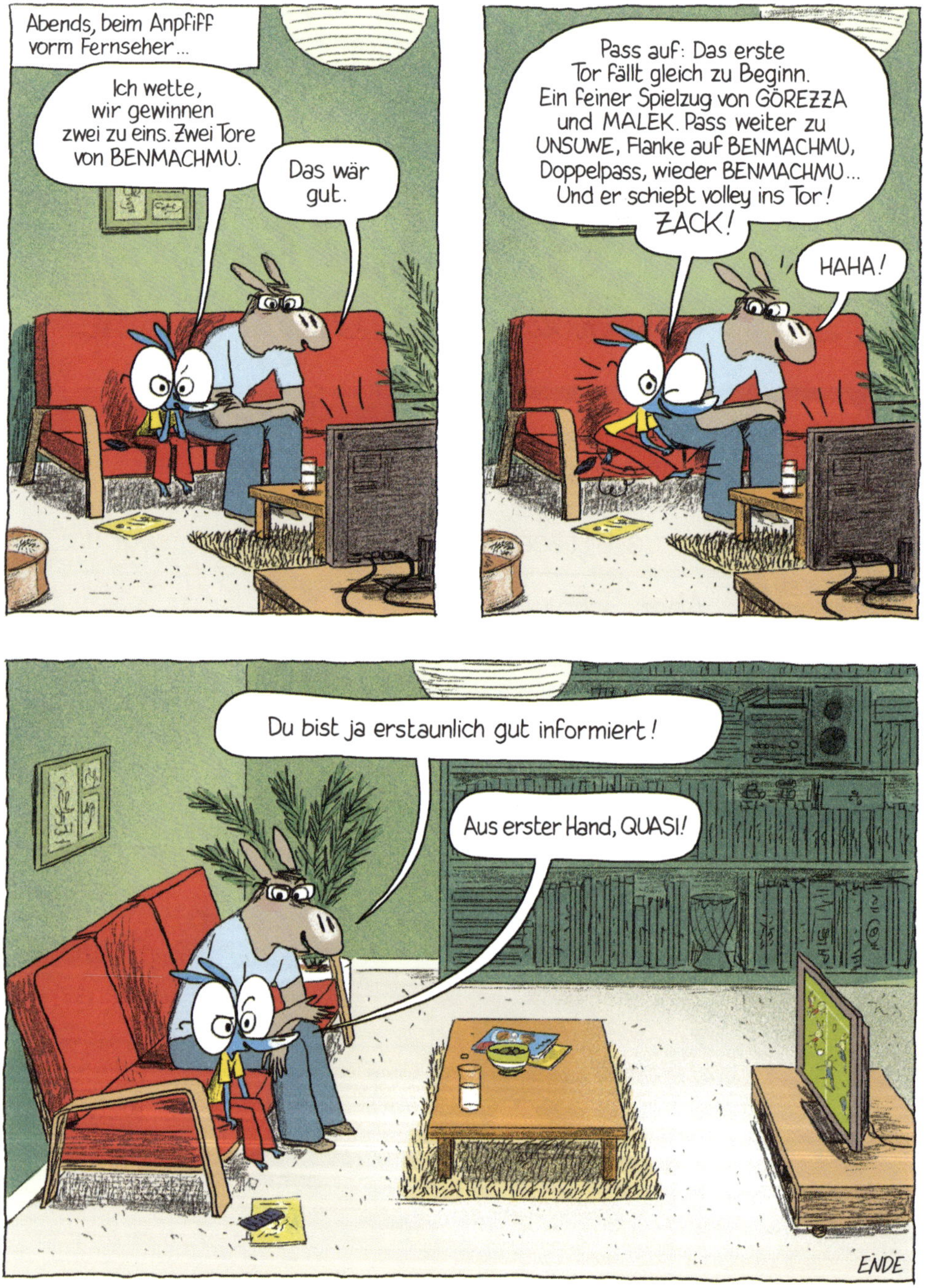

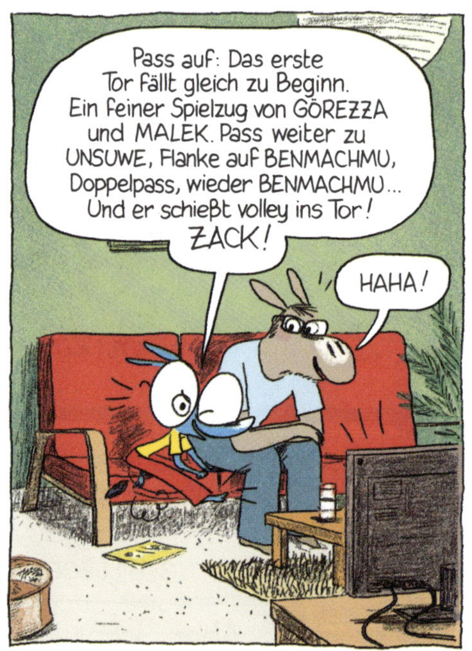

Du bist ja erstaunlich gut informiert!

Aus erster Hand, QUASI!

ENDE

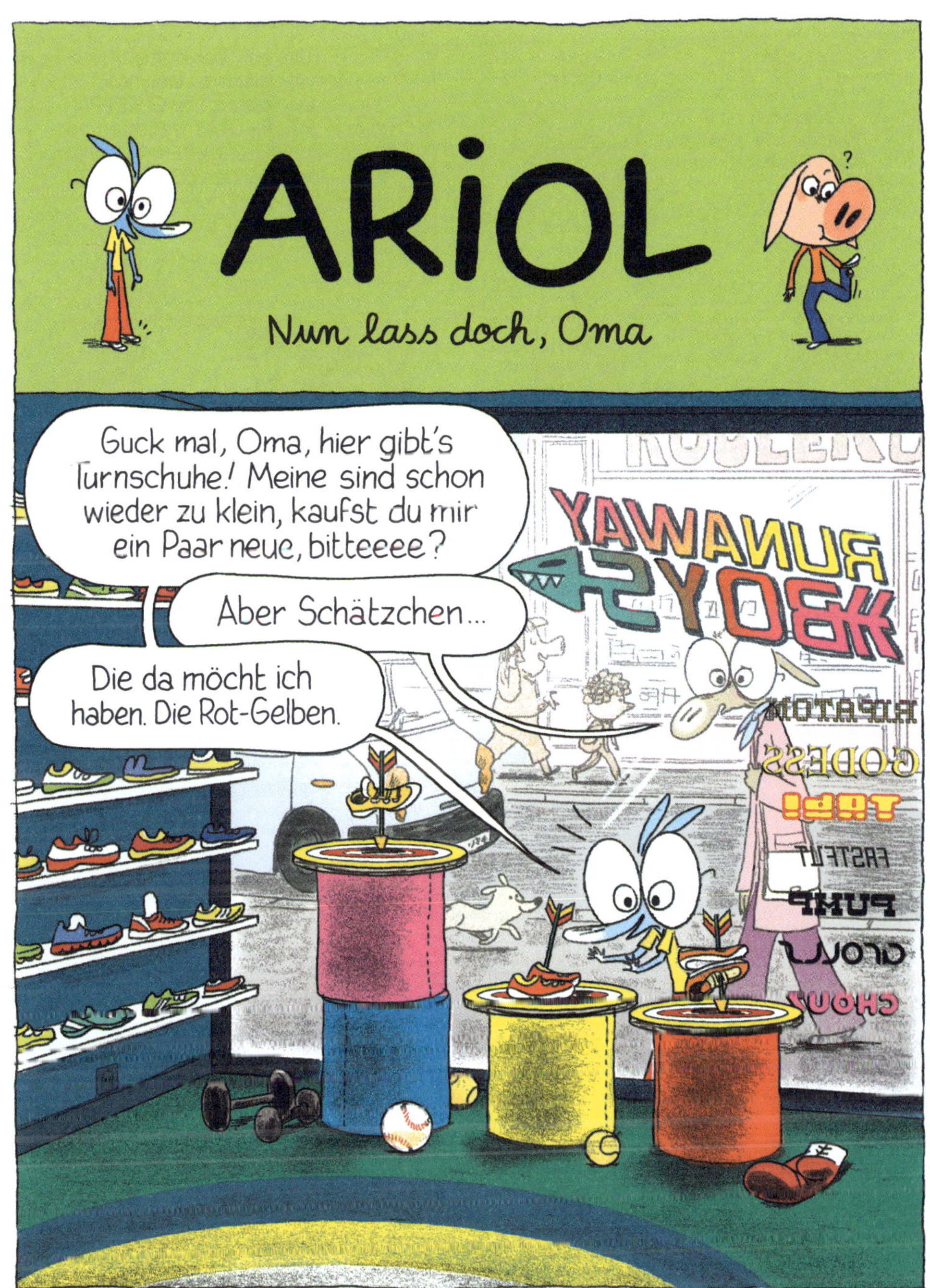
ARiOL
Nun lass doch, Oma
Guck mal, Oma, hier gibt's Turnschuhe! Meine sind schon wieder zu klein, kaufst du mir ein Paar neue, bitteeee?
Aber Schätzchen...
Die da möcht ich haben. Die Rot-Gelben.

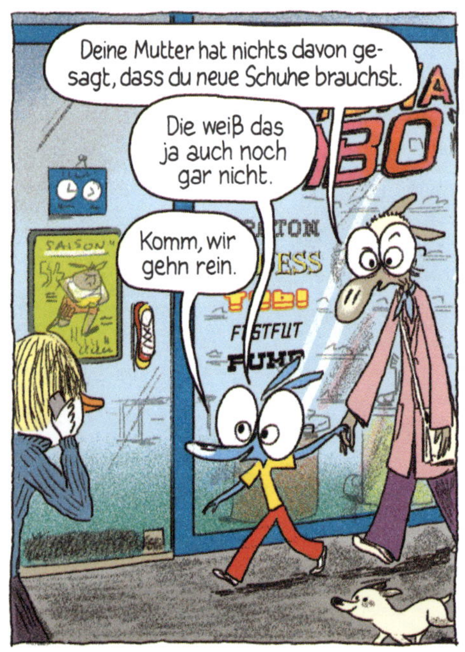
Deine Mutter hat nichts davon gesagt, dass du neue Schuhe brauchst.
Die weiß das ja auch noch gar nicht.
Komm, wir gehn rein.

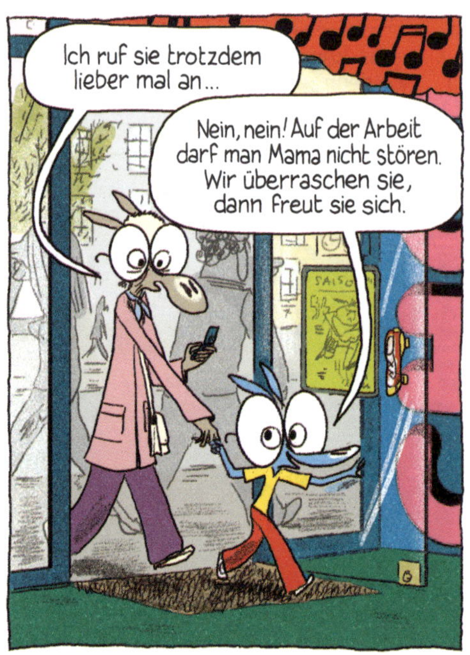
Ich ruf sie trotzdem lieber mal an ...
Nein, nein! Auf der Arbeit darf man Mama nicht stören. Wir überraschen sie, dann freut sie sich.

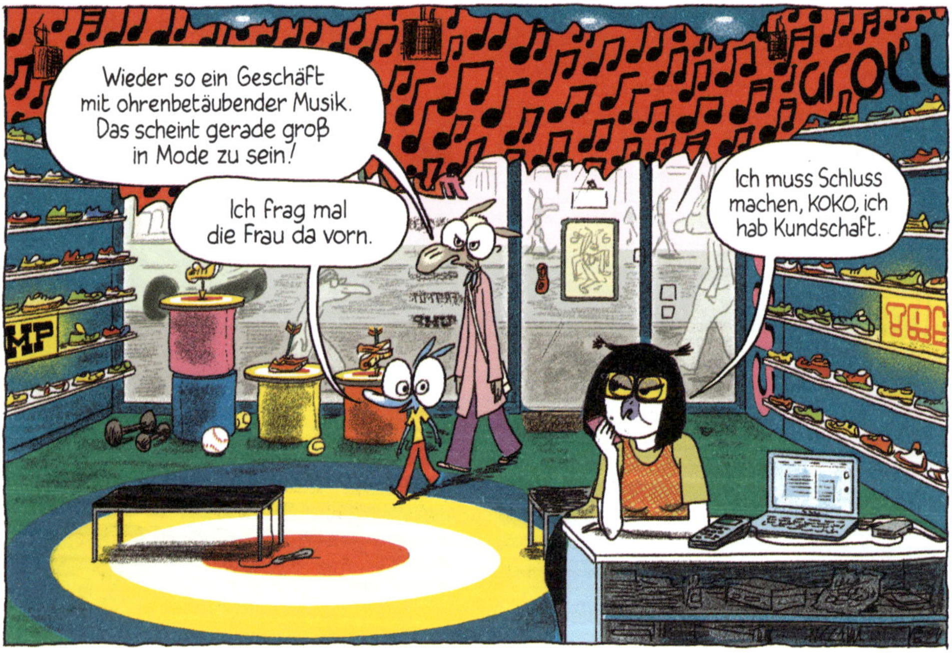

Wieder so ein Geschäft mit ohrenbetäubender Musik. Das scheint gerade groß in Mode zu sein!
Ich frag mal die Frau da vorn.
Ich muss Schluss machen, KOKO, ich hab Kundschaft.

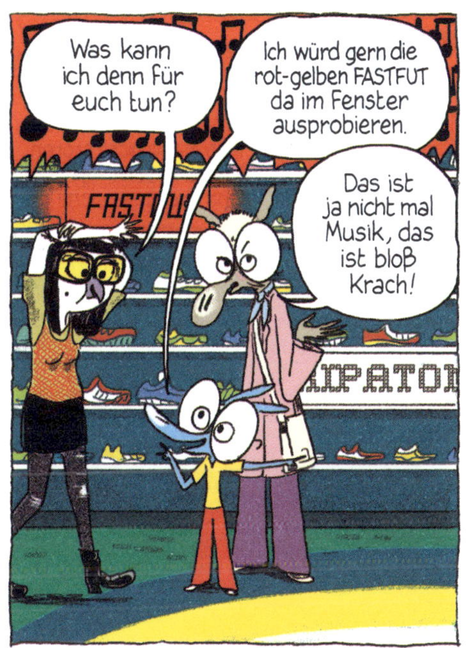
Was kann ich denn für euch tun?
Ich würd gern die rot-gelben FASTFUT da im Fenster ausprobieren.
Das ist ja nicht mal Musik, das ist bloß Krach!
FASTFU
RIPATON

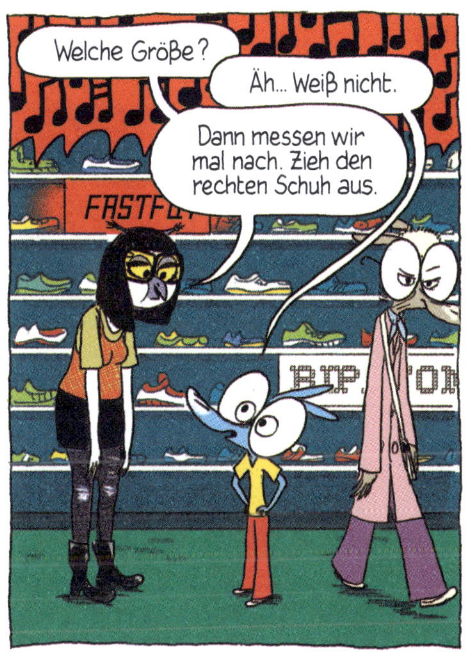
Welche Größe?
Äh... Weiß nicht.
Dann messen wir mal nach. Zieh den rechten Schuh aus.
FASTFU
RIPATON

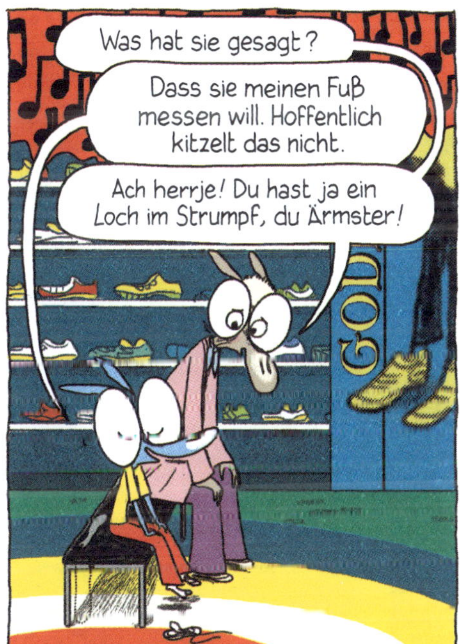
Was hat sie gesagt?
Dass sie meinen Fuß messen will. Hoffentlich kitzelt das nicht.
Ach herrje! Du hast ja ein Loch im Strumpf, du Ärmster!
GOD

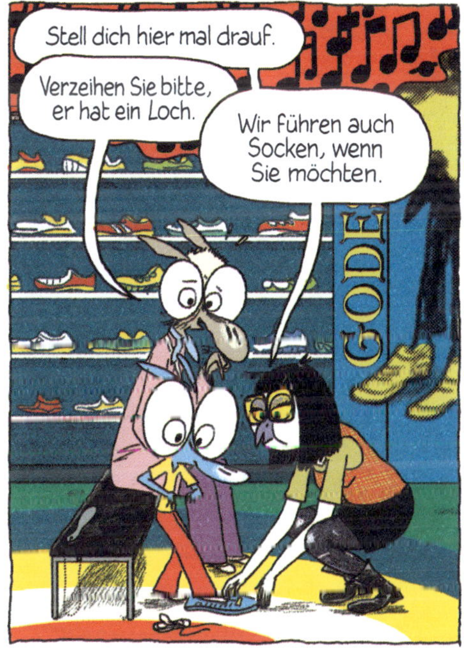
Stell dich hier mal drauf.
Verzeihen Sie bitte, er hat ein Loch.
Wir führen auch Socken, wenn Sie möchten.
GODE

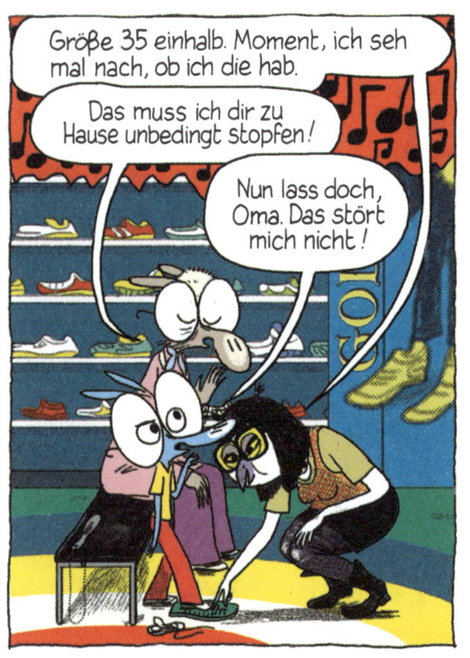
Größe 35 einhalb. Moment, ich seh mal nach, ob ich die hab.
Das muss ich dir zu Hause unbedingt stopfen!
Nun lass doch, Oma. Das stört mich nicht!
GOL

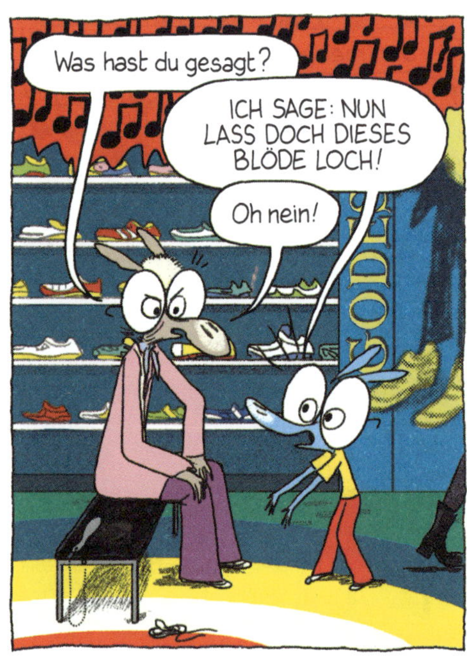
Was hast du gesagt?
ICH SAGE: NUN LASS DOCH DIESES BLÖDE LOCH!
Oh nein!
GODE

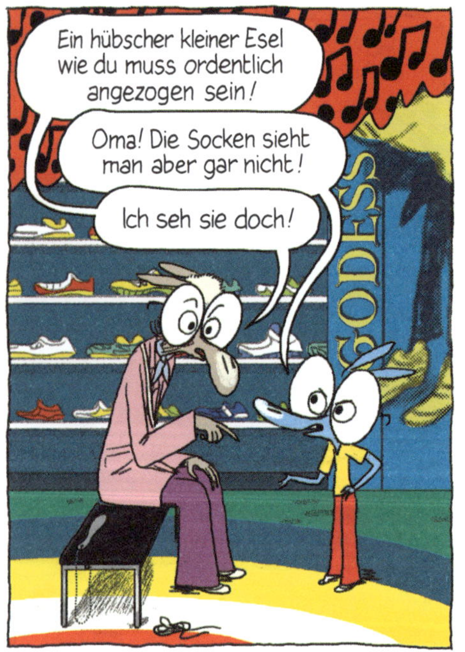
Ein hübscher kleiner Esel wie du muss ordentlich angezogen sein!
Oma! Die Socken sieht man aber gar nicht!
Ich seh sie doch!
GODESS

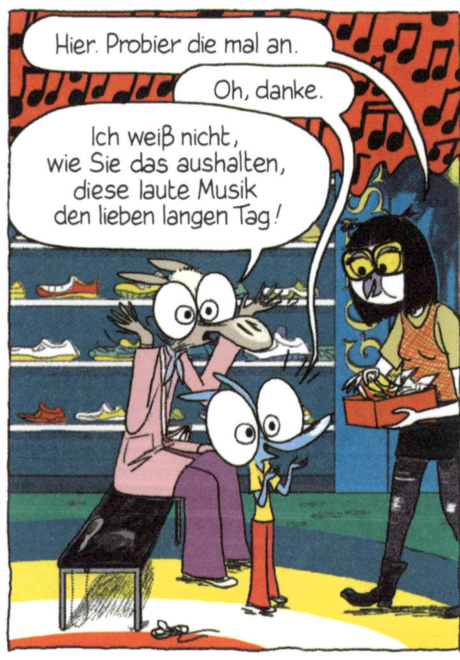
Hier. Probier die mal an.
Oh, danke.
Ich weiß nicht, wie Sie das aushalten, diese laute Musik den lieben langen Tag!

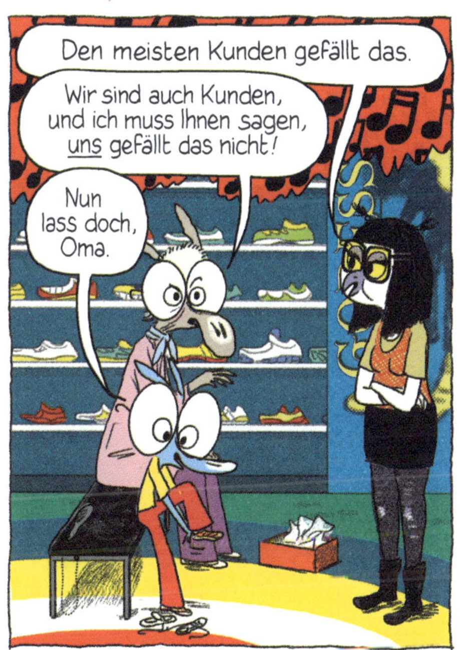
Den meisten Kunden gefällt das.
Wir sind auch Kunden, und ich muss Ihnen sagen, uns gefällt das nicht!
Nun lass doch, Oma.

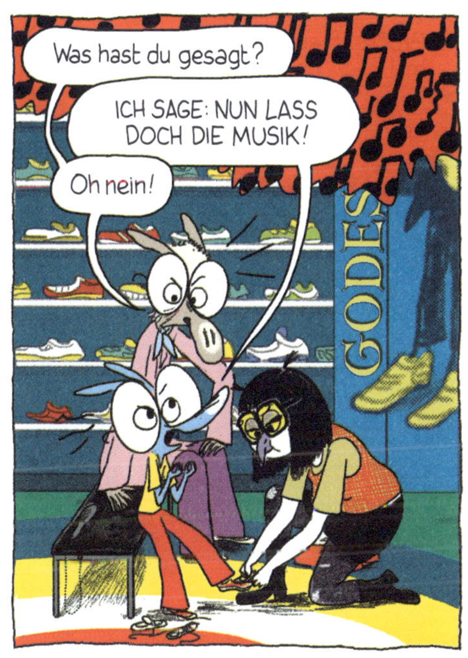
Was hast du gesagt?
ICH SAGE: NUN LASS DOCH DIE MUSIK!
Oh nein!

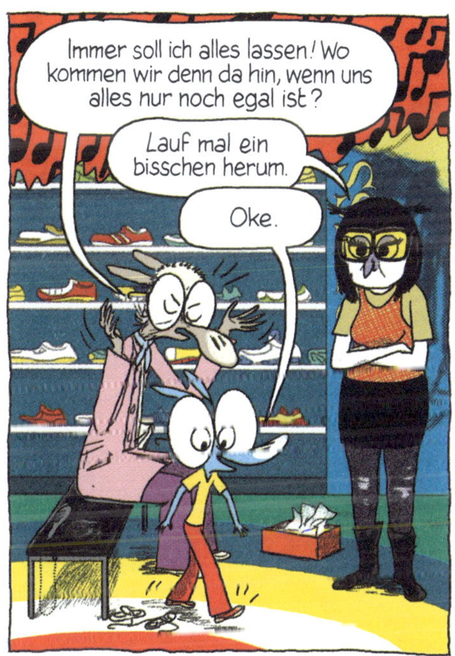
Immer soll ich alles lassen! Wo kommen wir denn da hin, wenn uns alles nur noch egal ist?
Lauf mal ein bisschen herum.
Oke.

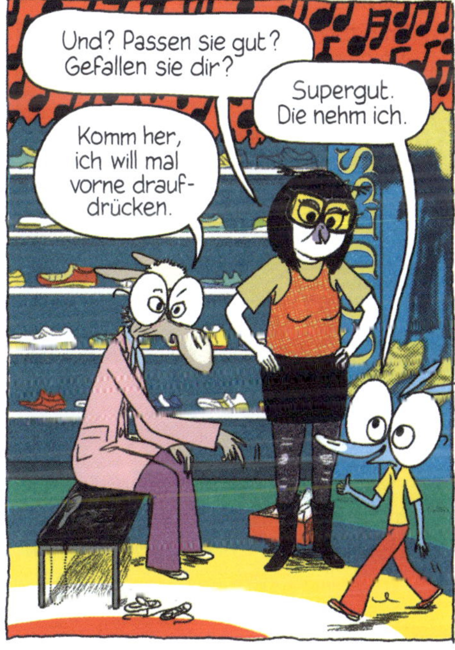
Und? Passen sie gut? Gefallen sie dir?
Supergut. Die nehm ich.
Komm her, ich will mal vorne drauf-drücken.

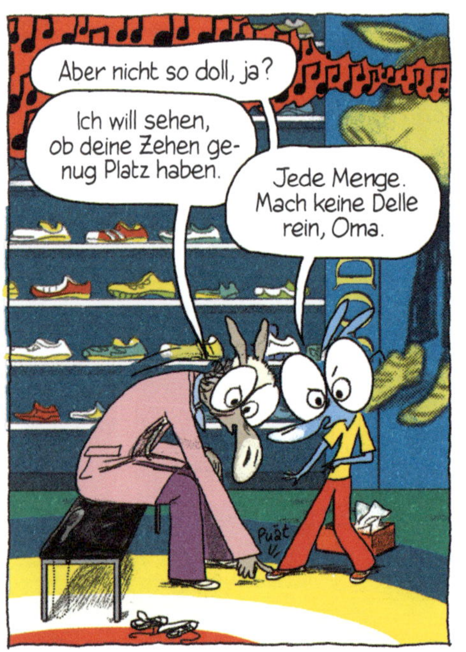
Aber nicht so doll, ja?
Ich will sehen, ob deine Zehen genug Platz haben.
Jede Menge. Mach keine Delle rein, Oma.
Puät

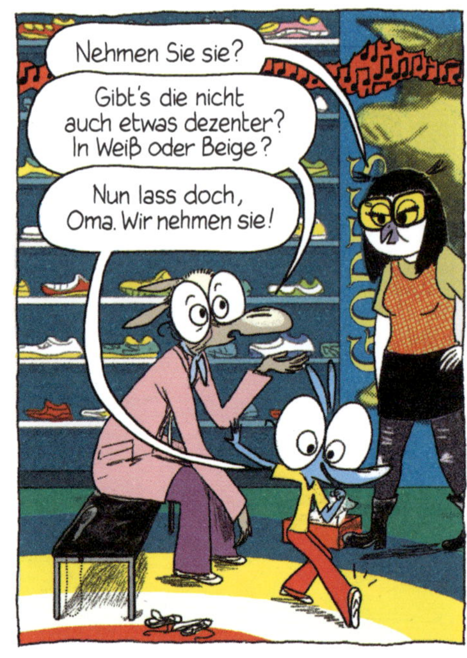
Nehmen Sie sie?
Gibt's die nicht auch etwas dezenter? In Weiß oder Beige?
Nun lass doch, Oma. Wir nehmen sie!

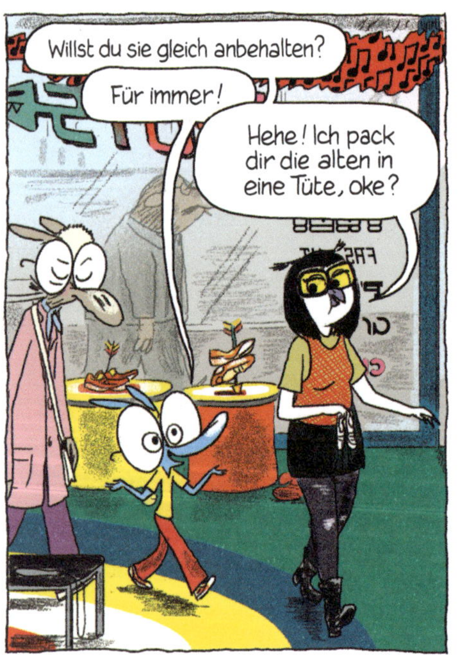
Willst du sie gleich anbehalten?
Für immer!
Hehe! Ich pack dir die alten in eine Tüte, oke?

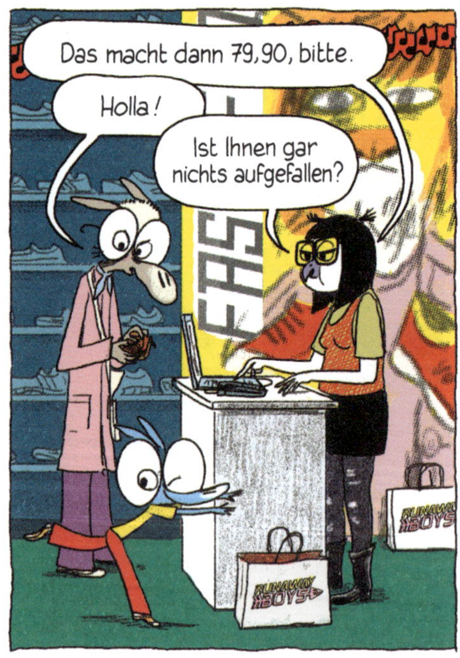
Das macht dann 79,90, bitte.
Holla!
Ist Ihnen gar nichts aufgefallen?

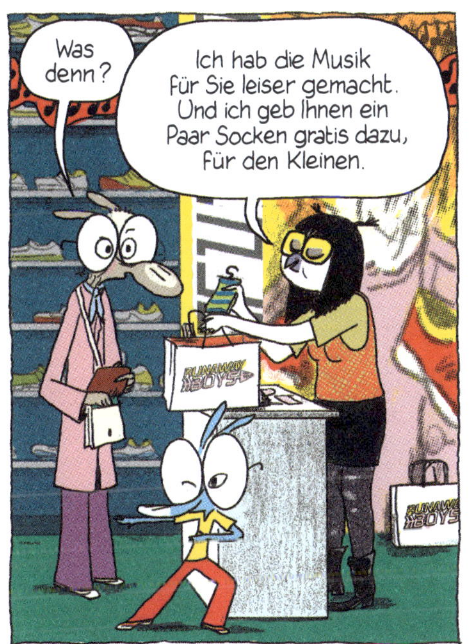
Was denn?
Ich hab die Musik für Sie leiser gemacht. Und ich geb Ihnen ein Paar Socken gratis dazu, für den Kleinen.
RUNAWAY BOYS

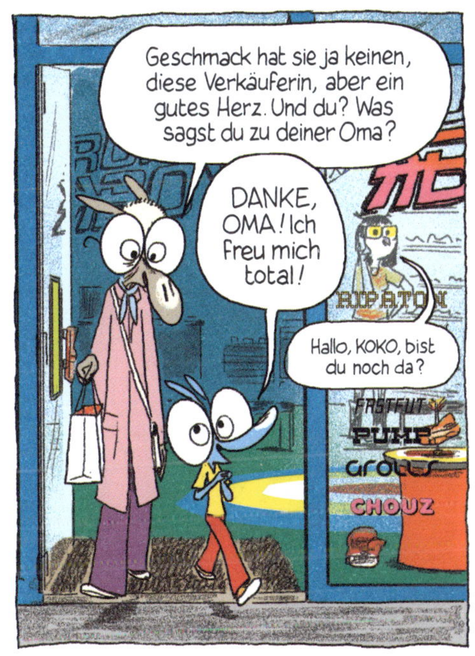
Geschmack hat sie ja keinen, diese Verkäuferin, aber ein gutes Herz. Und du? Was sagst du zu deiner Oma?
DANKE, OMA! Ich freu mich total!
Hallo, KOKO, bist du noch da?
RIPATON
FASTFUT
PUHR
CHOUZ

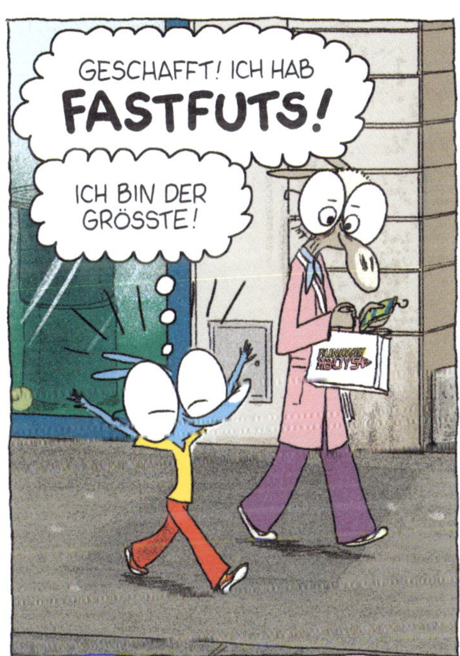
GESCHAFFT! ICH HAB FASTFUTS!
ICH BIN DER GRÖSSTE!

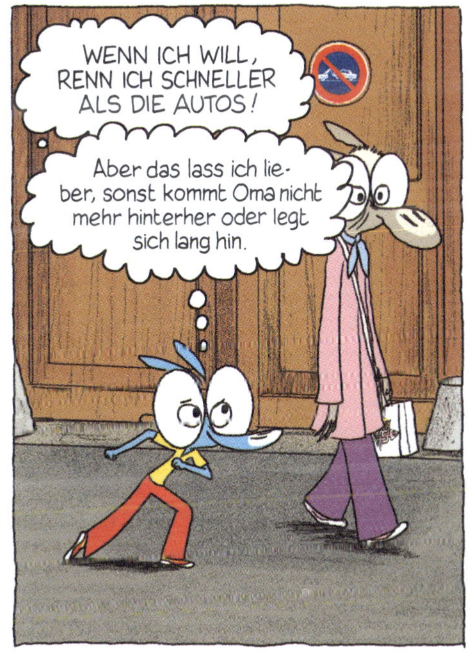
WENN ICH WILL, RENN ICH SCHNELLER ALS DIE AUTOS!
Aber das lass ich lieber, sonst kommt Oma nicht mehr hinterher oder legt sich lang hin.

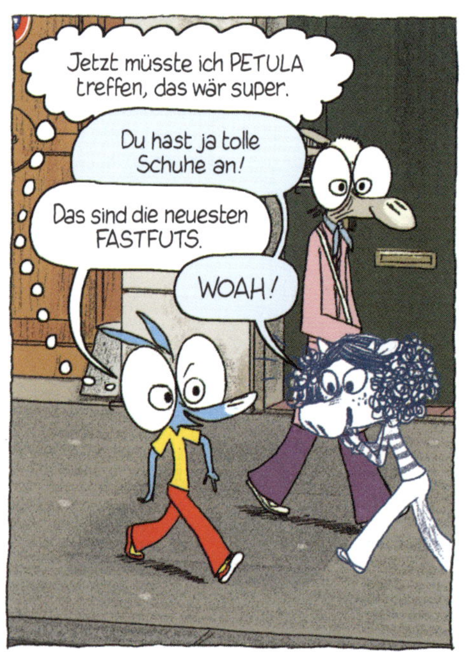
Jetzt müsste ich PETULA treffen, das wär super.
Du hast ja tolle Schuhe an!
Das sind die neuesten FASTFUTS.
WOAH!

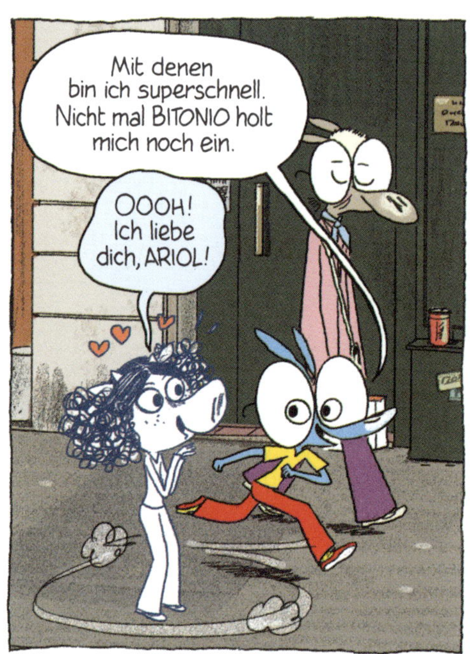
Mit denen bin ich superschnell. Nicht mal BITONIO holt mich noch ein.
OOOH! Ich liebe dich, ARIOL!

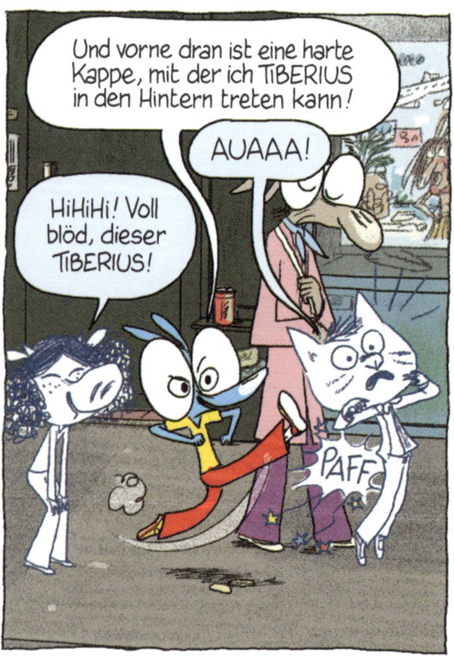
Und vorne dran ist eine harte Kappe, mit der ich TIBERIUS in den Hintern treten kann!
AUAAA!
HiHiHi! Voll blöd, dieser TIBERIUS!
PAFF

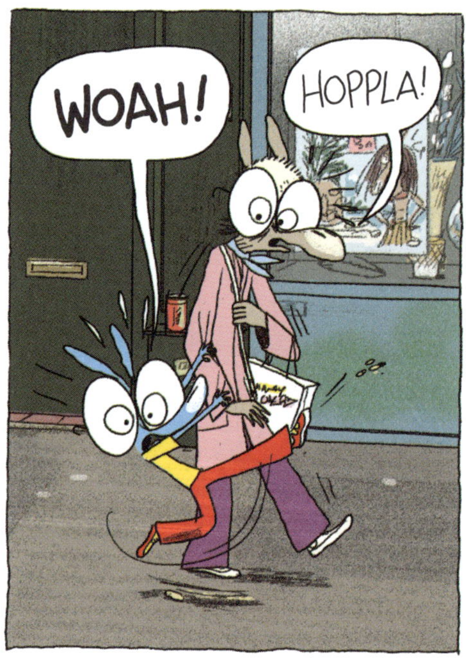
WOAH!
HOPPLA!

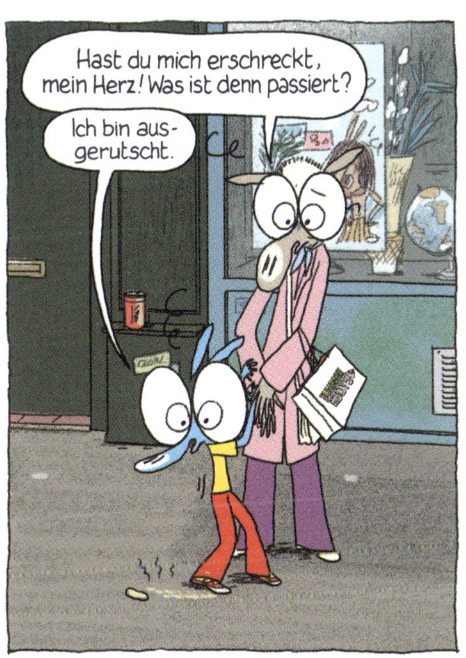
Hast du mich erschreckt, mein Herz! Was ist denn passiert?
Ich bin ausgerutscht.

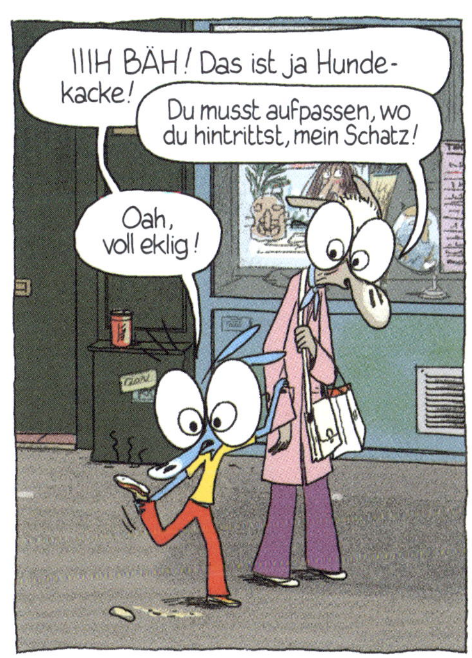
IIIH BÄH! Das ist ja Hundekacke!
Du musst aufpassen, wo du hintrittst, mein Schatz!
Oah, voll eklig!

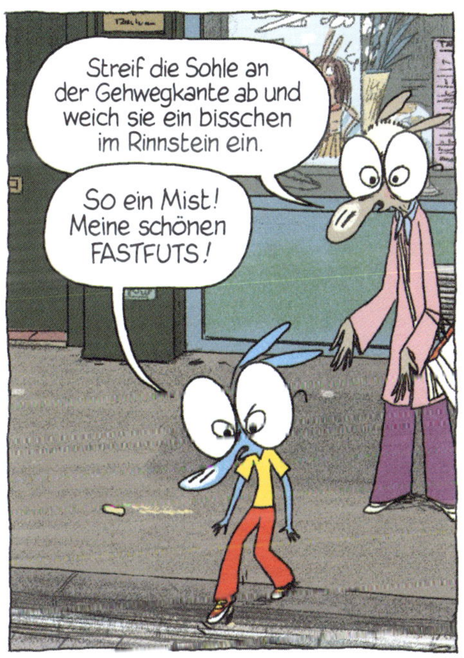
Streif die Sohle an der Gehwegkante ab und weich sie ein bisschen im Rinnstein ein.
So ein Mist! Meine schönen FASTFUTS!

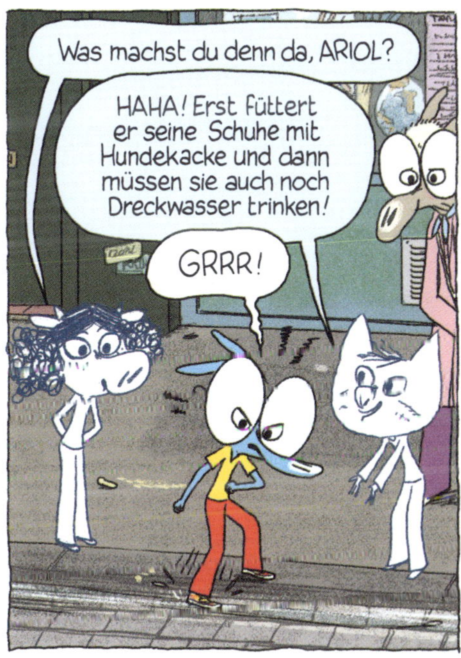
Was machst du denn da, ARIOL?
HAHA! Erst füttert er seine Schuhe mit Hundekacke und dann müssen sie auch noch Dreckwasser trinken!
GRRR!

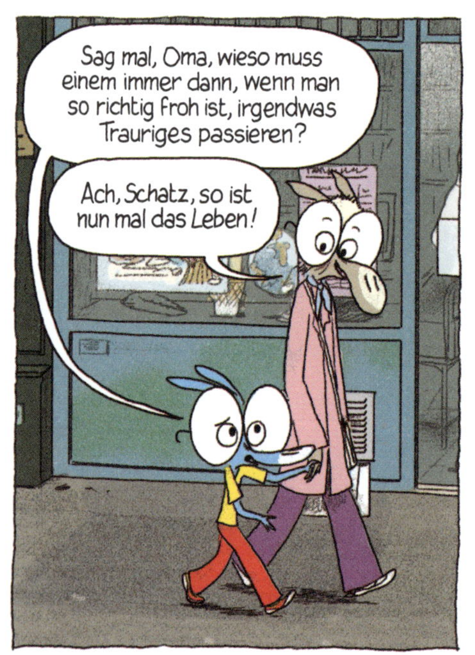

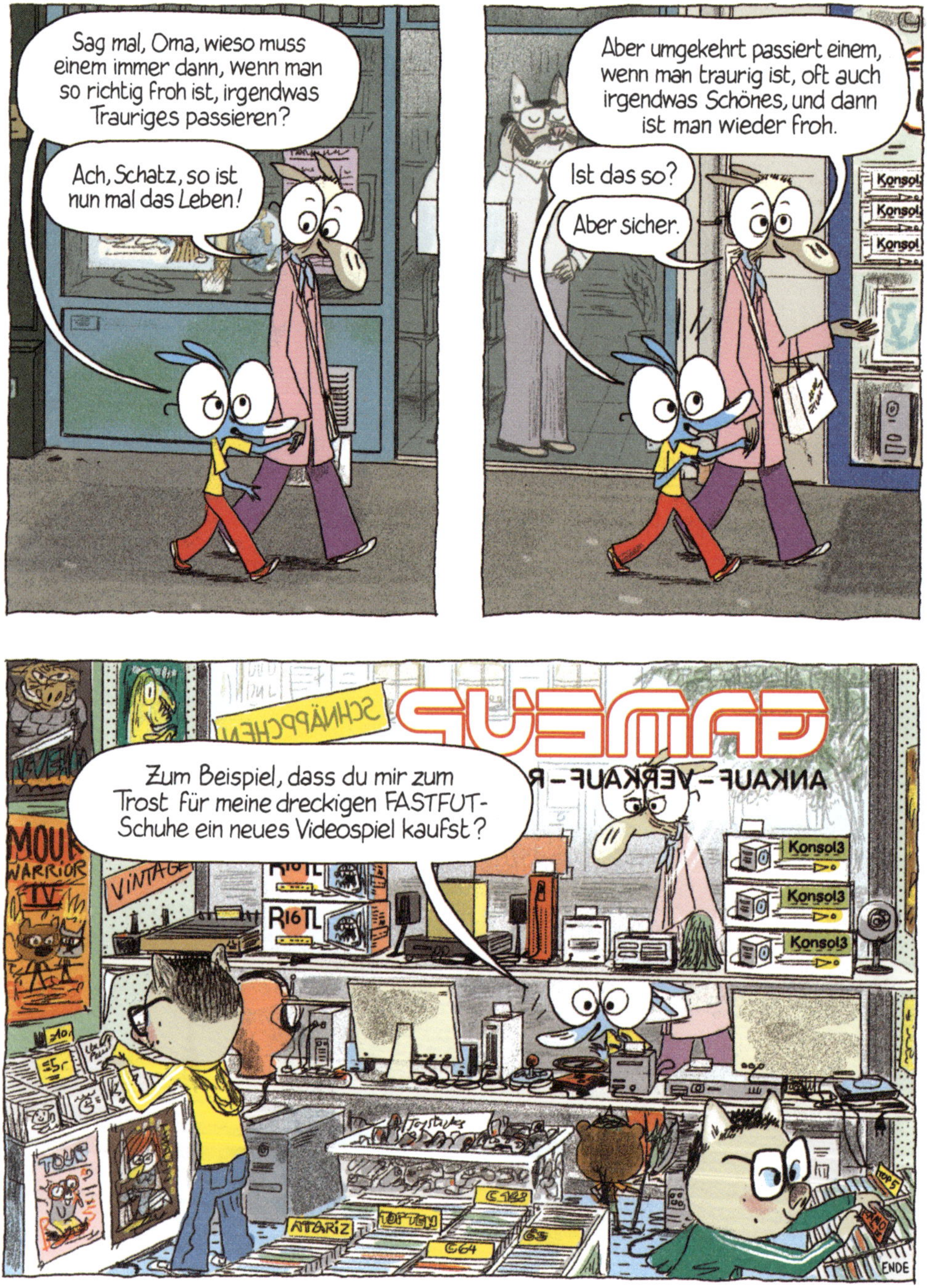

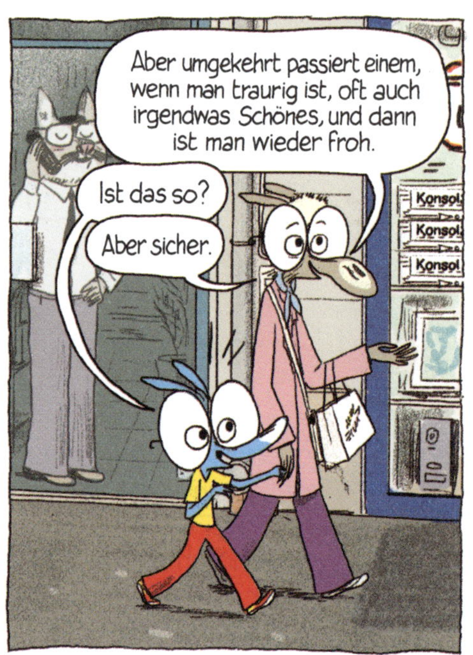

Zum Beispiel, dass du mir zum Trost für meine dreckigen FASTFUT-Schuhe ein neues Videospiel kaufst?

SCHNÄPPCHEN

VINTAGE

Konsol3

ENDE

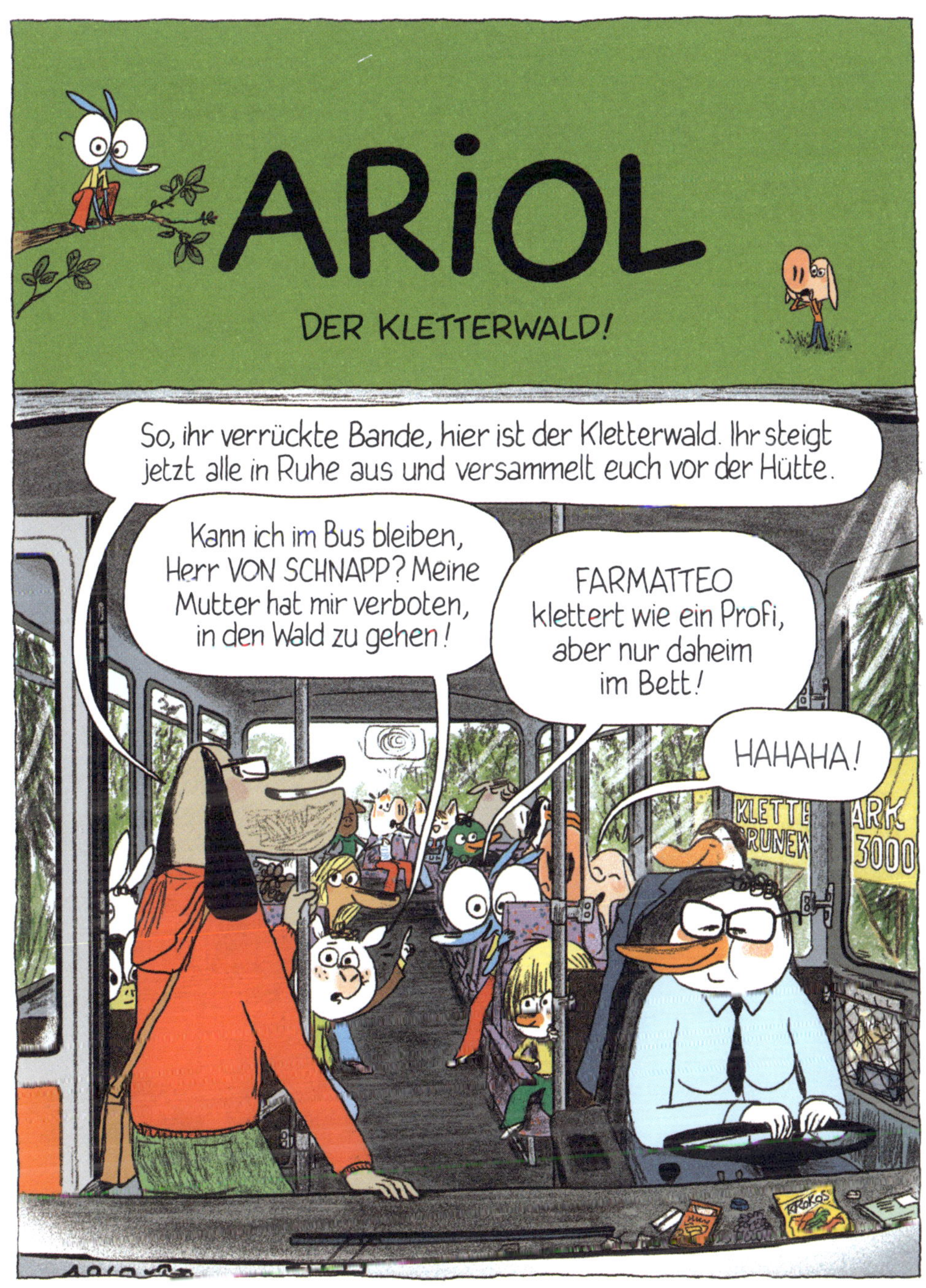
ARIOL
DER KLETTERWALD!
So, ihr verrückte Bande, hier ist der Kletterwald. Ihr steigt jetzt alle in Ruhe aus und versammelt euch vor der Hütte.
Kann ich im Bus bleiben, Herr VON SCHNAPP? Meine Mutter hat mir verboten, in den Wald zu gehen!
FARMATTEO klettert wie ein Profi, aber nur daheim im Bett!
HAHAHA!

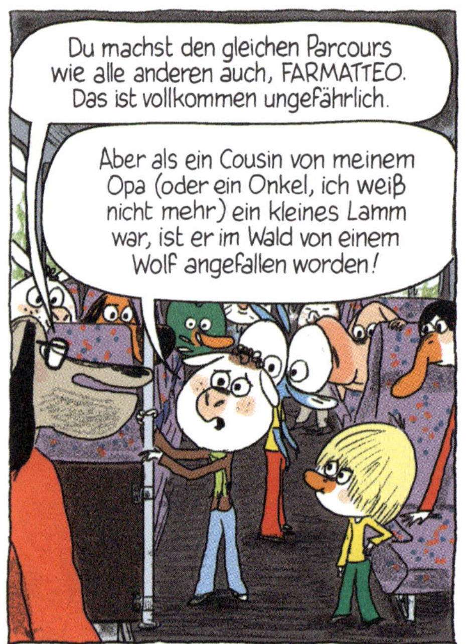
Du machst den gleichen Parcours wie alle anderen auch, FARMATTEO. Das ist vollkommen ungefährlich.
Aber als ein Cousin von meinem Opa (oder ein Onkel, ich weiß nicht mehr) ein kleines Lamm war, ist er im Wald von einem Wolf angefallen worden!

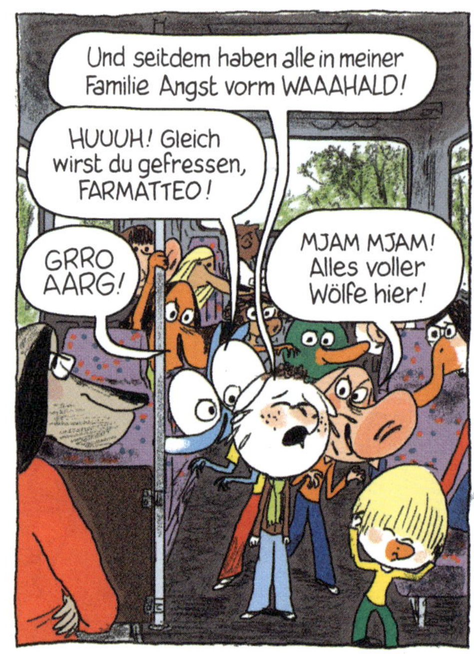
Und seitdem haben alle in meiner Familie Angst vorm WAAAHALD!
HUUUH! Gleich wirst du gefressen, FARMATTEO!
GRRO AARG!
MJAM MJAM! Alles voller Wölfe hier!

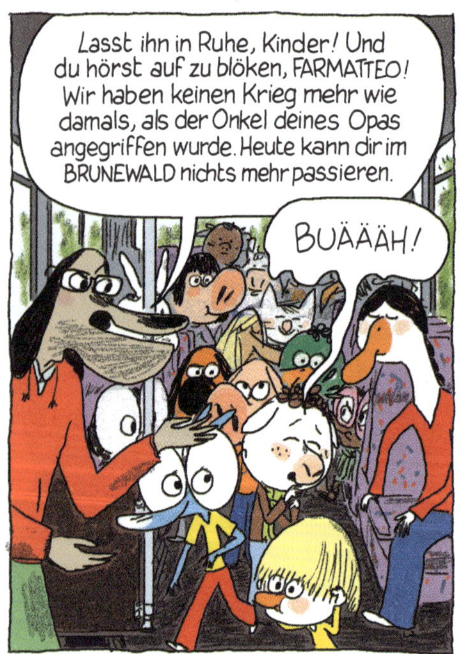
Lasst ihn in Ruhe, Kinder! Und du hörst auf zu blöken, FARMATTEO! Wir haben keinen Krieg mehr wie damals, als der Onkel deines Opas angegriffen wurde. Heute kann dir im BRUNEWALD nichts mehr passieren.
BUÄÄÄH!

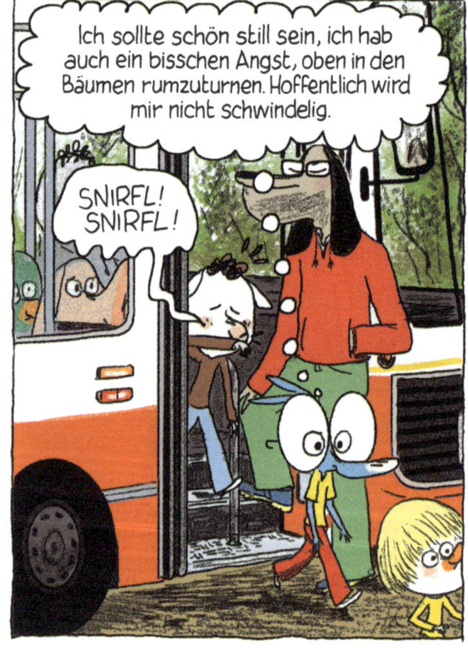
Ich sollte schön still sein, ich hab auch ein bisschen Angst, oben in den Bäumen rumzuturnen. Hoffentlich wird mir nicht schwindelig.
SNIRFL! SNIRFL!

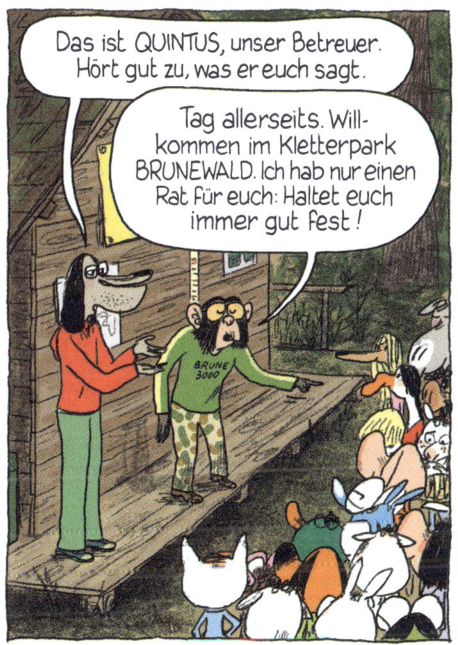
Das ist QUINTUS, unser Betreuer. Hört gut zu, was er euch sagt.
Tag allerseits. Willkommen im Kletterpark BRUNEWALD. Ich hab nur einen Rat für euch: Haltet euch immer gut fest!
BRUNE 3000

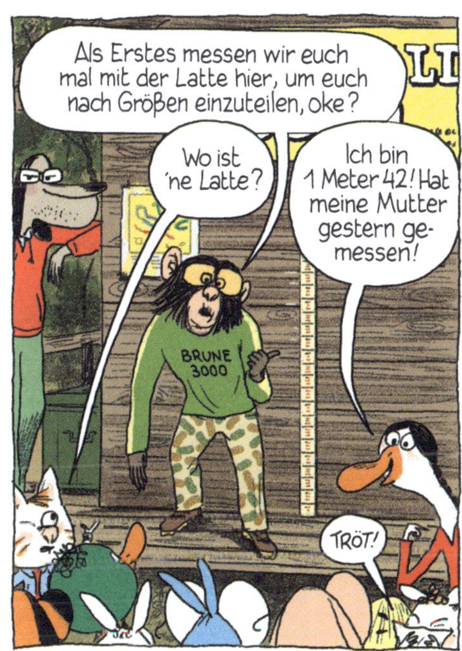
Als Erstes messen wir euch mal mit der Latte hier, um euch nach Größen einzuteilen, oke?
Wo ist 'ne Latte?
Ich bin 1 Meter 42! Hat meine Mutter gestern gemessen!
BRUNE 3000
TRÖT!

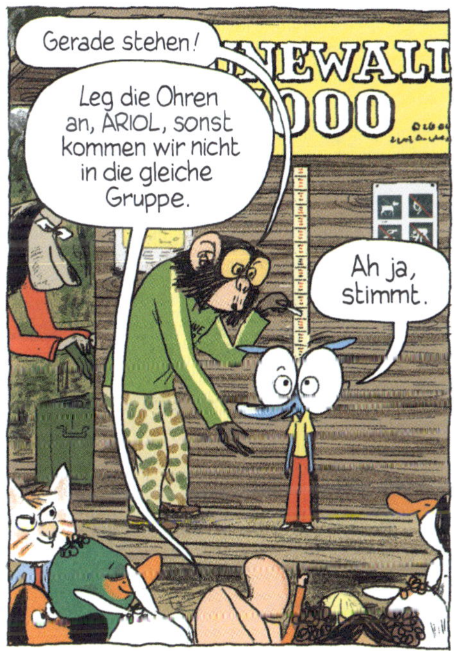
Gerade stehen!
Leg die Ohren an, ARIOL, sonst kommen wir nicht in die gleiche Gruppe.
Ah ja, stimmt.

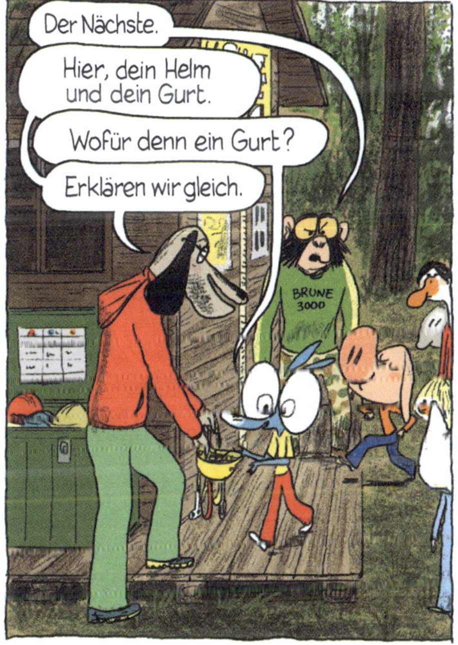
Der Nächste.
Hier, dein Helm und dein Gurt.
Wofür denn ein Gurt?
Erklären wir gleich.
BRUNE 3000

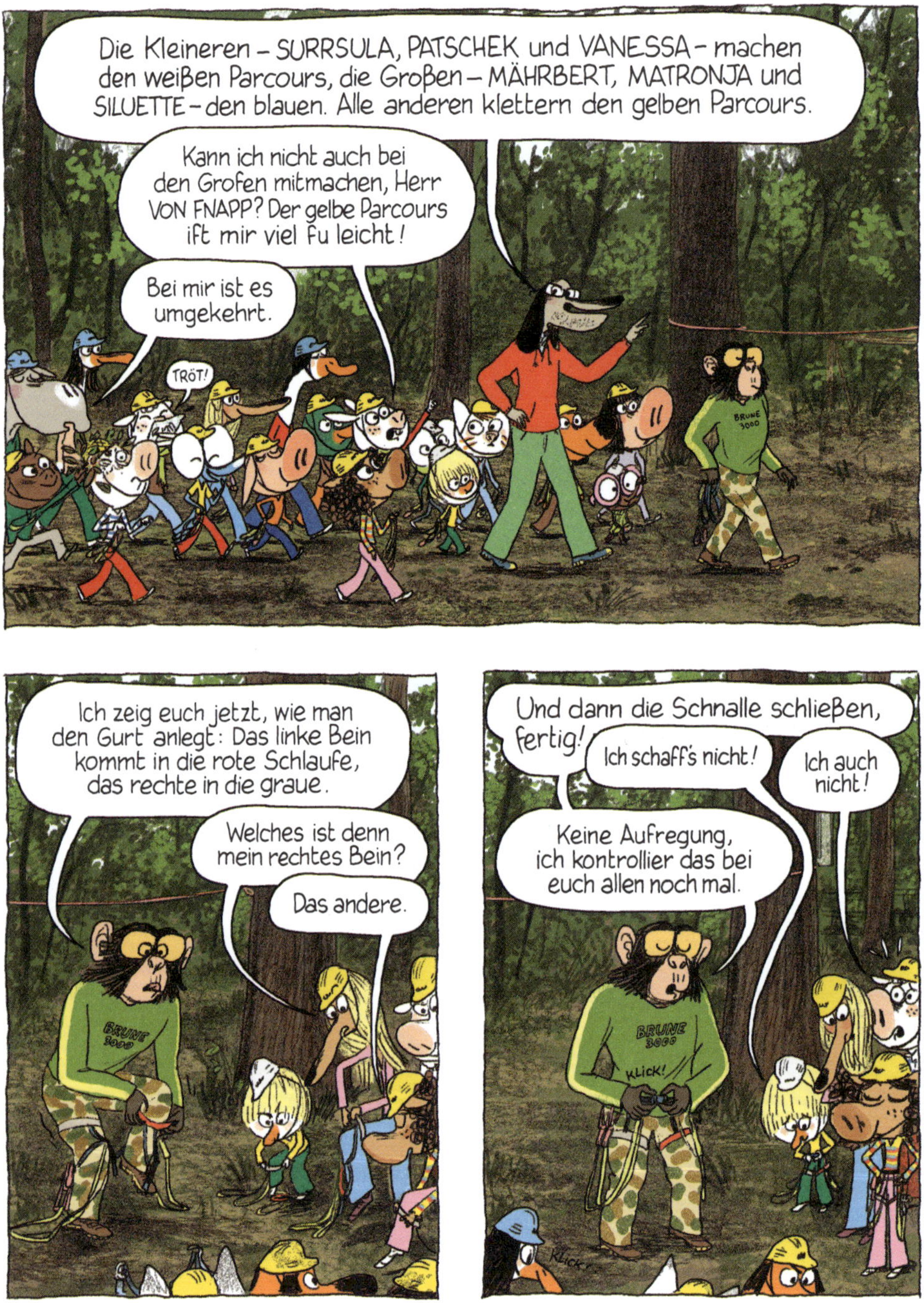

Die Kleineren – SURRSULA, PATSCHEK und VANESSA – machen den weißen Parcours, die Großen – MÄHRBERT, MATRONJA und SILUETTE – den blauen. Alle anderen klettern den gelben Parcours.

Kann ich nicht auch bei den Grofen mitmachen, Herr VON FNAPP? Der gelbe Parcours ift mir viel fu leicht!

Bei mir ist es umgekehrt.

TRÖT!

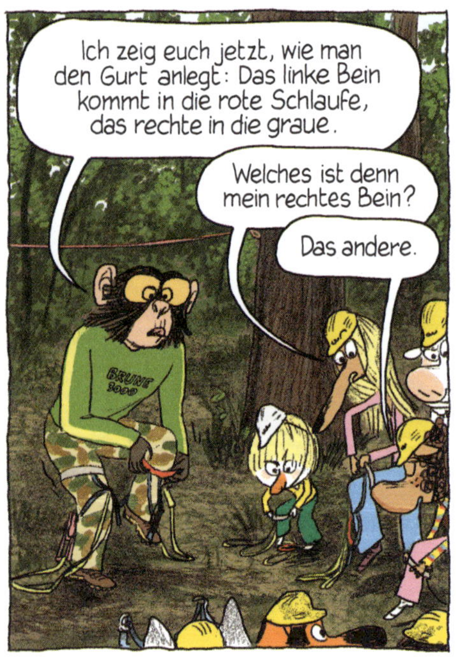

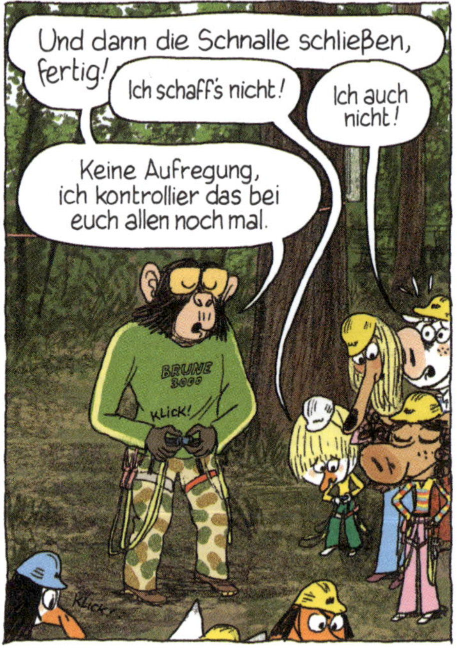

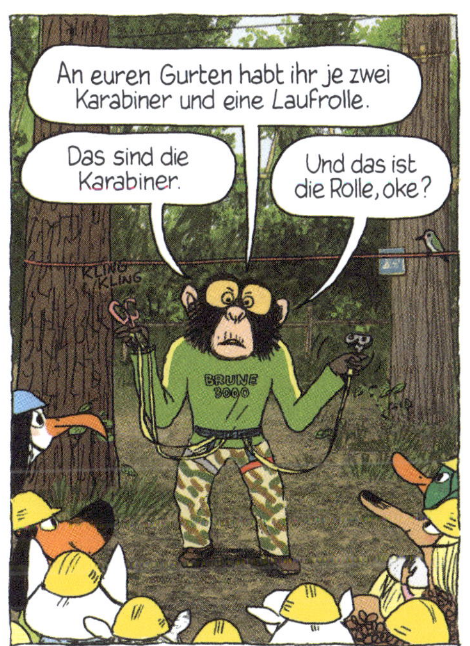
An euren Gurten habt ihr je zwei Karabiner und eine Laufrolle.
Das sind die Karabiner.
Und das ist die Rolle, oke?
KLING KLING

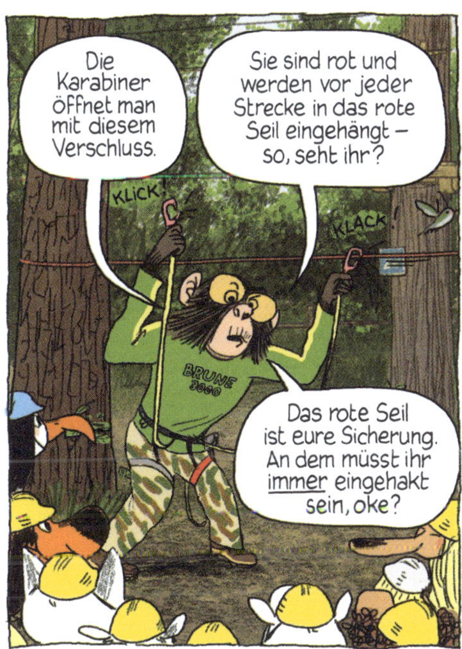
Die Karabiner öffnet man mit diesem Verschluss.
Sie sind rot und werden vor jeder Strecke in das rote Seil eingehängt – so, seht ihr?
KLICK!
KLACK!
Das rote Seil ist eure Sicherung. An dem müsst ihr immer eingehakt sein, oke?

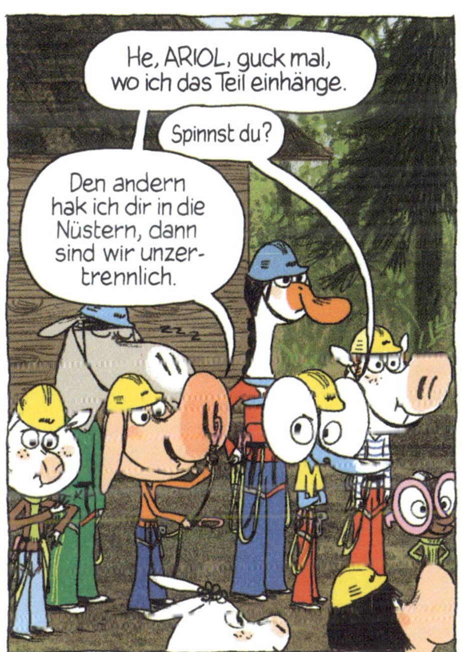
He, ARIOL, guck mal, wo ich das Teil einhänge.
Spinnst du?
Den andern hak ich dir in die Nüstern, dann sind wir unzertrennlich.

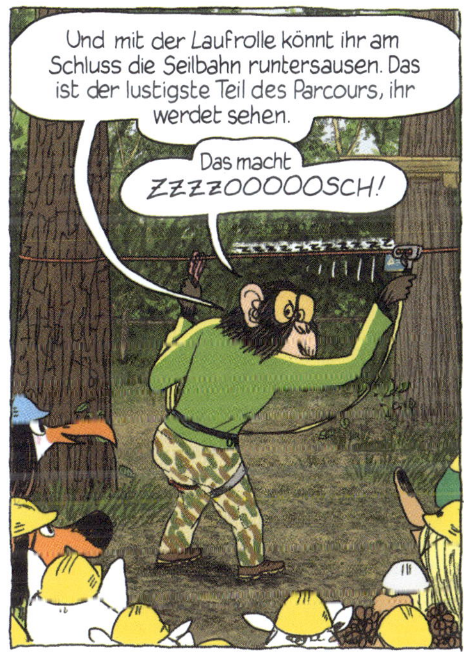
Und mit der Laufrolle könnt ihr am Schluss die Seilbahn runtersausen. Das ist der lustigste Teil des Parcours, ihr werdet sehen.
Das macht ZZZZOOOOOOSCH!

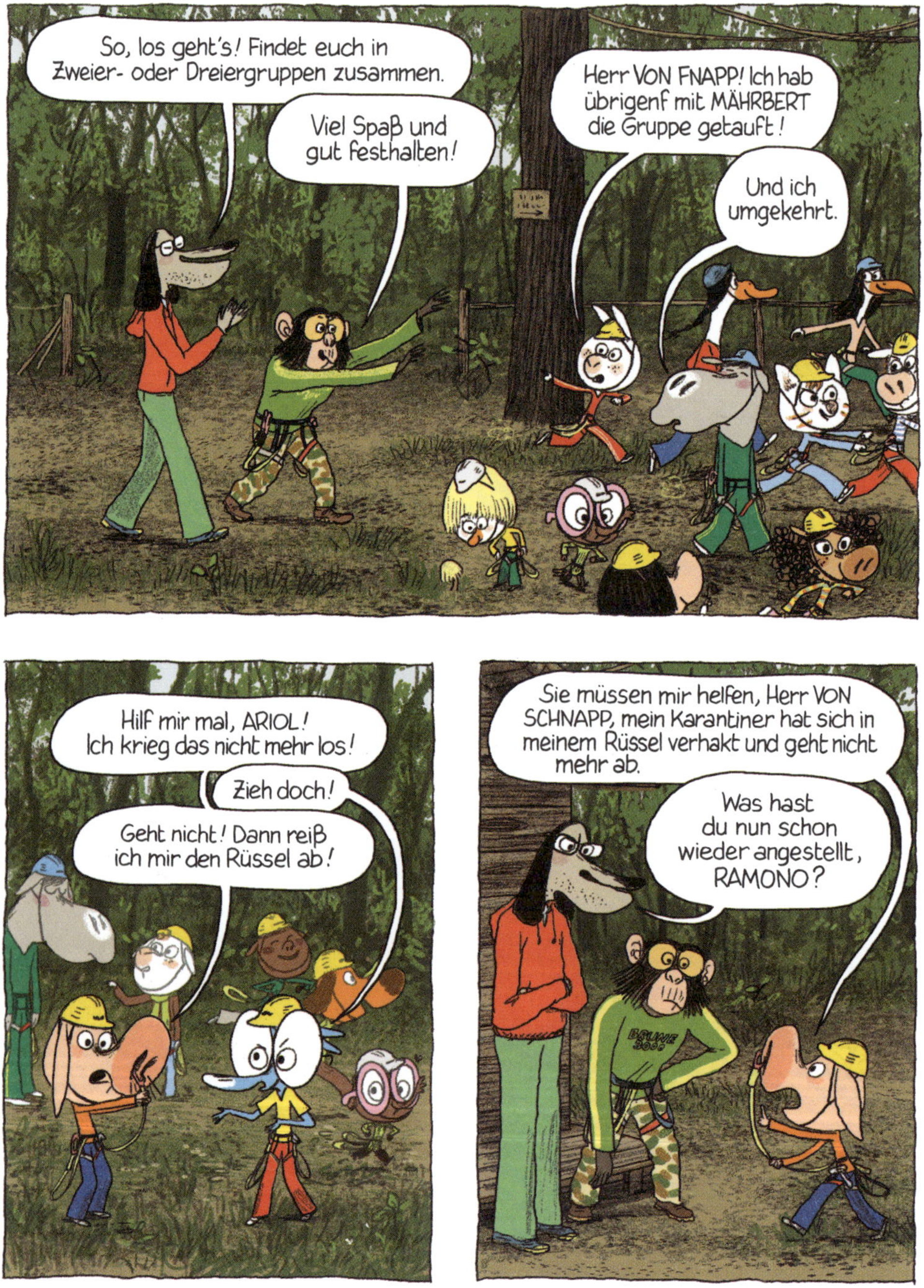

So, los geht's! Findet euch in Zweier- oder Dreiergruppen zusammen.

Viel Spaß und gut festhalten!

Herr VON FNAPP! Ich hab übrigenf mit MÄHRBERT die Gruppe getauft!

Und ich umgekehrt.

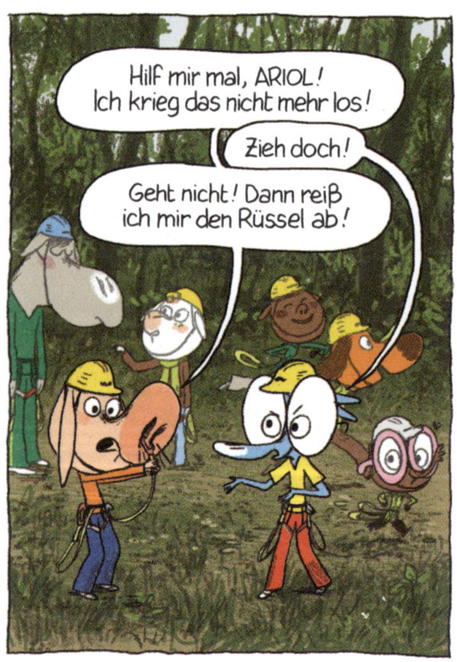

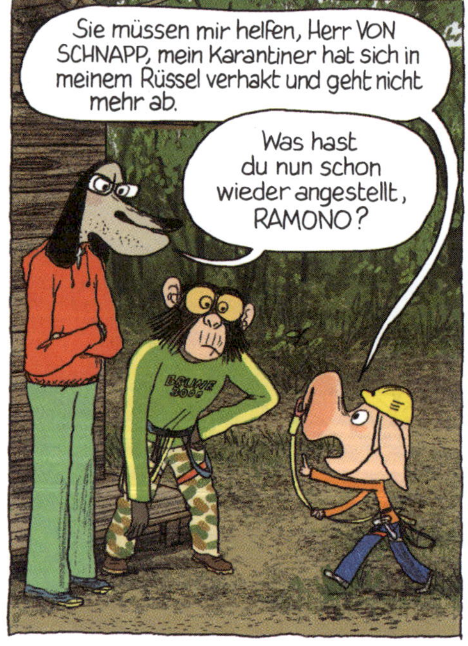

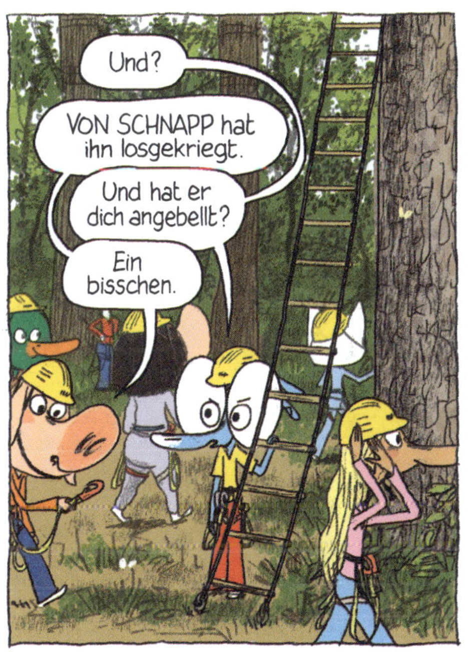
Und?
VON SCHNAPP hat ihn losgekriegt.
Und hat er dich angebellt?
Ein bisschen.

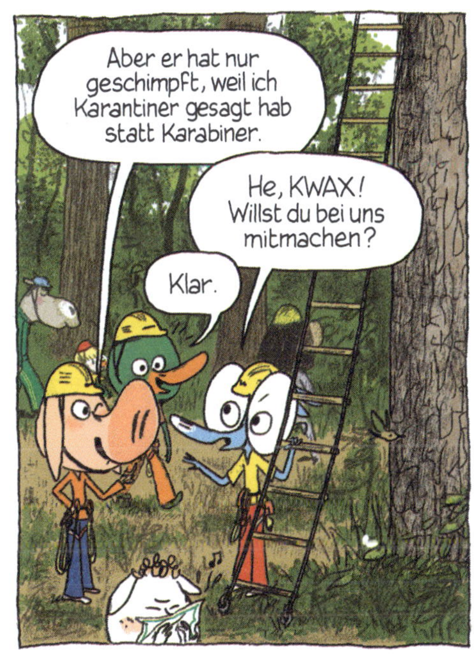
Aber er hat nur geschimpft, weil ich Karantiner gesagt hab statt Karabiner.
He, KWAX! Willst du bei uns mitmachen?
Klar.

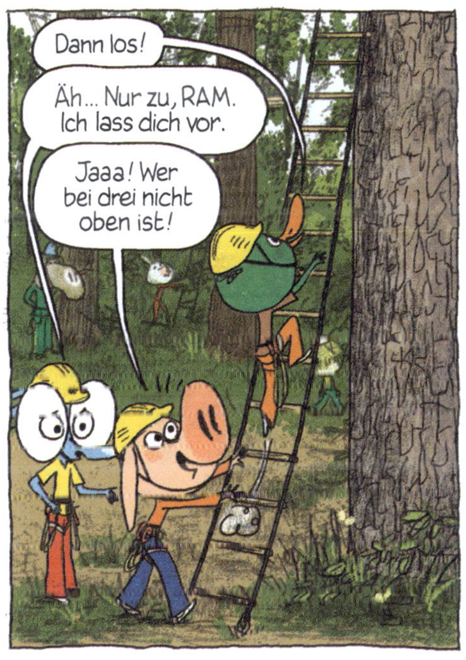
Dann los!
Äh... Nur zu, RAM. Ich lass dich vor.
Jaaa! Wer bei drei nicht oben ist!

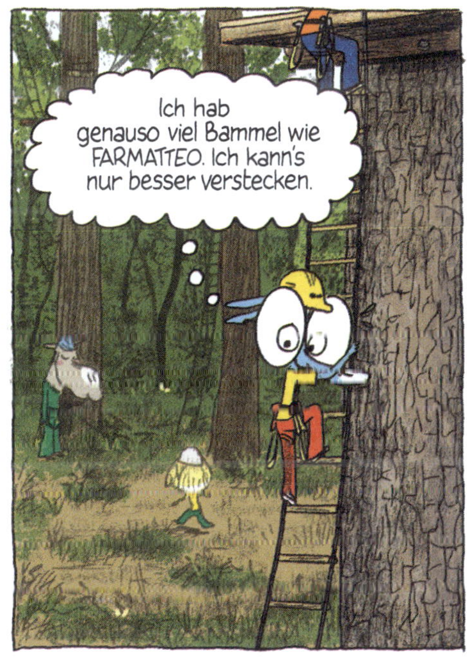
Ich hab genauso viel Bammel wie FARMATTEO. Ich kann's nur besser verstecken.

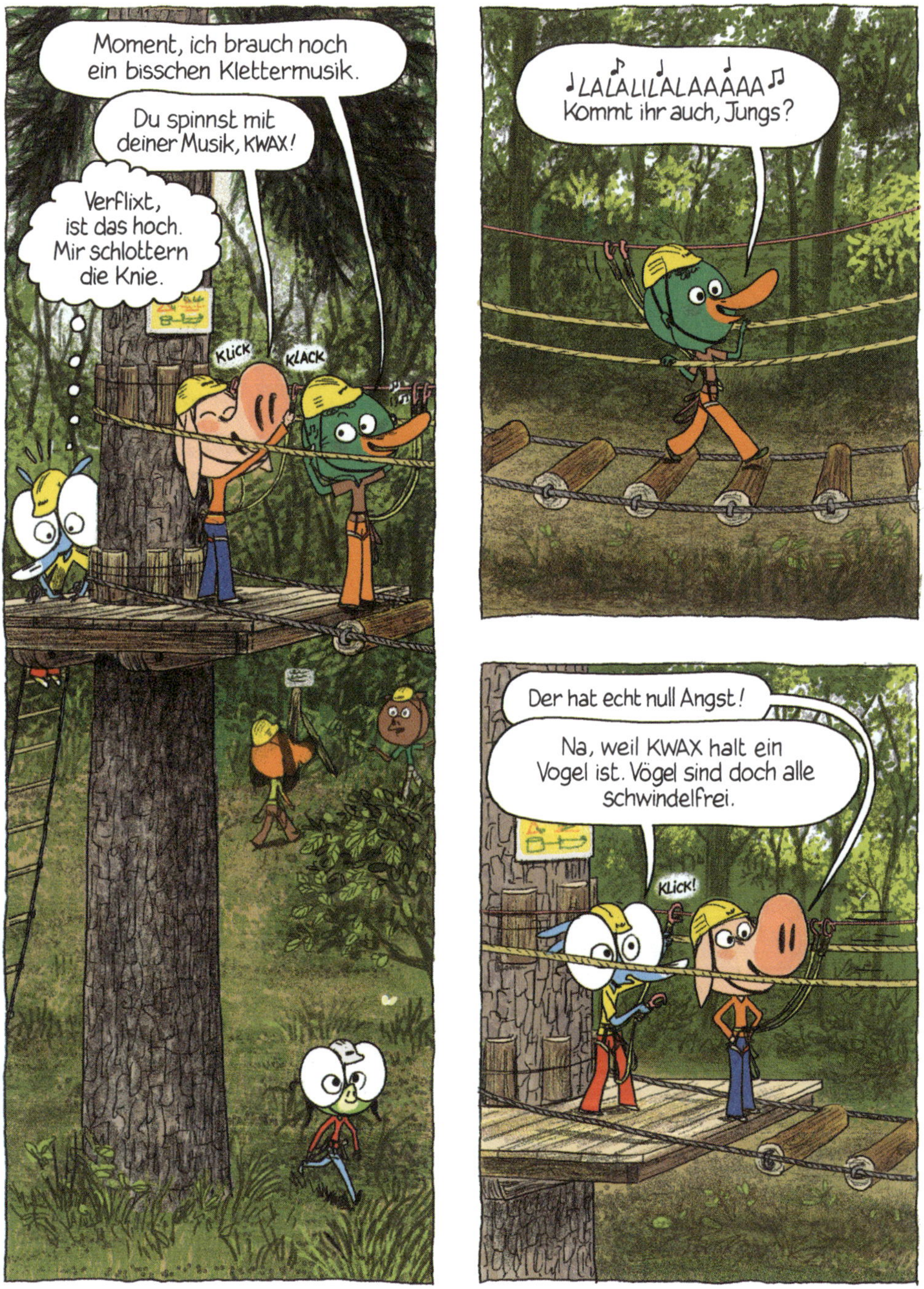

Moment, ich brauch noch ein bisschen Klettermusik.
Du spinnst mit deiner Musik, KWAX!
Verflixt, ist das hoch. Mir schlottern die Knie.
KLICK
KLACK

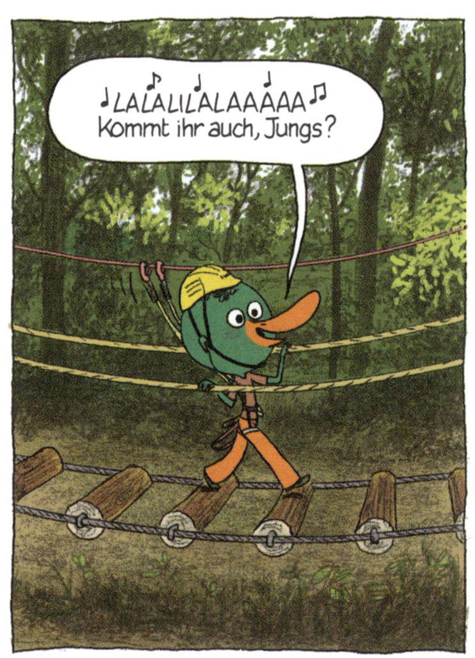

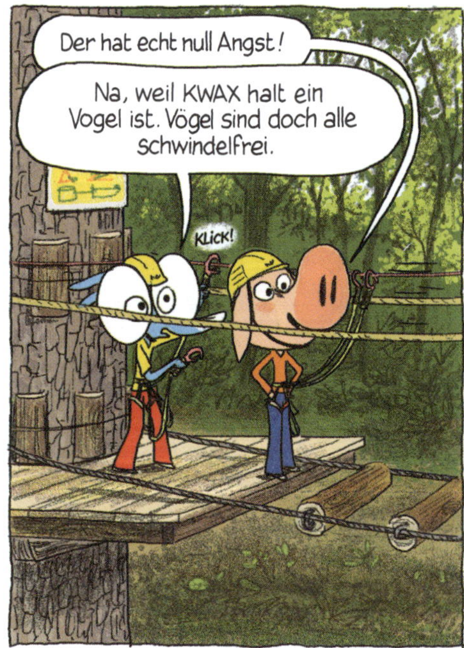

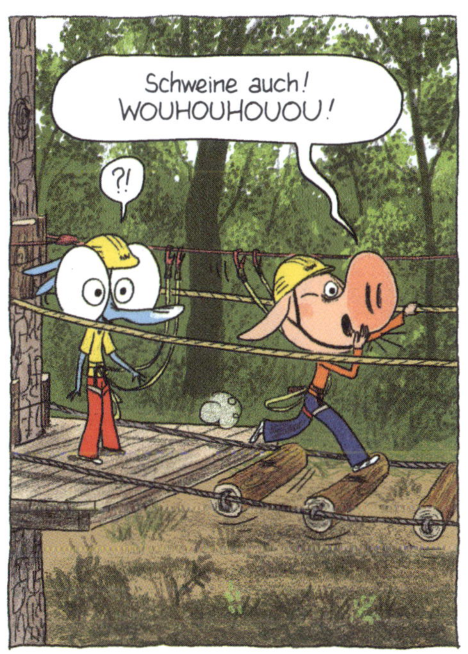
?!
Schweine auch! WOUHOUHOUOU!

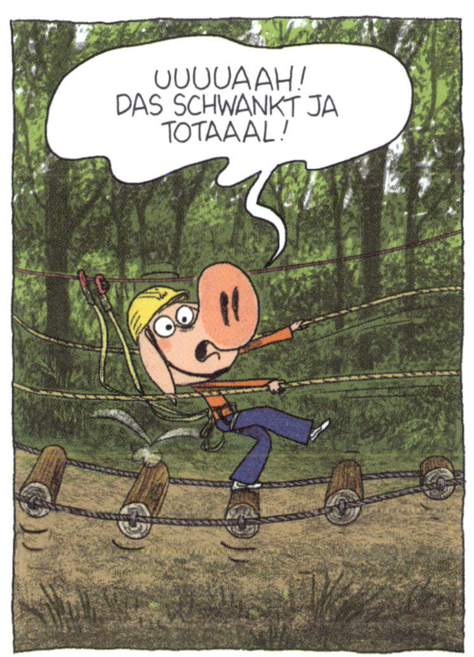
UUUUAAH! DAS SCHWANKT JA TOTAAAL!

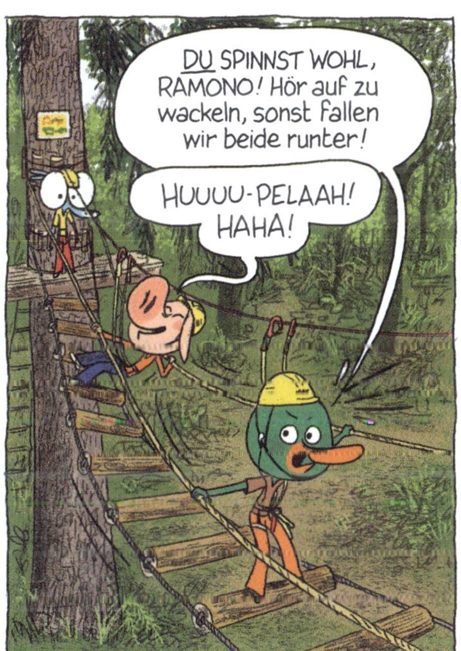
DU SPINNST WOHL, RAMONO! Hör auf zu wackeln, sonst fallen wir beide runter!
HUUUU-PELAAH! HAHA!

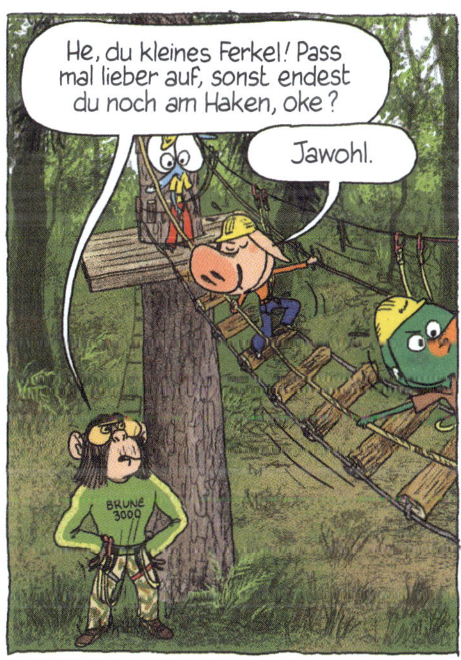
He, du kleines Ferkel! Pass mal lieber auf, sonst endest du noch am Haken, oke?
Jawohl.
BRUNÉ 3000

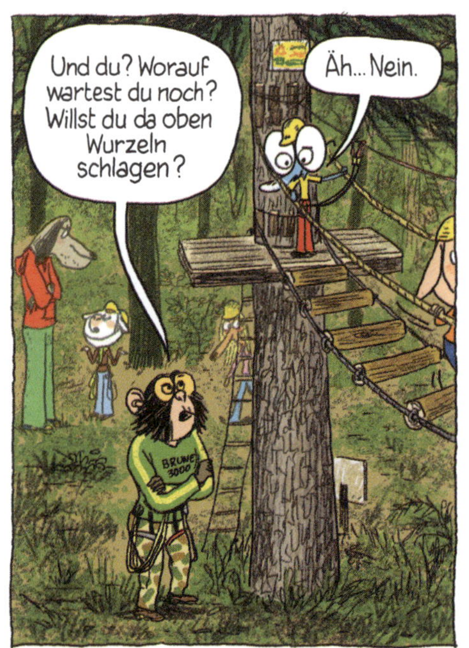

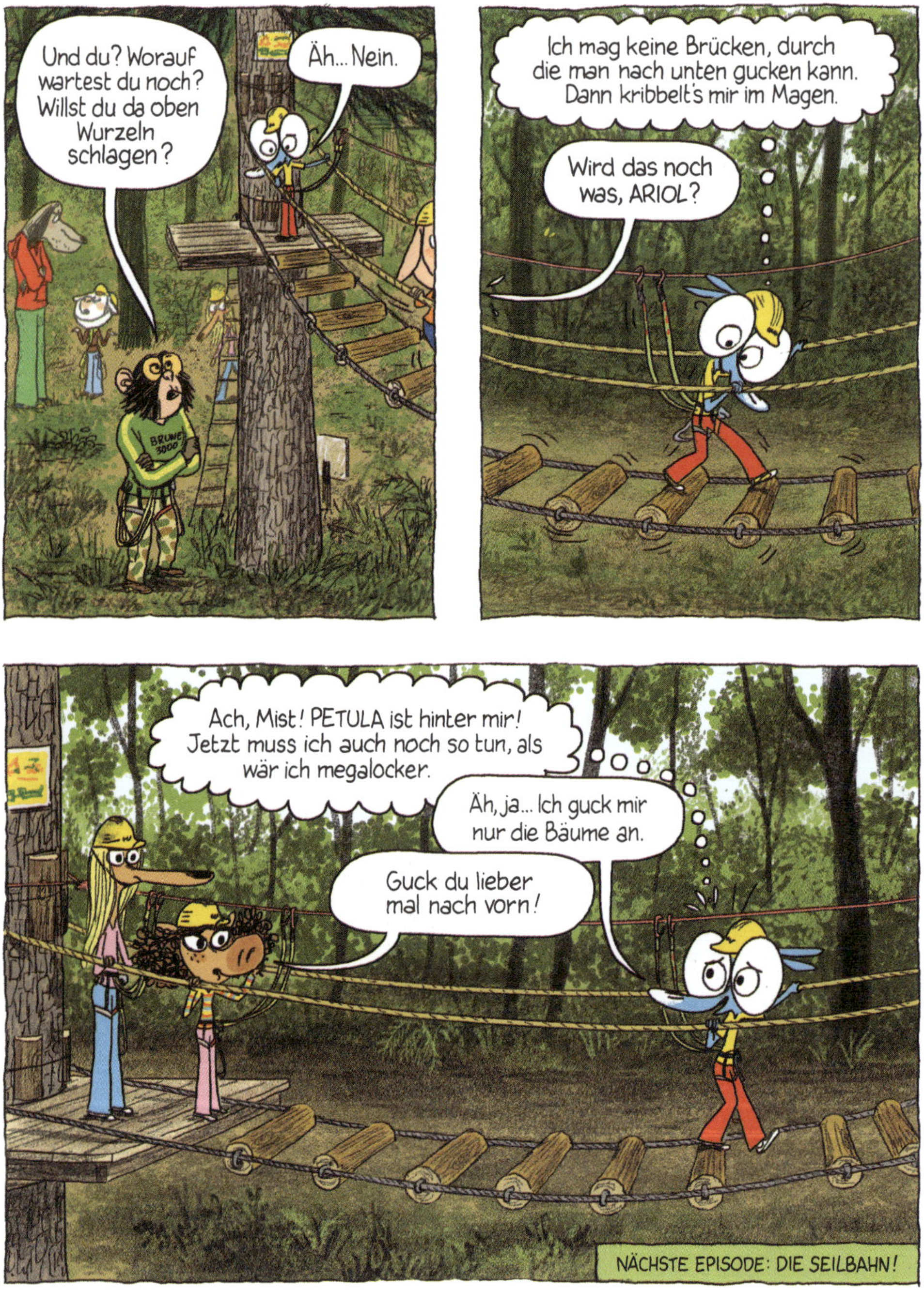

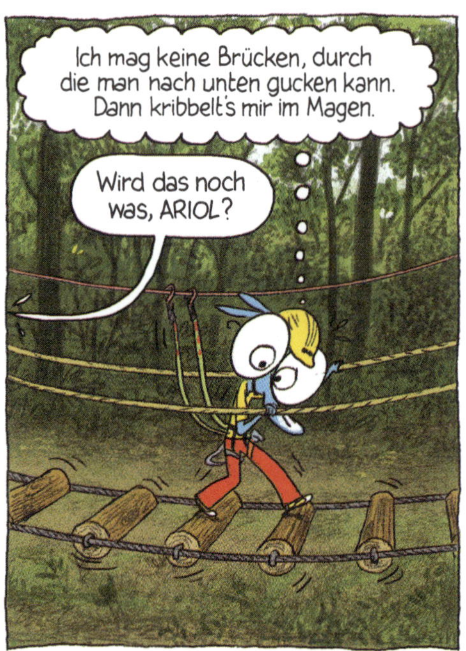

Ach, Mist! PETULA ist hinter mir! Jetzt muss ich auch noch so tun, als wär ich megalocker.

Äh, ja... Ich guck mir nur die Bäume an.

Guck du lieber mal nach vorn!

NÄCHSTE EPISODE: DIE SEILBAHN!

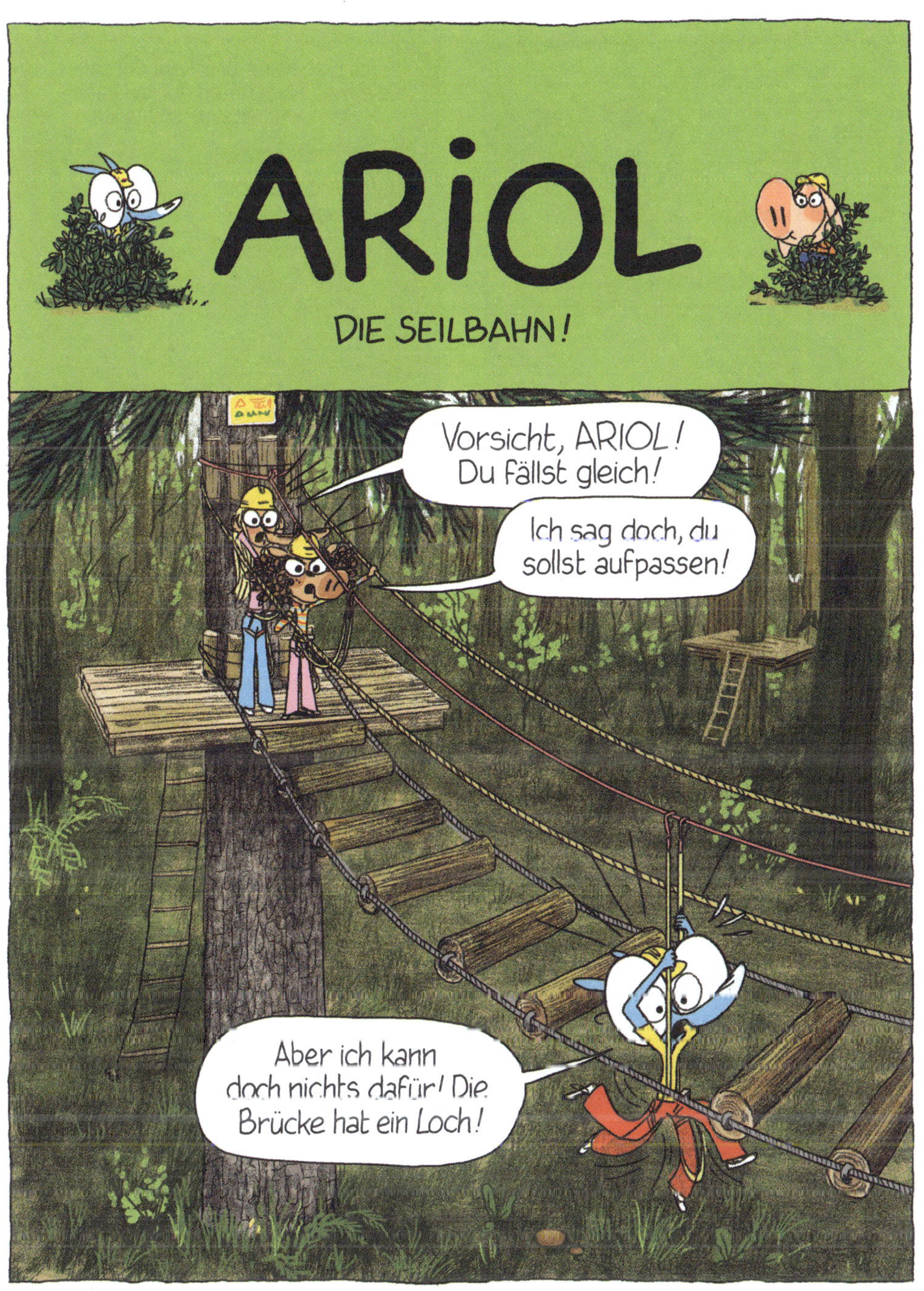
ARiOL
DIE SEILBAHN!
Vorsicht, ARIOL! Du fällst gleich!
Ich sag doch, du sollst aufpassen!
Aber ich kann doch nichts dafür! Die Brücke hat ein Loch!

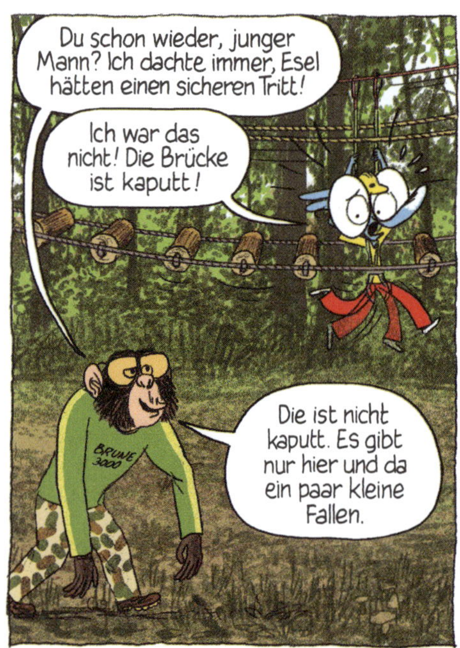
Du schon wieder, junger Mann? Ich dachte immer, Esel hätten einen sicheren Tritt!
Ich war das nicht! Die Brücke ist kaputt!
Die ist nicht kaputt. Es gibt nur hier und da ein paar kleine Fallen.

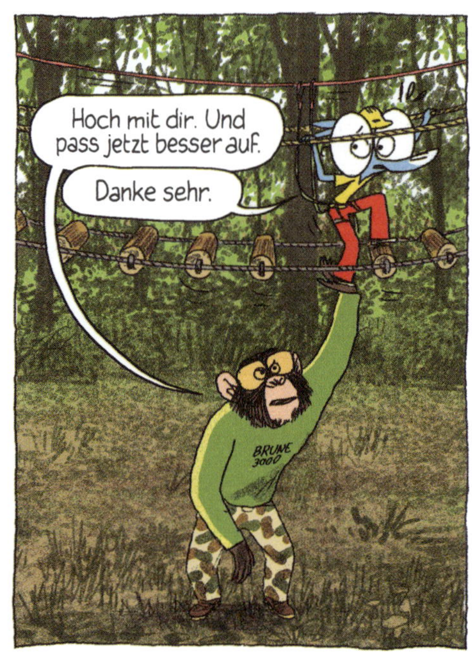
Hoch mit dir. Und pass jetzt besser auf.
Danke sehr.

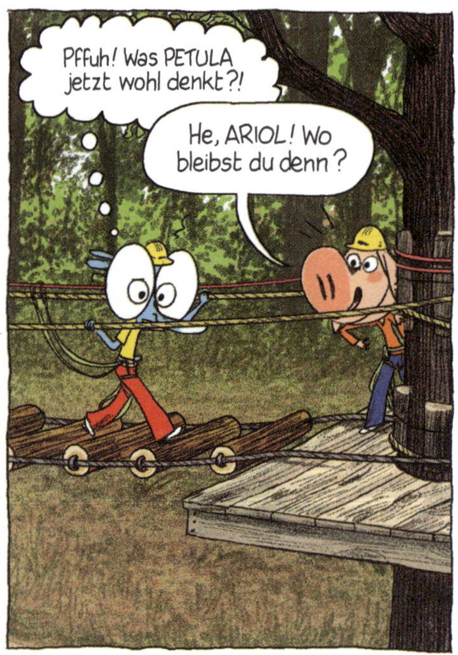
Pffuh! Was PETULA jetzt wohl denkt?!
He, ARIOL! Wo bleibst du denn?

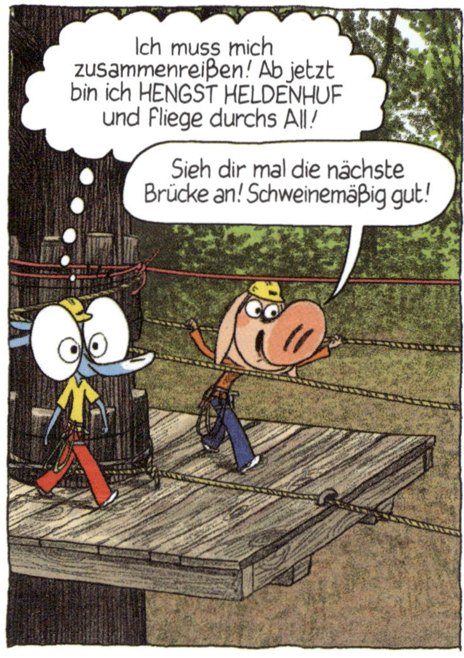
Ich muss mich zusammenreißen! Ab jetzt bin ich HENGST HELDENHUF und fliege durchs All!
Sieh dir mal die nächste Brücke an! Schweinemäßig gut!

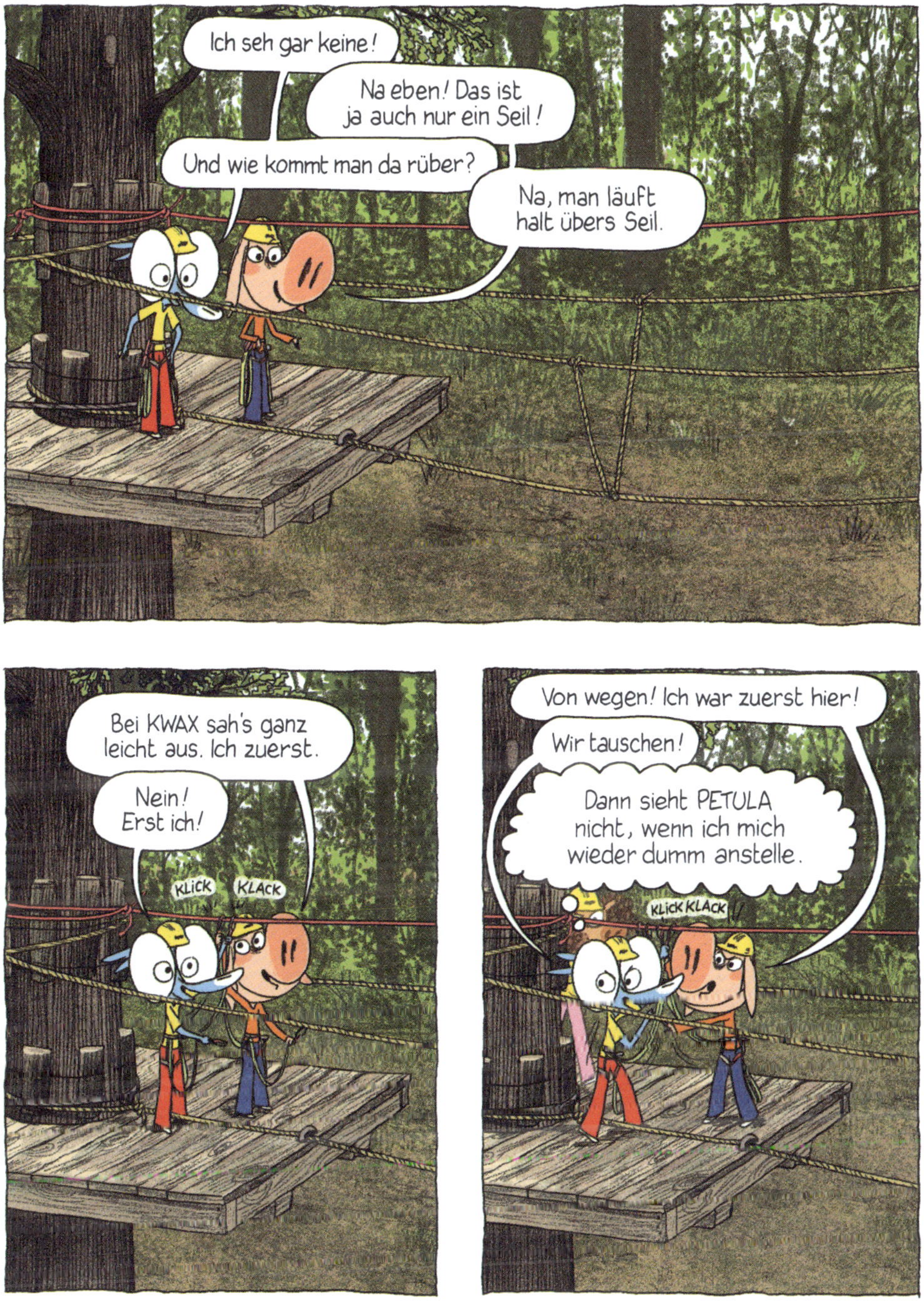

Ich seh gar keine!
Und wie kommt man da rüber?
Na eben! Das ist ja auch nur ein Seil!
Na, man läuft halt übers Seil.

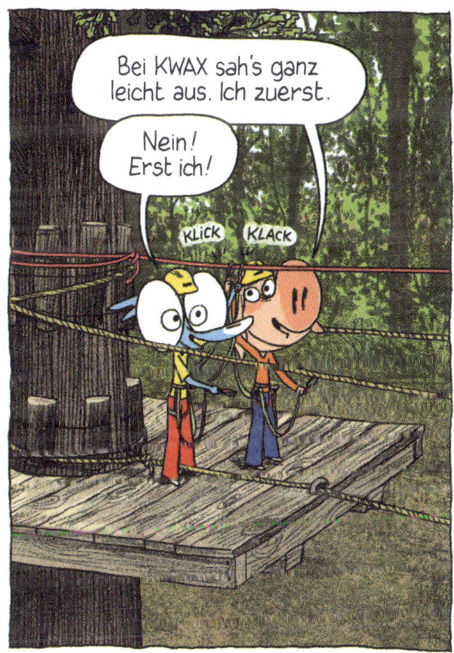

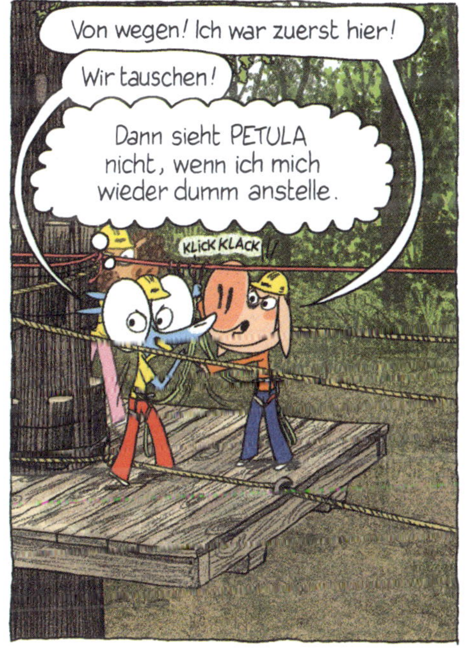

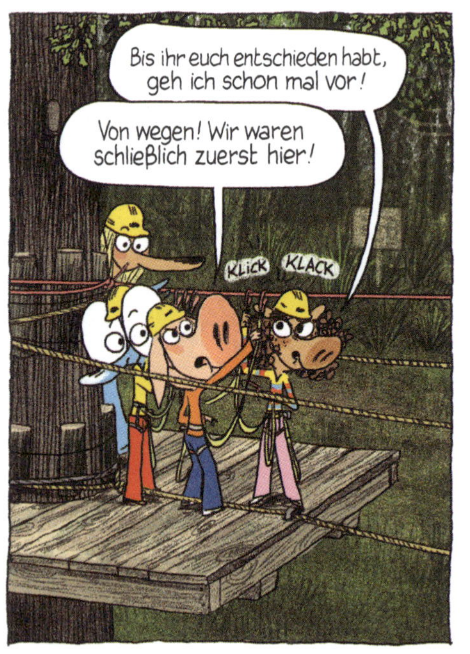
Bis ihr euch entschieden habt, geh ich schon mal vor!
Von wegen! Wir waren schließlich zuerst hier!
KLICK
KLACK

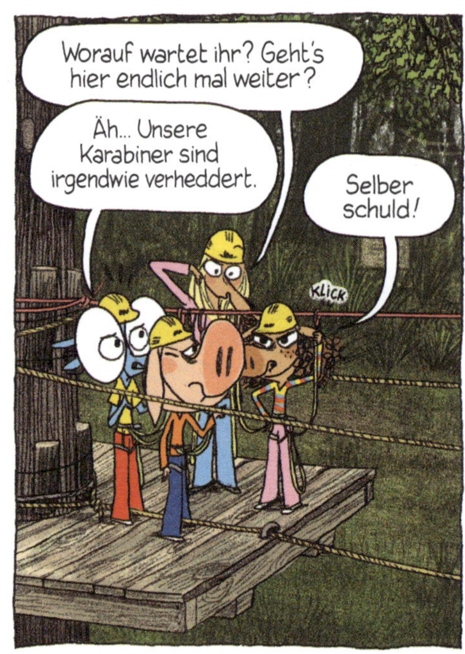
Worauf wartet ihr? Geht's hier endlich mal weiter?
Äh... Unsere Karabiner sind irgendwie verheddert.
Selber schuld!
KLICK

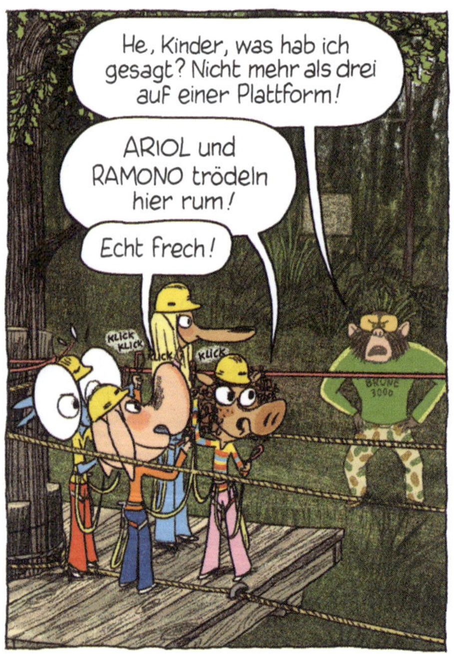
He, Kinder, was hab ich gesagt? Nicht mehr als drei auf einer Plattform!
ARIOL und RAMONO trödeln hier rum!
Echt frech!
KLICK KLICK
KLICK
KLICK

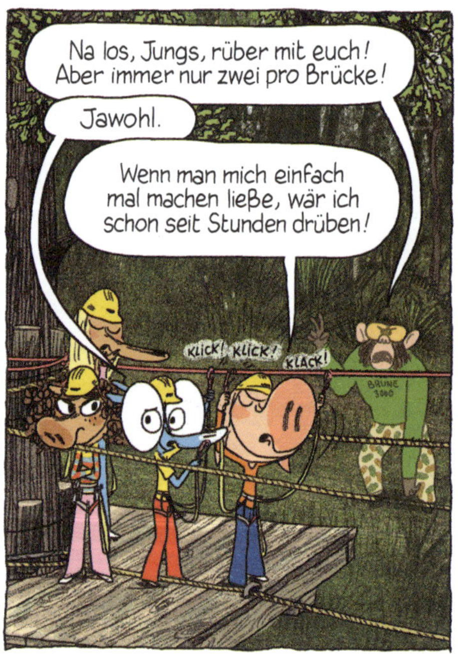
Na los, Jungs, rüber mit euch! Aber immer nur zwei pro Brücke!
Jawohl.
Wenn man mich einfach mal machen ließe, wär ich schon seit Stunden drüben!
KLICK! KLICK! KLACK!

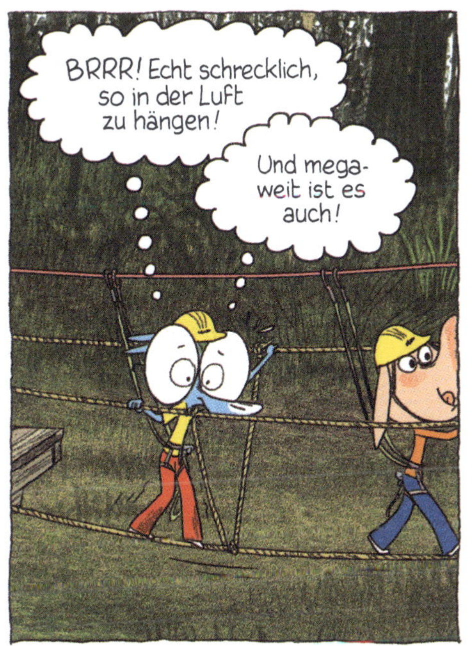
BRRR! Echt schrecklich, so in der Luft zu hängen!
Und mega-weit ist es auch!

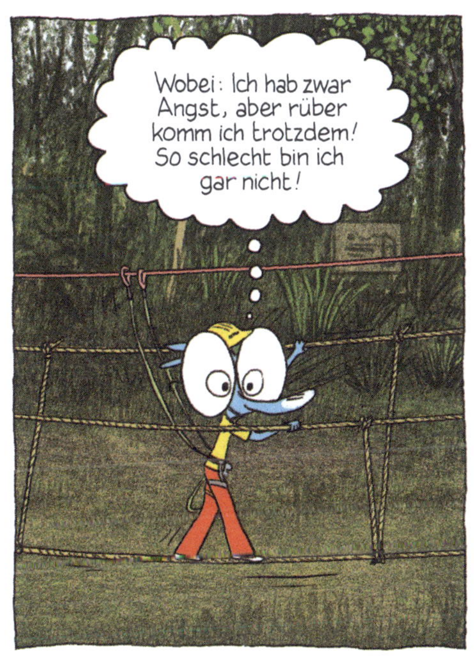
Wobei: Ich hab zwar Angst, aber rüber komm ich trotzdem! So schlecht bin ich gar nicht!

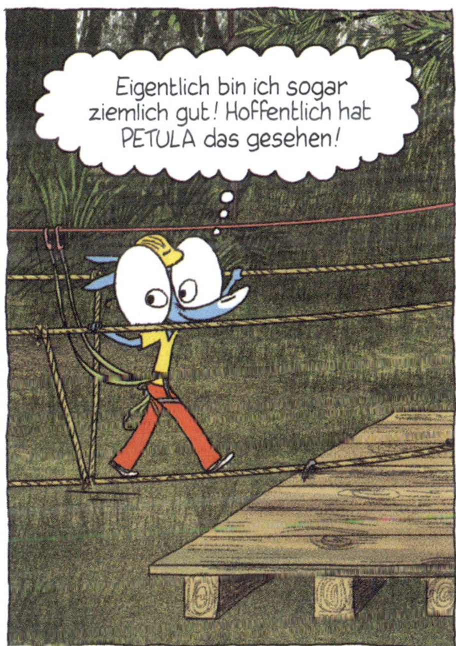
Eigentlich bin ich sogar ziemlich gut! Hoffentlich hat PETULA das gesehen!

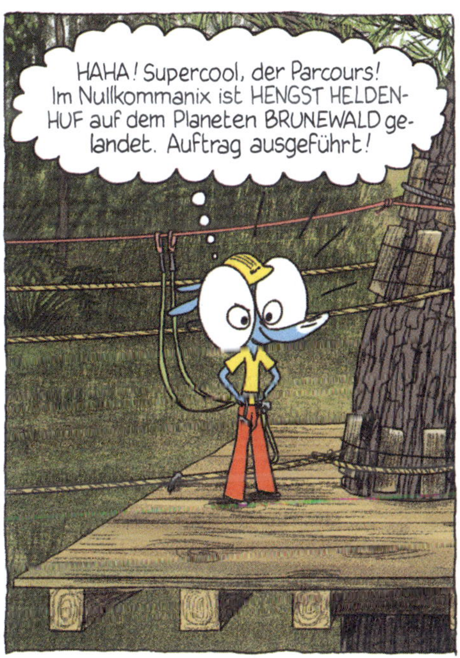
HAHA! Supercool, der Parcours! Im Nullkommanix ist HENGST HELDEN-HUF auf dem Planeten BRUNEWALD gelandet. Auftrag ausgeführt!

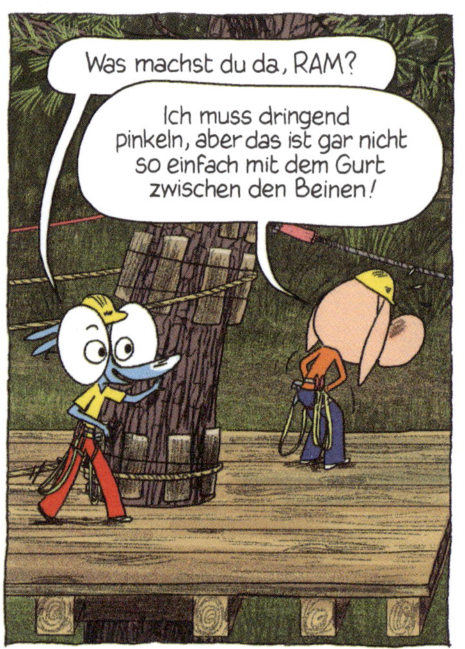
Was machst du da, RAM?
Ich muss dringend pinkeln, aber das ist gar nicht so einfach mit dem Gurt zwischen den Beinen!

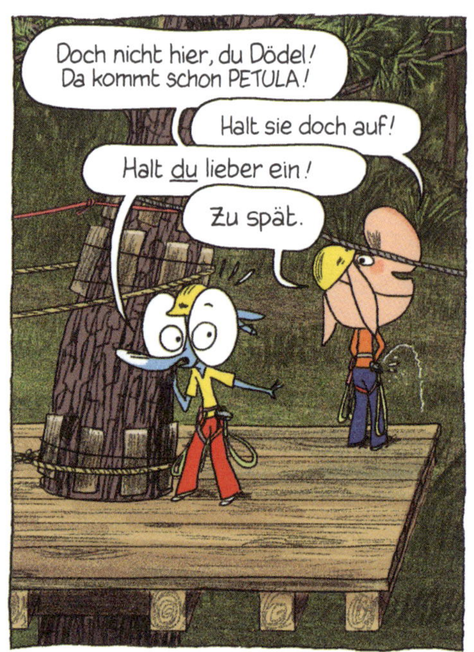
Doch nicht hier, du Dödel! Da kommt schon PETULA!
Halt sie doch auf!
Halt du lieber ein!
Zu spät.

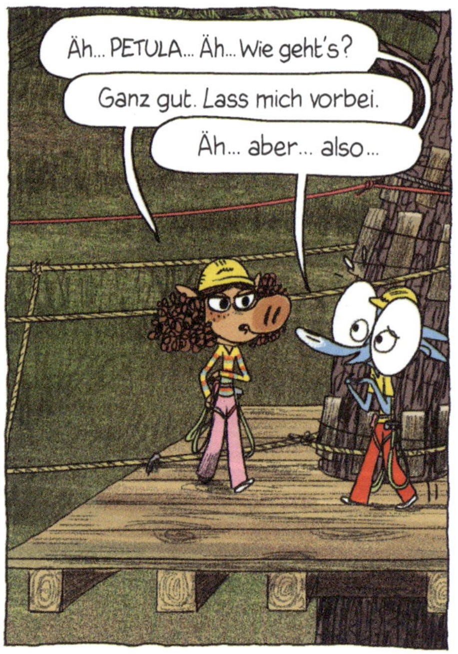
Äh... PETULA... Äh... Wie geht's?
Ganz gut. Lass mich vorbei.
Äh... aber... also...

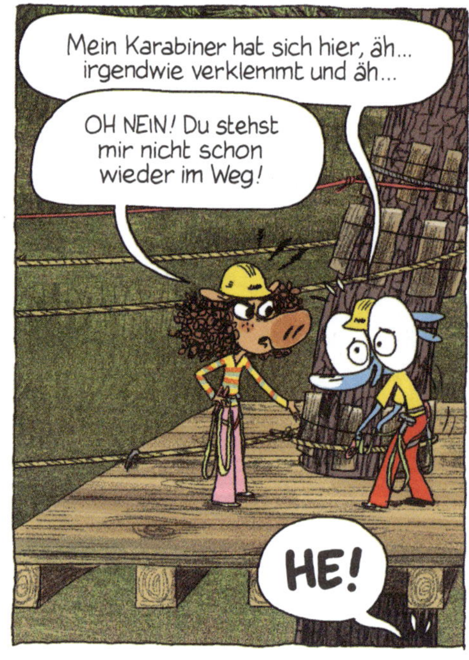
Mein Karabiner hat sich hier, äh... irgendwie verklemmt und äh...
OH NEIN! Du stehst mir nicht schon wieder im Weg!
HE!

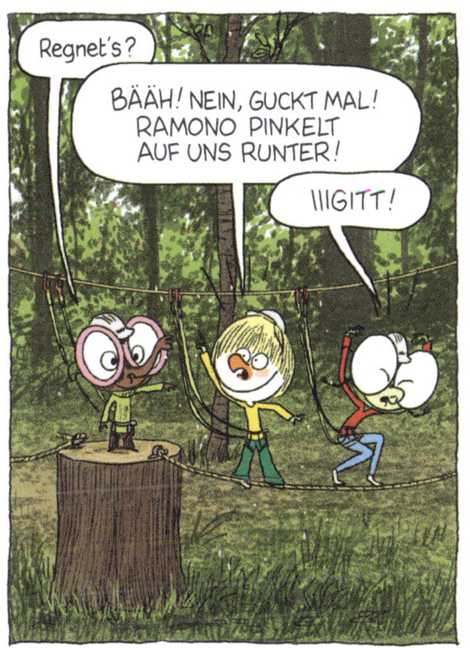
Regnet's?
BÄÄH! NEIN, GUCKT MAL! RAMONO PINKELT AUF UNS RUNTER!
IIIGITT!

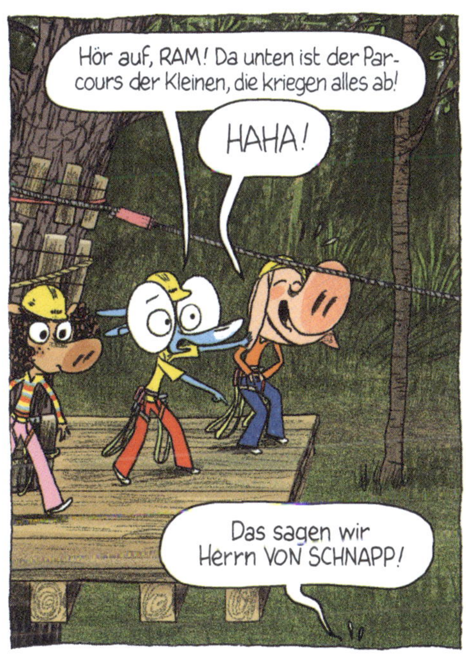
Hör auf, RAM! Da unten ist der Parcours der Kleinen, die kriegen alles ab!
HAHA!
Das sagen wir Herrn VON SCHNAPP!

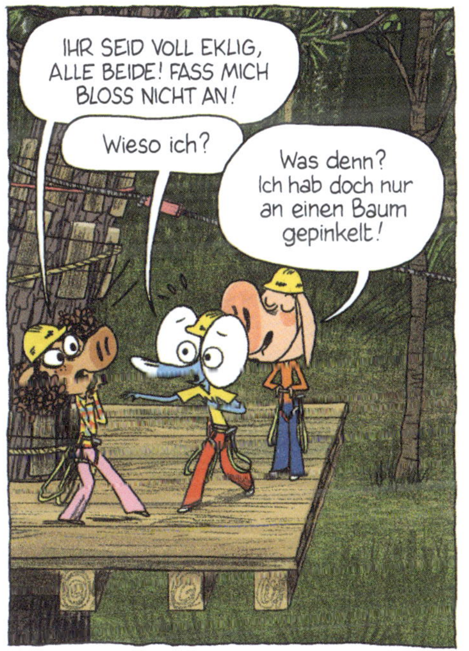
IHR SEID VOLL EKLIG, ALLE BEIDE! FASS MICH BLOSS NICHT AN!
Wieso ich?
Was denn? Ich hab doch nur an einen Baum gepinkelt!

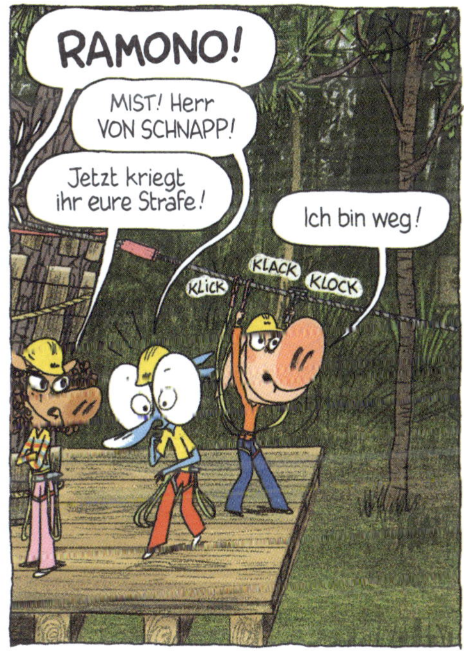
RAMONO!
MIST! Herr VON SCHNAPP!
Jetzt kriegt ihr eure Strafe!
Ich bin weg!
KLICK
KLACK
KLOCK

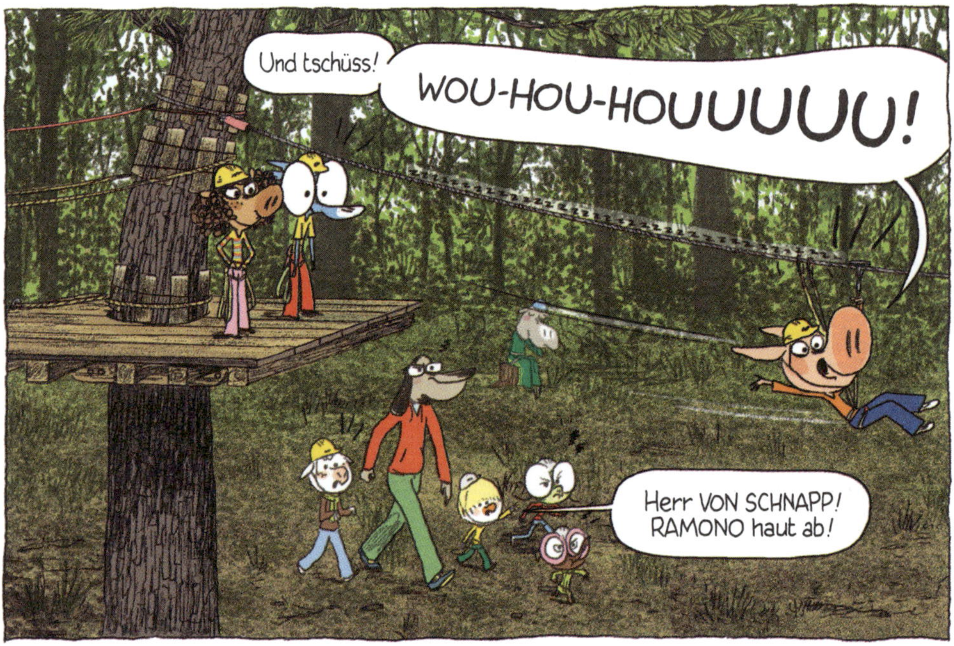

Und tschüss!
WOU-HOU-HOUUUUU!
Herr VON SCHNAPP! RAMONO haut ab!

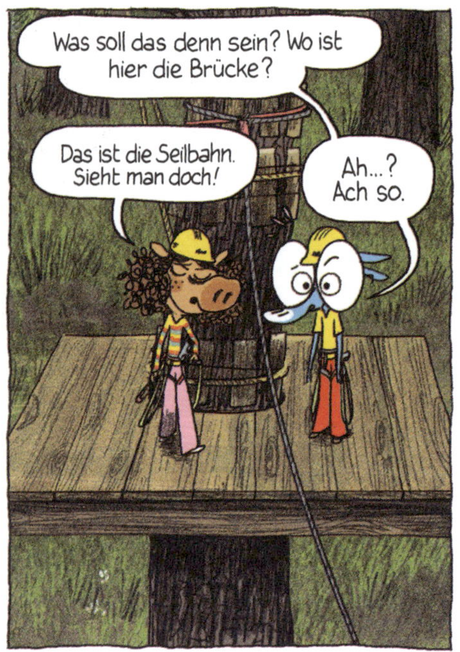

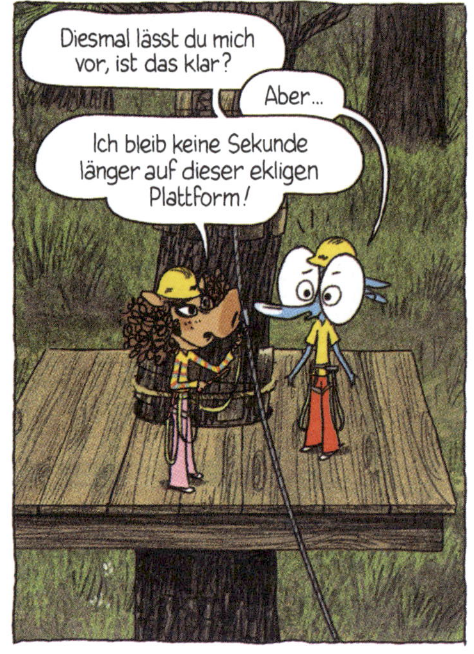

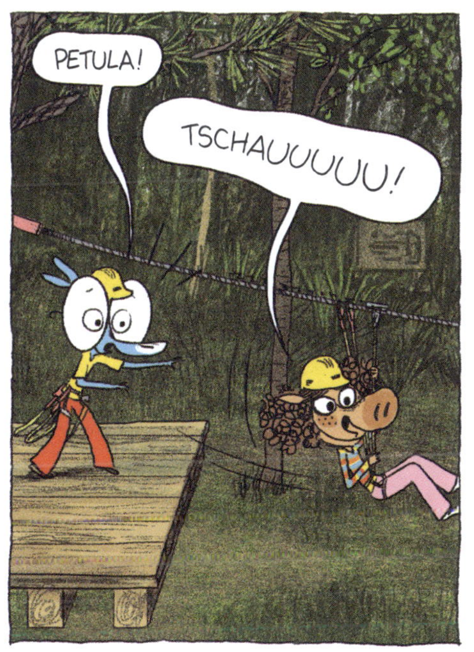
PETULA!
TSCHAUUUUUU!

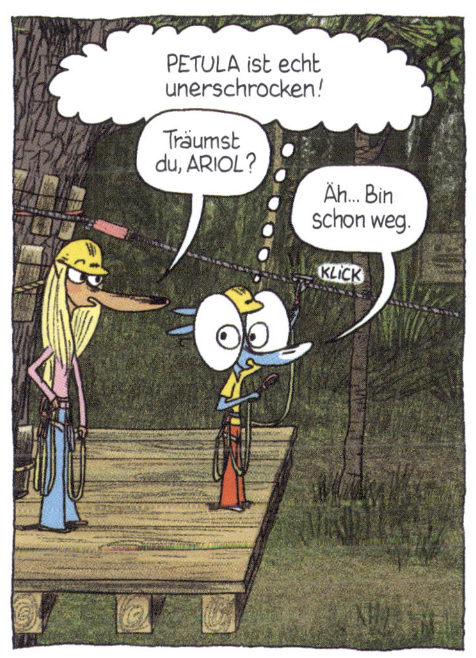
PETULA ist echt unerschrocken!
Träumst du, ARIOL?
Äh... Bin schon weg.
KLICK

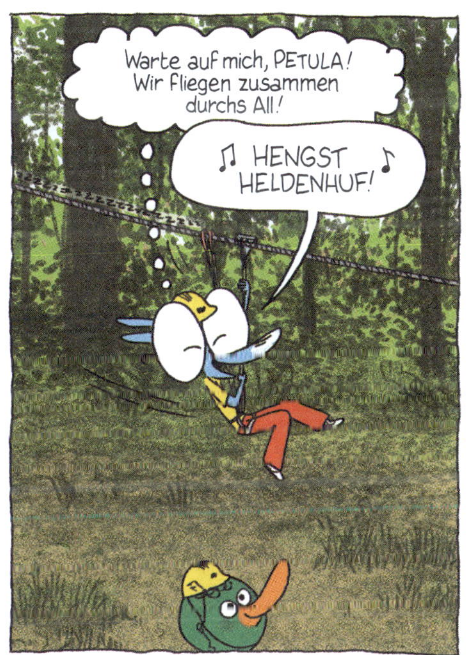
Warte auf mich, PETULA! Wir fliegen zusammen durchs All!
♫ HENGST HELDENHUF! ♪

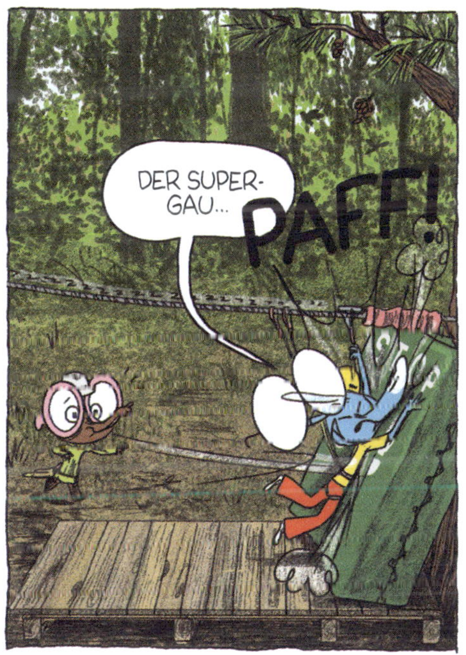
DER SUPER-GAU...
PAFF!

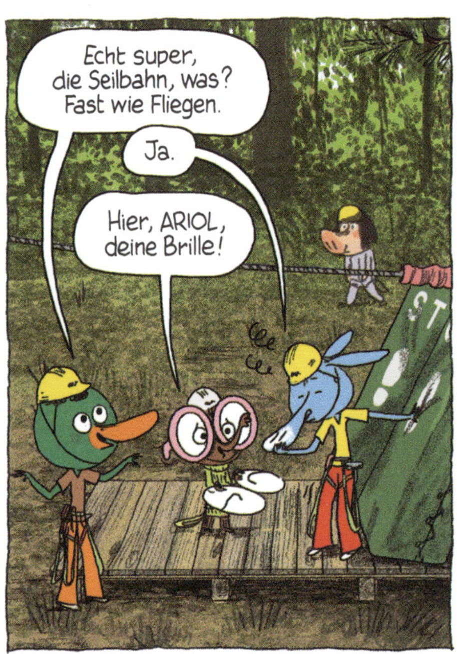
Echt super, die Seilbahn, was? Fast wie Fliegen.
Ja.
Hier, ARIOL, deine Brille!

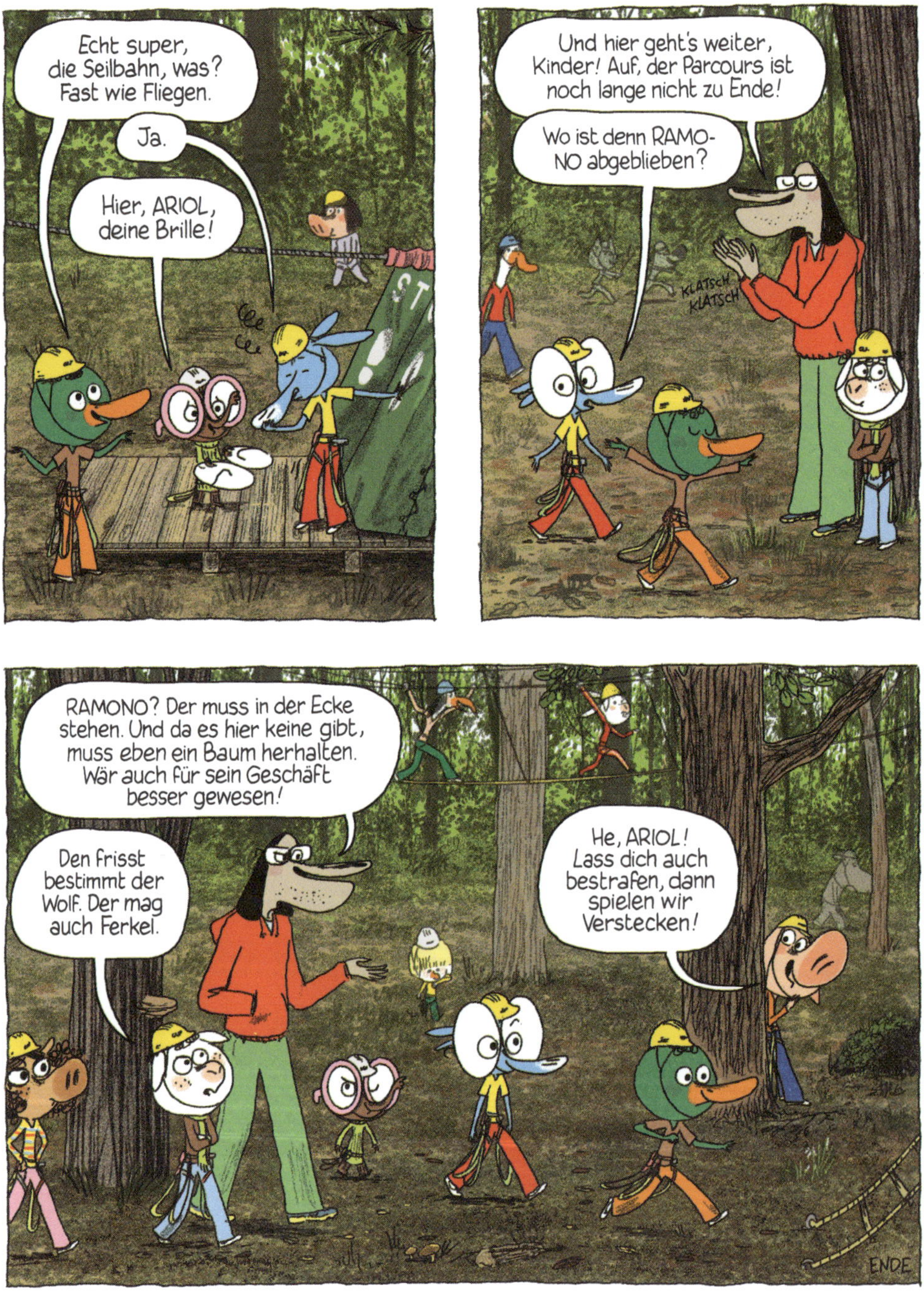

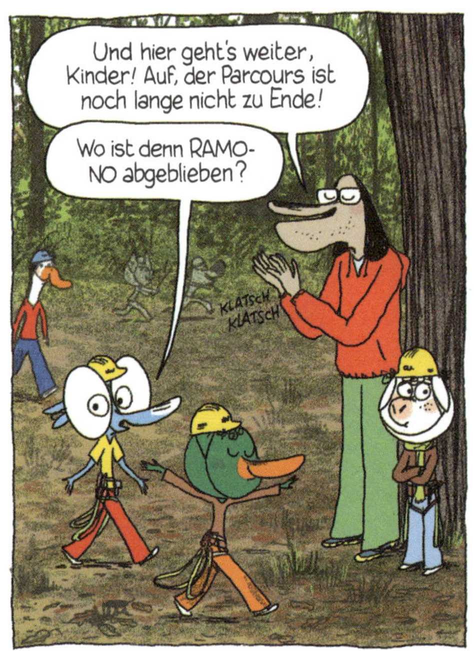
Und hier geht's weiter, Kinder! Auf, der Parcours ist noch lange nicht zu Ende!
Wo ist denn RAMONO abgeblieben?
KLATSCH KLATSCH

RAMONO? Der muss in der Ecke stehen. Und da es hier keine gibt, muss eben ein Baum herhalten. Wär auch für sein Geschäft besser gewesen!
Den frisst bestimmt der Wolf. Der mag auch Ferkel.
He, ARIOL! Lass dich auch bestrafen, dann spielen wir Verstecken!
ENDE

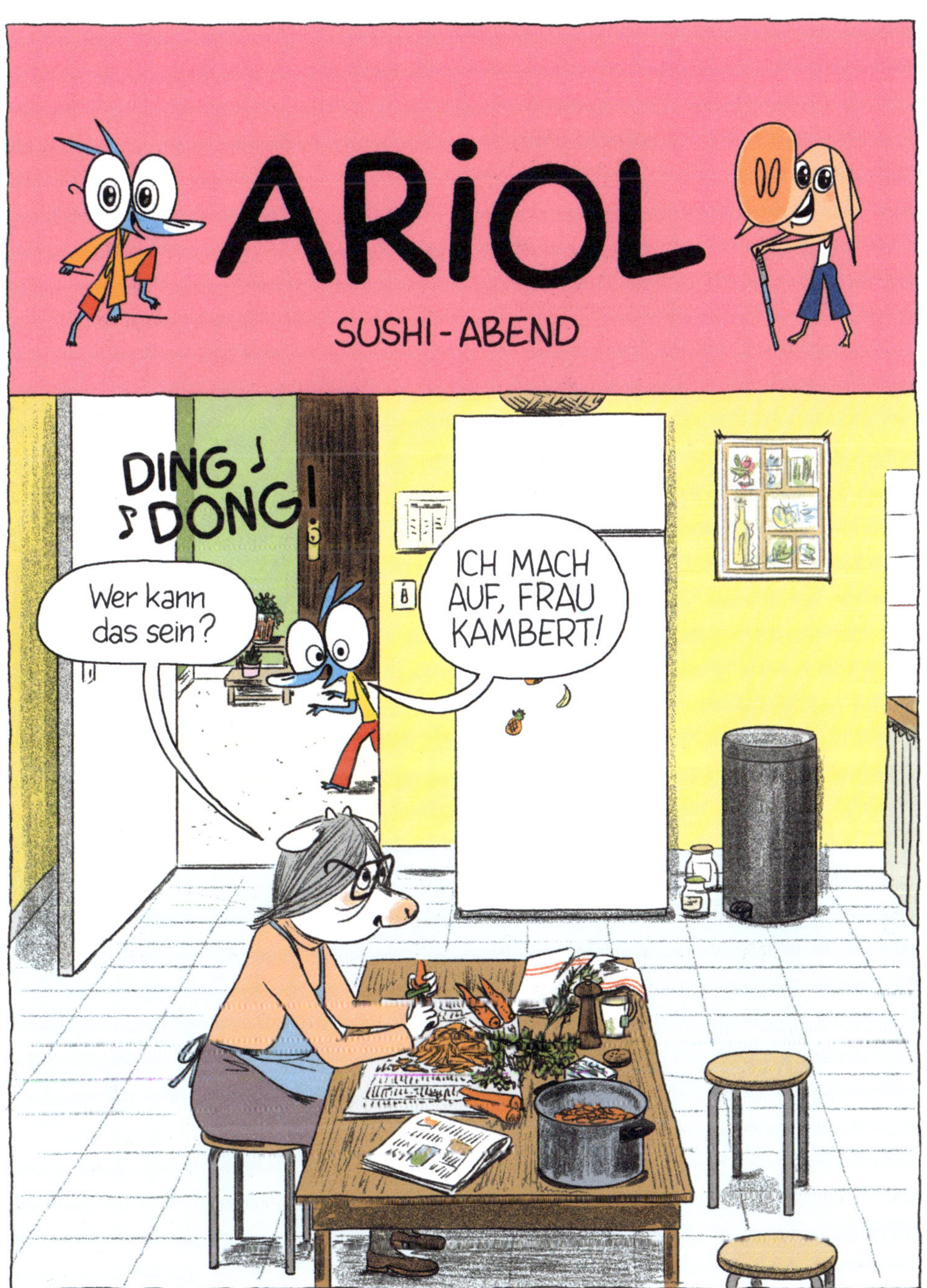
ARIOL
SUSHI-ABEND
DING ♪ ♪ DONG!
Wer kann das sein?
ICH MACH AUF, FRAU KAMBERT!

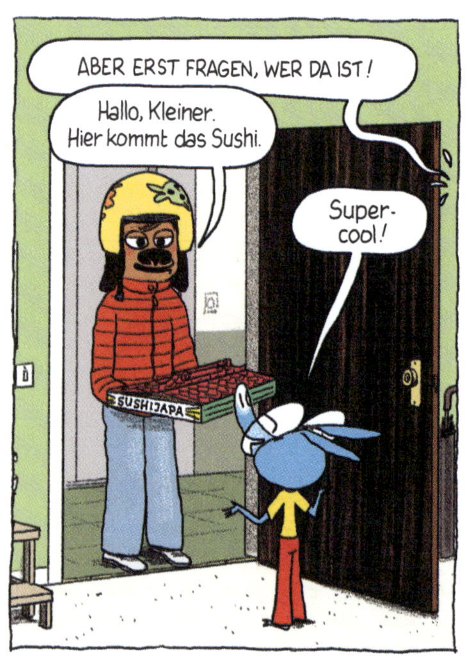
ABER ERST FRAGEN, WER DA IST!
Hallo, Kleiner. Hier kommt das Sushi.
Super-cool!
SUSHIJAPA

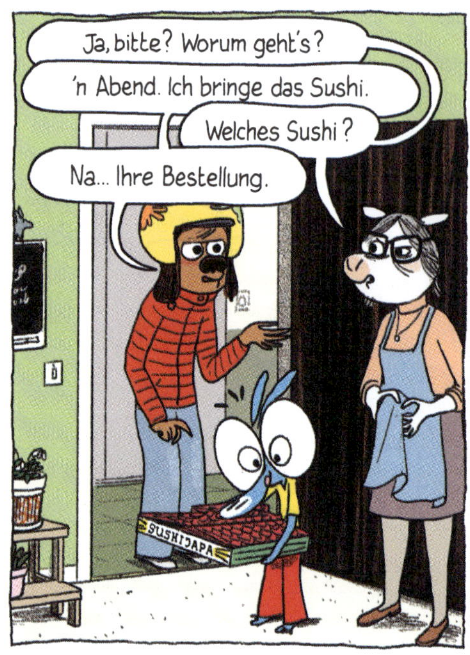
Ja, bitte? Worum geht's?
'n Abend. Ich bringe das Sushi.
Welches Sushi?
Na... Ihre Bestellung.
SUSHIJAPA

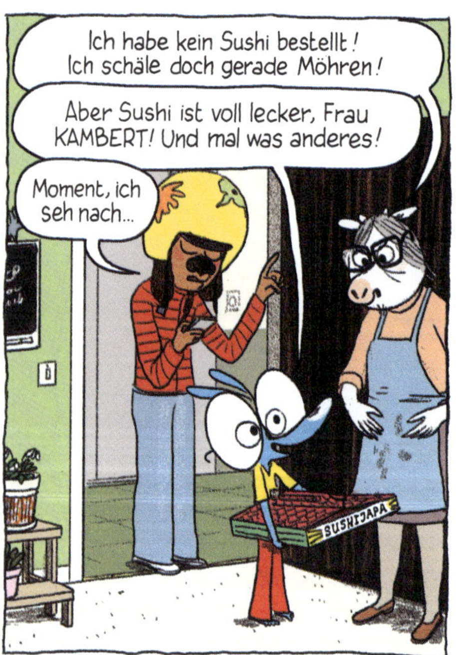
Ich habe kein Sushi bestellt! Ich schäle doch gerade Möhren!
Aber Sushi ist voll lecker, Frau KAMBERT! Und mal was anderes!
Moment, ich seh nach...
SUSHIJAPA

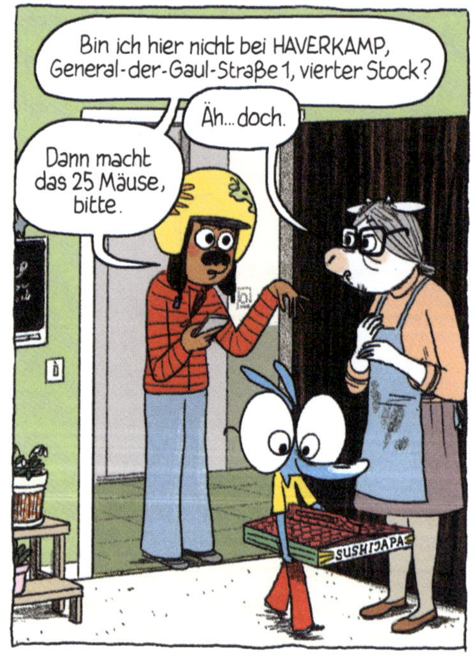
Bin ich hier nicht bei HAVERKAMP, General-der-Gaul-Straße 1, vierter Stock?
Äh... doch.
Dann macht das 25 Mäuse, bitte.
SUSHIJAPA

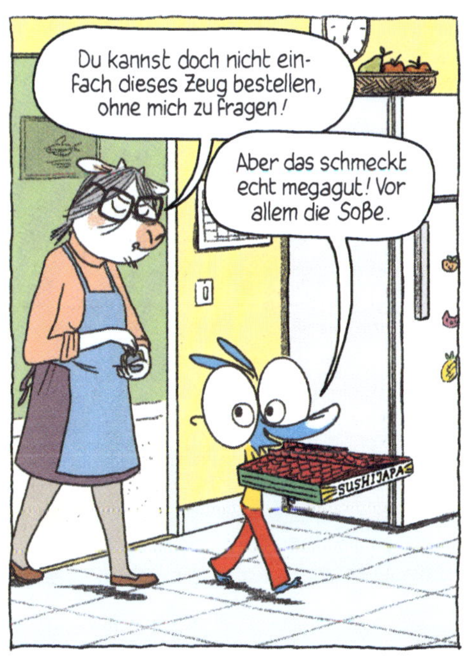
Du kannst doch nicht einfach dieses Zeug bestellen, ohne mich zu fragen!
Aber das schmeckt echt megagut! Vor allem die Soße.
SUSHIJAPA

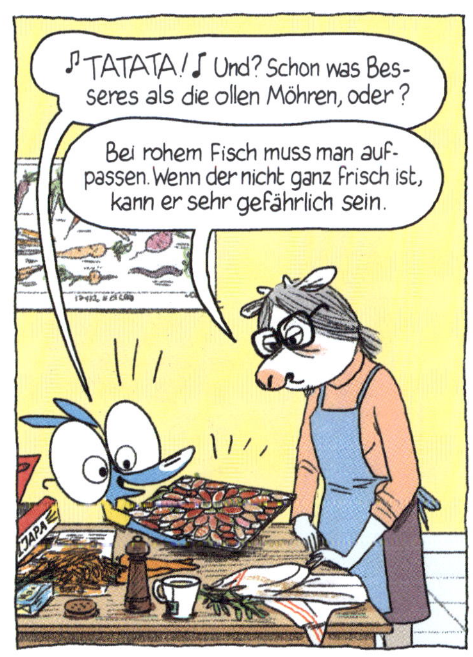
♪ TATATA! ♩ Und? Schon was Besseres als die ollen Möhren, oder?
Bei rohem Fisch muss man aufpassen. Wenn der nicht ganz frisch ist, kann er sehr gefährlich sein.

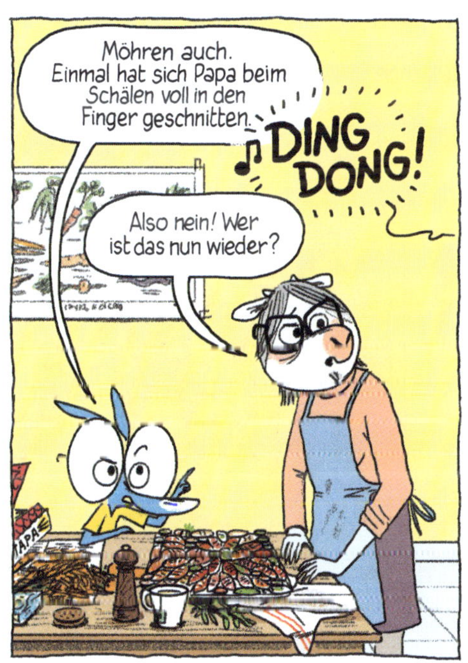
Möhren auch. Einmal hat sich Papa beim Schälen voll in den Finger geschnitten.
♪ DING DONG!
Also nein! Wer ist das nun wieder?

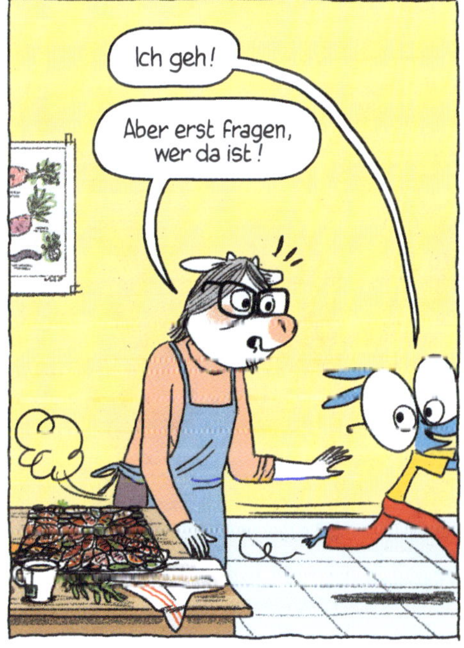
Ich geh!
Aber erst fragen, wer da ist!

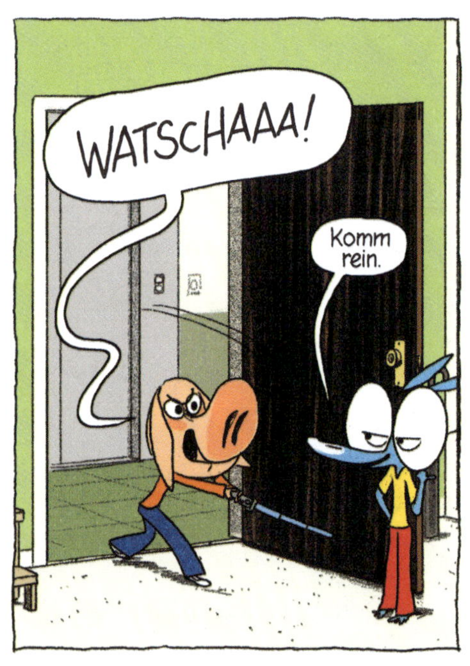
WATSCHAAA!
Komm rein.

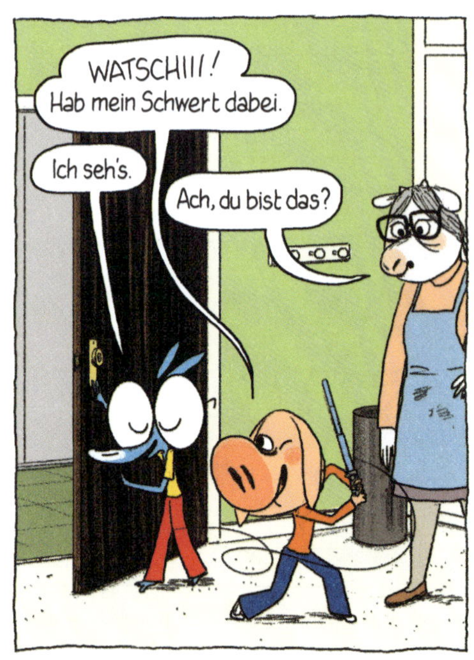
WATSCHIII!
Hab mein Schwert dabei.
Ich seh's.
Ach, du bist das?

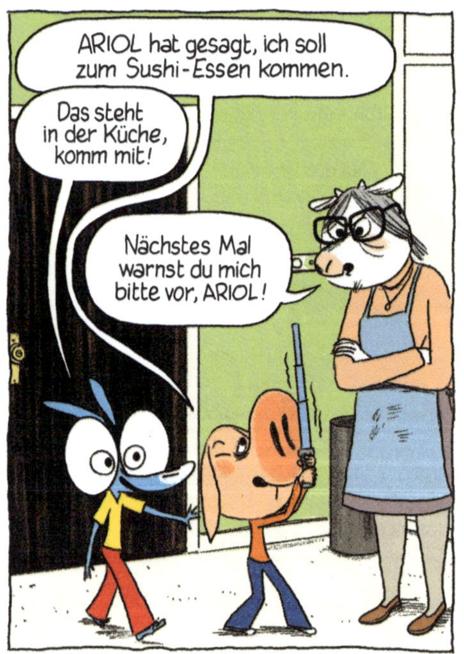
ARIOL hat gesagt, ich soll zum Sushi-Essen kommen.
Das steht in der Küche, komm mit!
Nächstes Mal warnst du mich bitte vor, ARIOL!

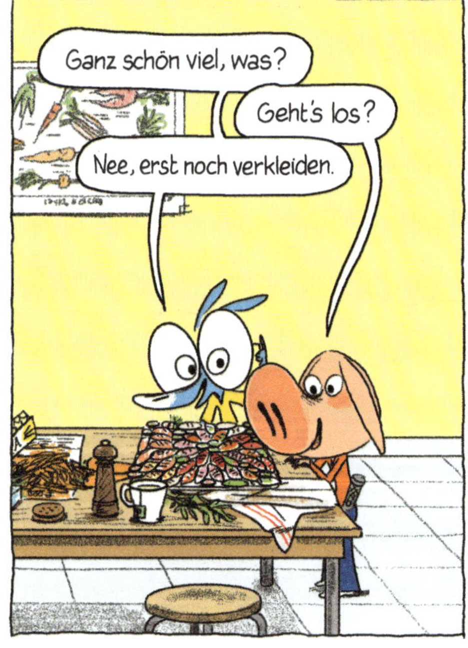
Ganz schön viel, was?
Geht's los?
Nee, erst noch verkleiden.

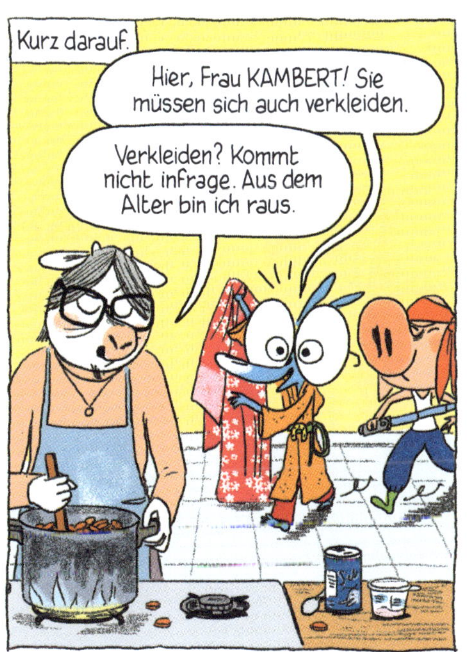
Kurz darauf.
Hier, Frau KAMBERT! Sie müssen sich auch verkleiden.
Verkleiden? Kommt nicht infrage. Aus dem Alter bin ich raus.

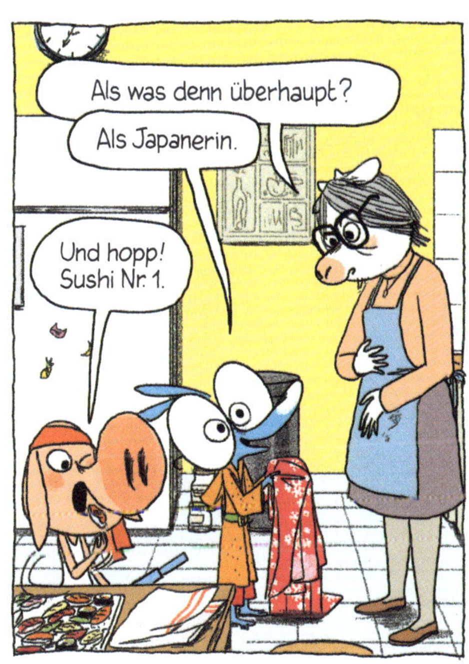
Als was denn überhaupt?
Als Japanerin.
Und hopp! Sushi Nr. 1.

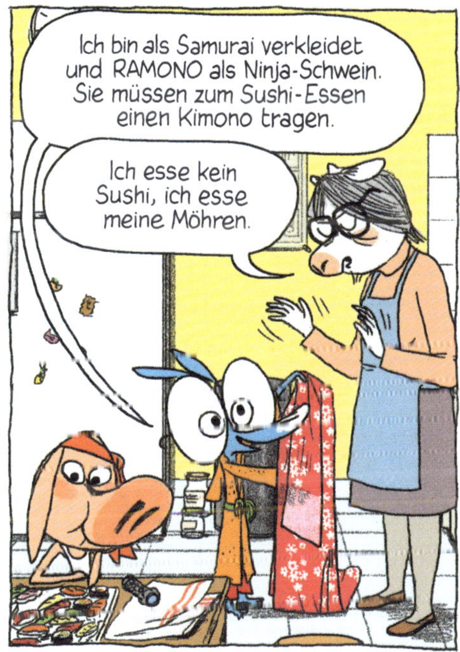
Ich bin als Samurai verkleidet und RAMONO als Ninja-Schwein. Sie müssen zum Sushi-Essen einen Kimono tragen.
Ich esse kein Sushi, ich esse meine Möhren.

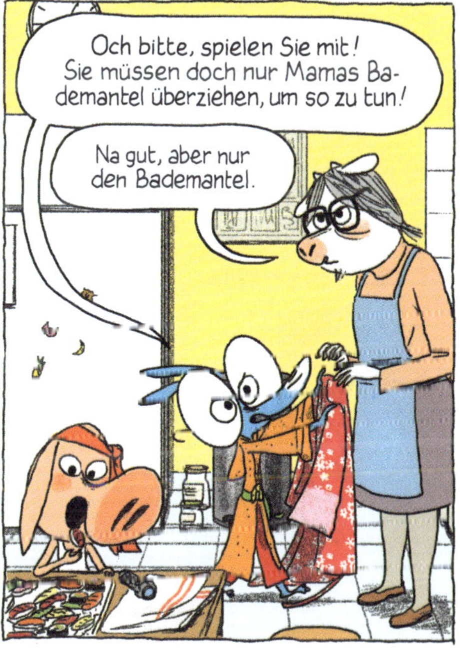
Och bitte, spielen Sie mit! Sie müssen doch nur Mamas Bademantel überziehen, um so zu tun!
Na gut, aber nur den Bademantel.

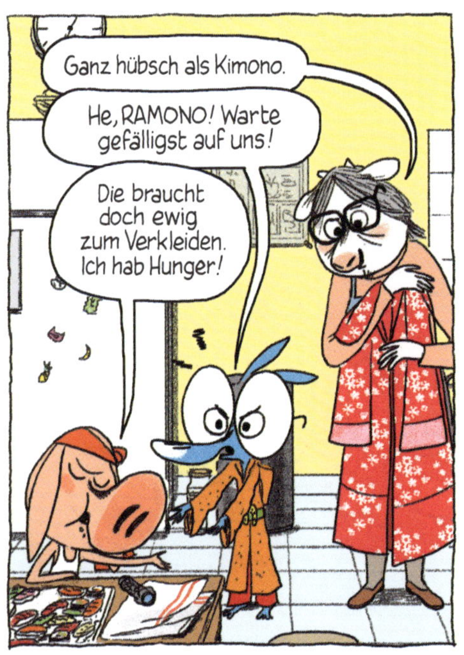
Ganz hübsch als Kimono.
He, RAMONO! Warte gefälligst auf uns!
Die braucht doch ewig zum Verkleiden. Ich hab Hunger!

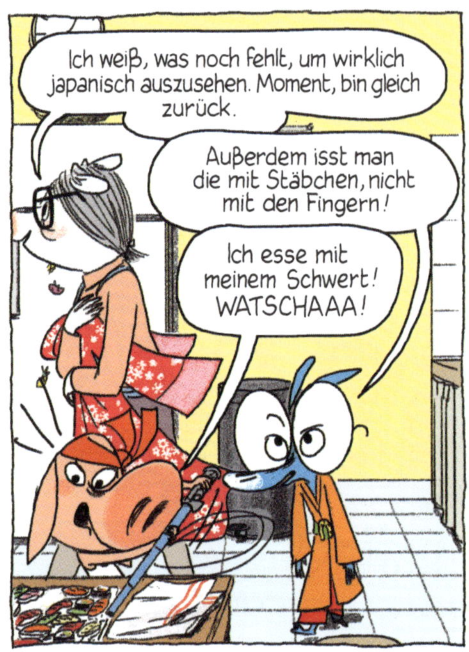
Ich weiß, was noch fehlt, um wirklich japanisch auszusehen. Moment, bin gleich zurück.
Außerdem isst man die mit Stäbchen, nicht mit den Fingern!
Ich esse mit meinem Schwert! WATSCHAAA!

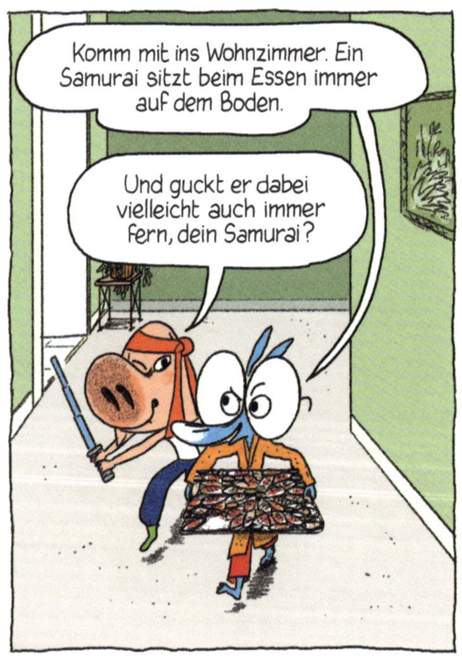
Komm mit ins Wohnzimmer. Ein Samurai sitzt beim Essen immer auf dem Boden.
Und guckt er dabei vielleicht auch immer fern, dein Samurai?

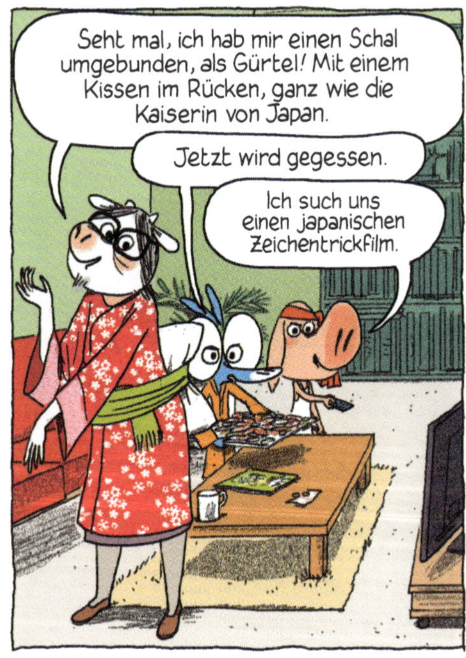
Seht mal, ich hab mir einen Schal umgebunden, als Gürtel! Mit einem Kissen im Rücken, ganz wie die Kaiserin von Japan.
Jetzt wird gegessen.
Ich such uns einen japanischen Zeichentrickfilm.

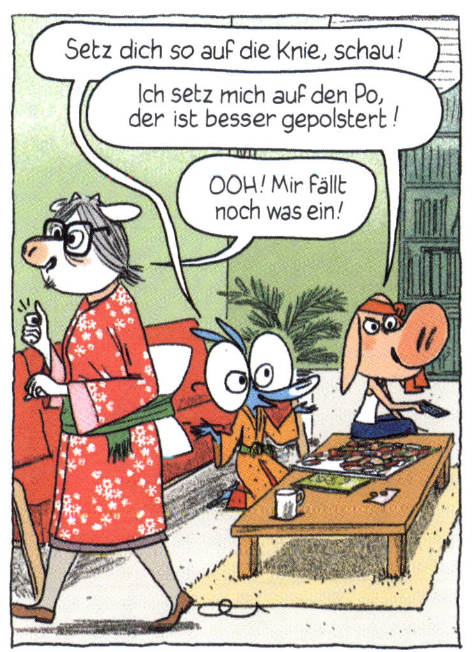
Setz dich so auf die Knie, schau!
Ich setz mich auf den Po, der ist besser gepolstert!
OOH! Mir fällt noch was ein!

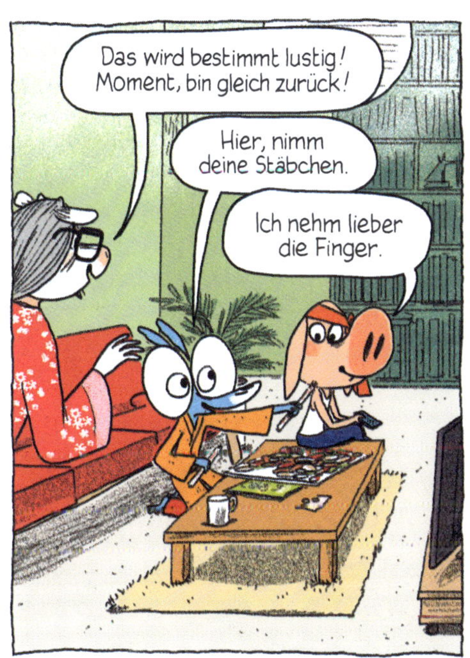
Das wird bestimmt lustig! Moment, bin gleich zurück!
Hier, nimm deine Stäbchen.
Ich nehm lieber die Finger.

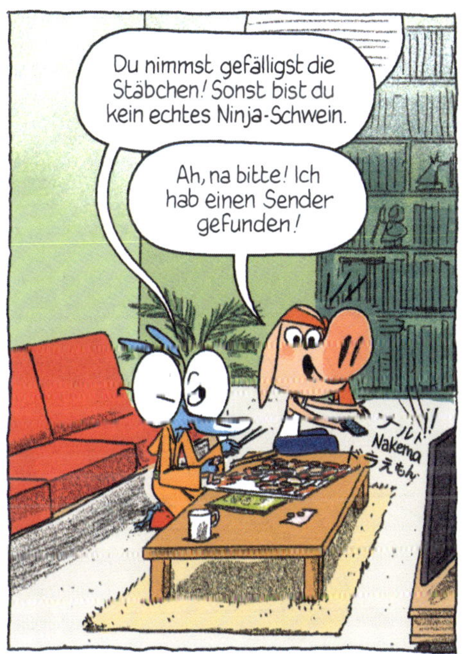
Du nimmst gefälligst die Stäbchen! Sonst bist du kein echtes Ninja-Schwein.
Ah, na bitte! Ich hab einen Sender gefunden!
ナルト!!
Nakema
ドラえもん

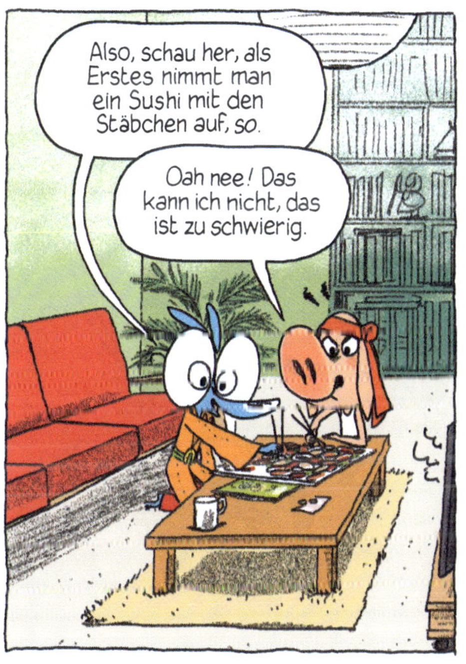
Also, schau her, als Erstes nimmt man ein Sushi mit den Stäbchen auf, so.
Oah nee! Das kann ich nicht, das ist zu schwierig.

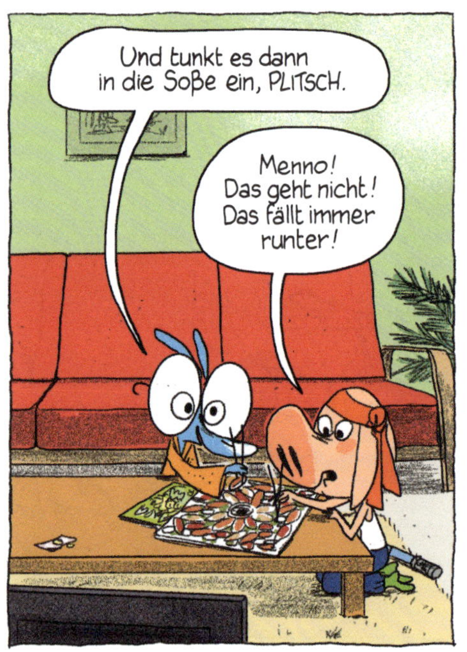
Und tunkt es dann in die Soße ein, PLITSCH.
Menno! Das geht nicht! Das fällt immer runter!

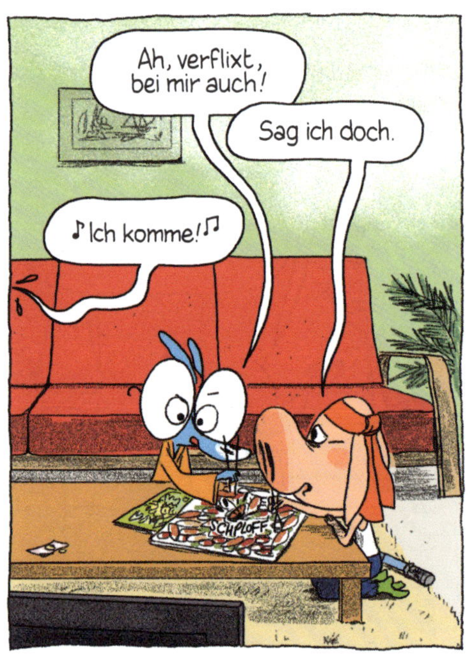
Ah, verflixt, bei mir auch!
Sag ich doch.
♪ Ich komme! ♫
SCHPLOFF

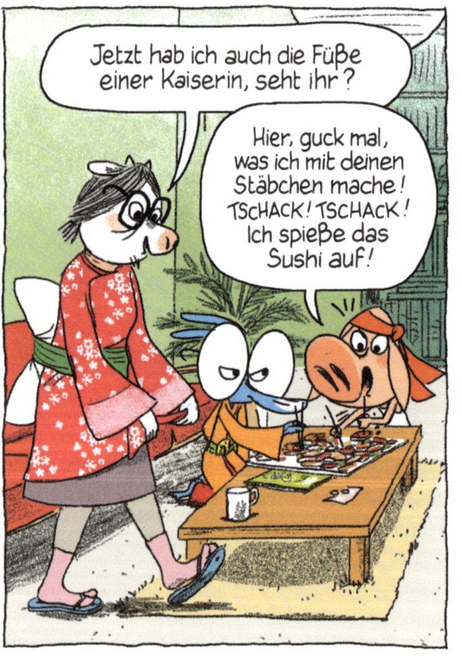
Jetzt hab ich auch die Füße einer Kaiserin, seht ihr?
Hier, guck mal, was ich mit deinen Stäbchen mache! TSCHACK! TSCHACK! Ich spieße das Sushi auf!

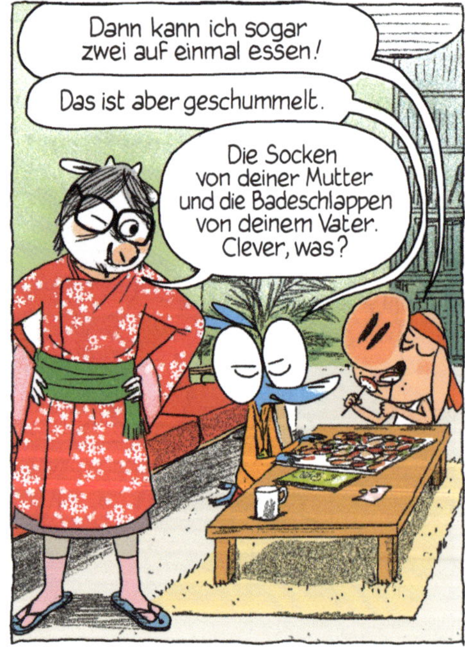
Dann kann ich sogar zwei auf einmal essen!
Das ist aber geschummelt.
Die Socken von deiner Mutter und die Badeschlappen von deinem Vater. Clever, was?

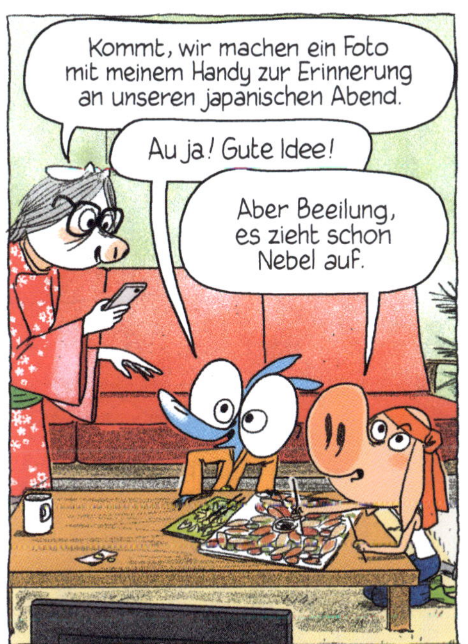
Kommt, wir machen ein Foto mit meinem Handy zur Erinnerung an unseren japanischen Abend.
Au ja! Gute Idee!
Aber Beeilung, es zieht schon Nebel auf.

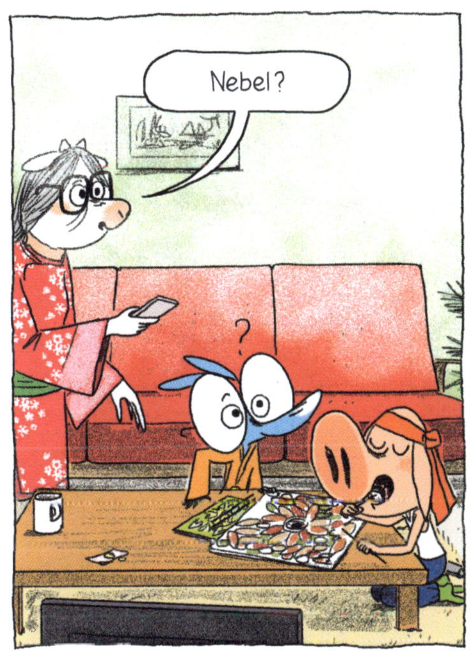
Nebel?
?

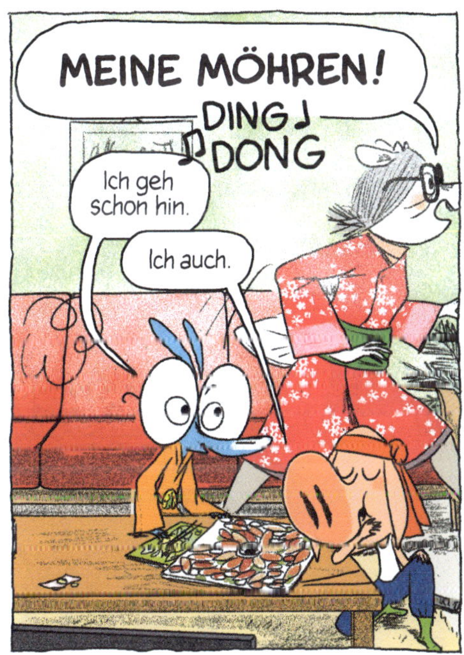
MEINE MÖHREN!
DING DONG
Ich geh schon hin.
Ich auch.

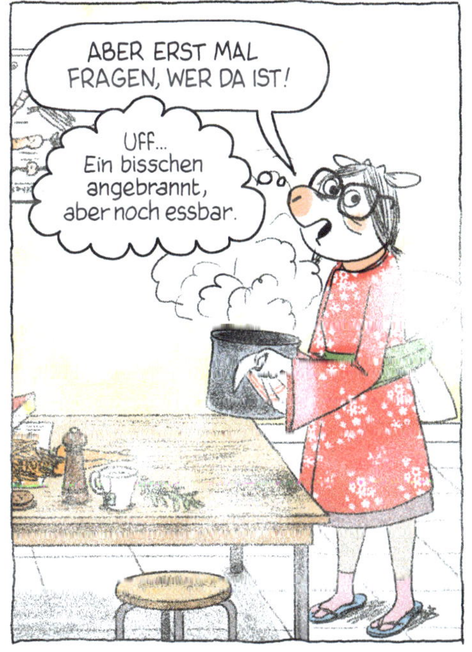
ABER ERST MAL FRAGEN, WER DA IST!
UFF... Ein bisschen angebrannt, aber noch essbar.

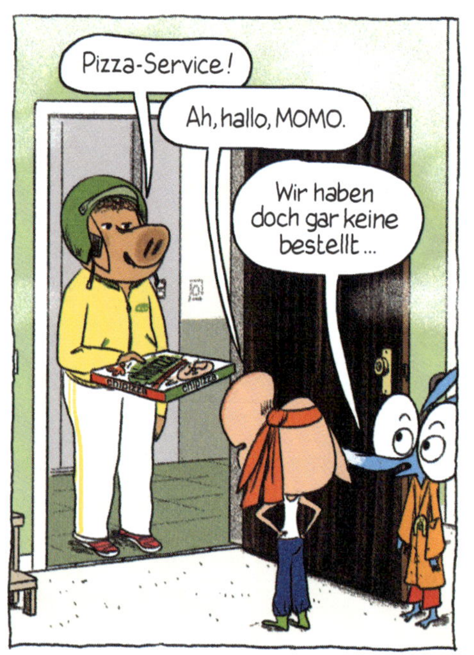

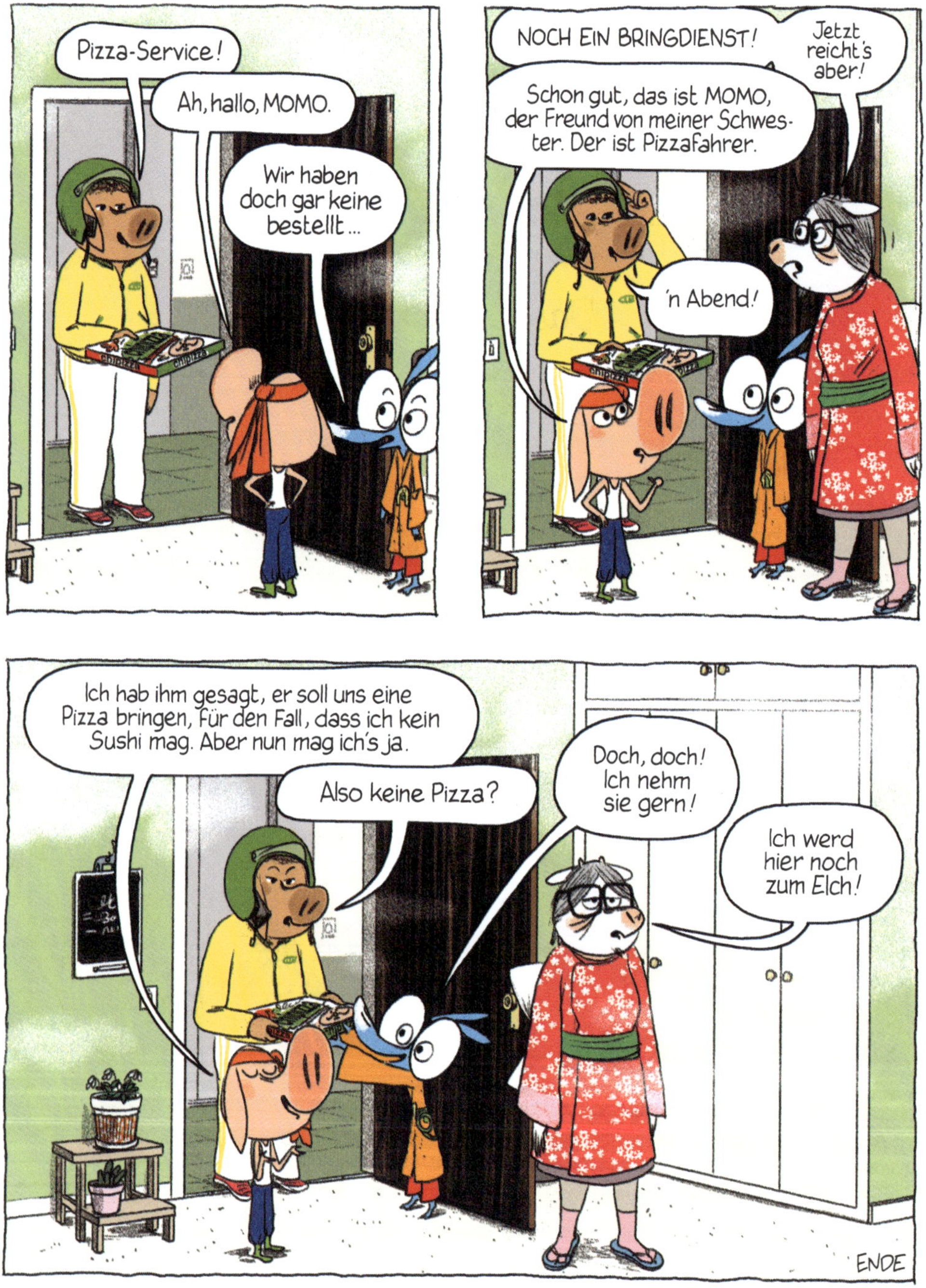

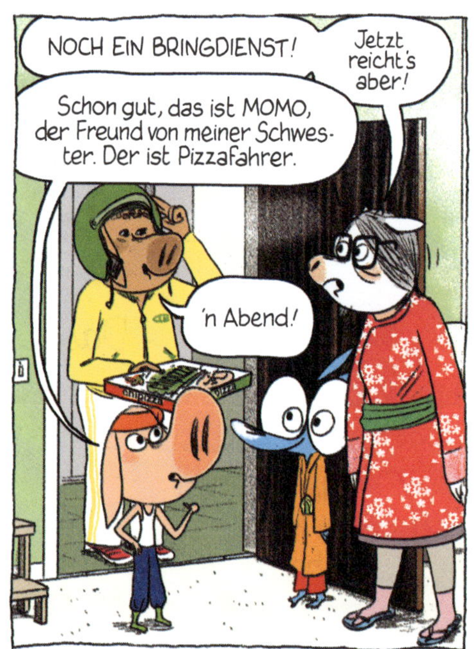

Ich hab ihm gesagt, er soll uns eine Pizza bringen, für den Fall, dass ich kein Sushi mag. Aber nun mag ich's ja.

Also keine Pizza?

Doch, doch! Ich nehm sie gern!

Ich werd hier noch zum Elch!

ENDE

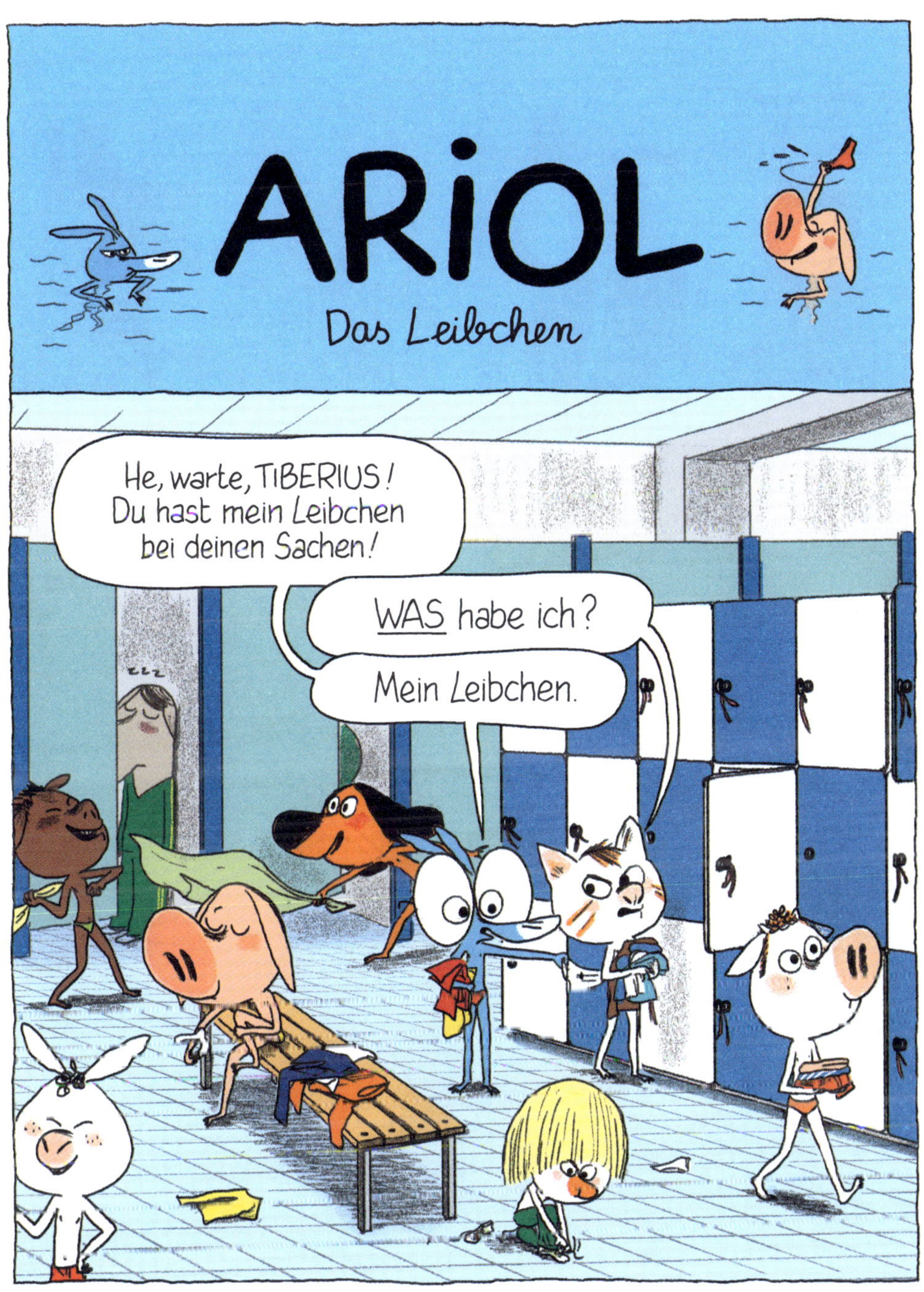
ARiOL
Das Leibchen
He, warte, TIBERIUS! Du hast mein Leibchen bei deinen Sachen!
WAS habe ich?
Mein Leibchen.
ZZZ

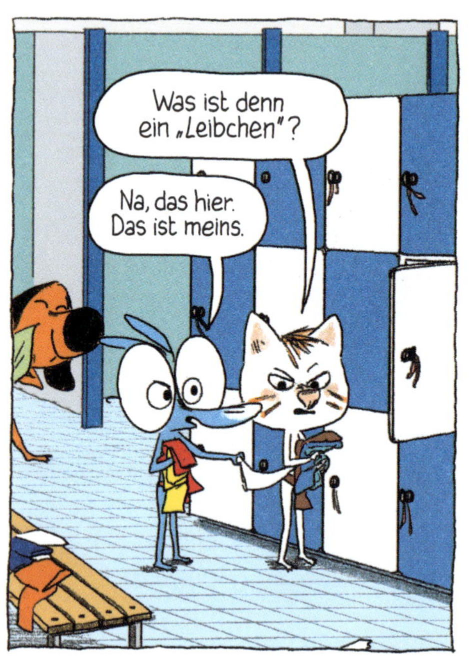
Was ist denn ein „Leibchen"?
Na, das hier. Das ist meins.

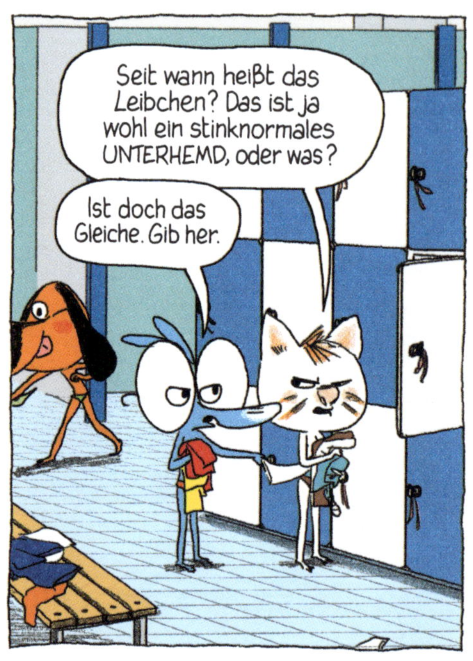
Seit wann heißt das Leibchen? Das ist ja wohl ein stinknormales UNTERHEMD, oder was?
Ist doch das Gleiche. Gib her.

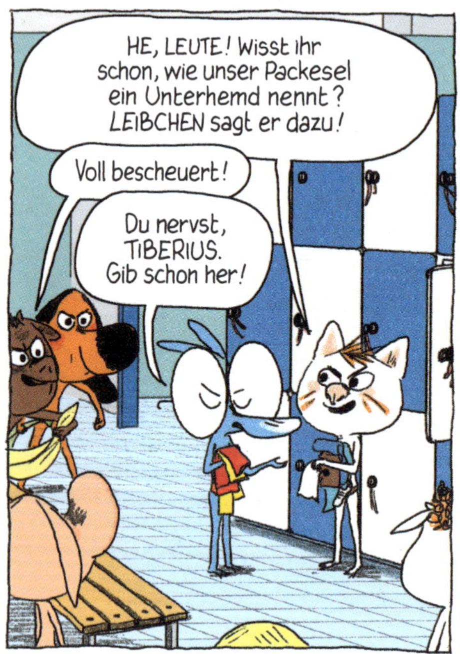
HE, LEUTE! Wisst ihr schon, wie unser Packesel ein Unterhemd nennt? LEIBCHEN sagt er dazu!
Voll bescheuert!
Du nervst, TIBERIUS. Gib schon her!

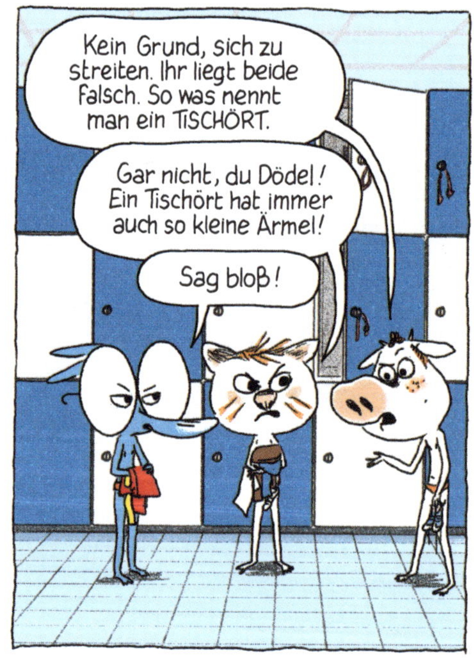
Kein Grund, sich zu streiten. Ihr liegt beide falsch. So was nennt man ein TISCHÖRT.
Gar nicht, du Dödel! Ein Tischört hat immer auch so kleine Ärmel!
Sag bloß!

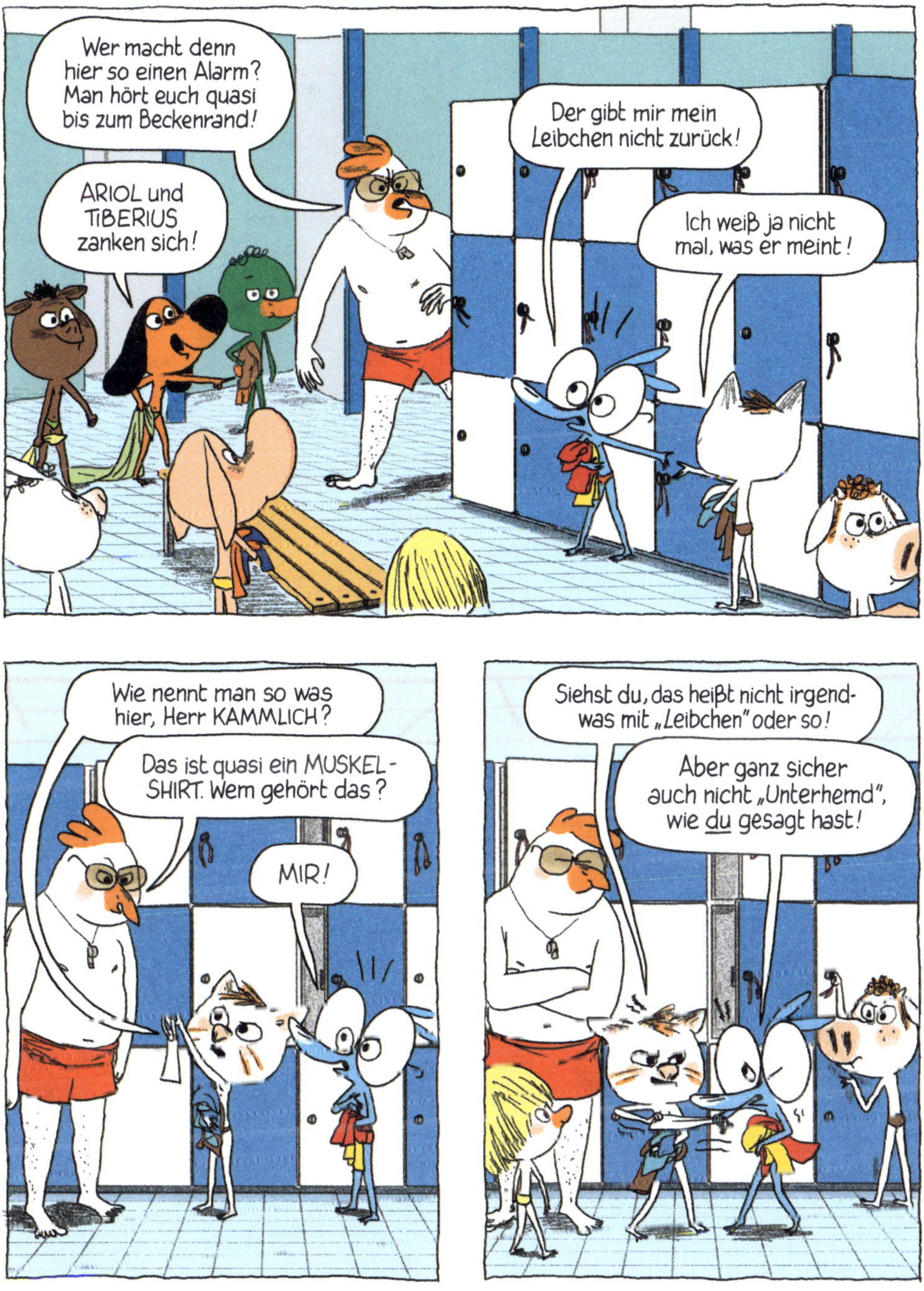

Wer macht denn hier so einen Alarm? Man hört euch quasi bis zum Beckenrand!
ARIOL und TIBERIUS zanken sich!
Der gibt mir mein Leibchen nicht zurück!
Ich weiß ja nicht mal, was er meint!

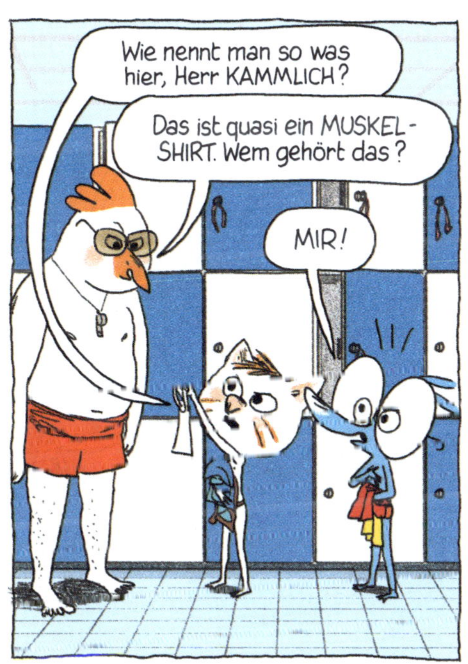

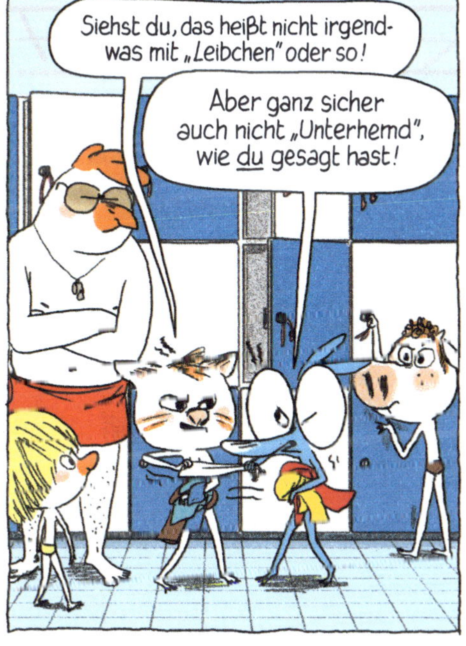

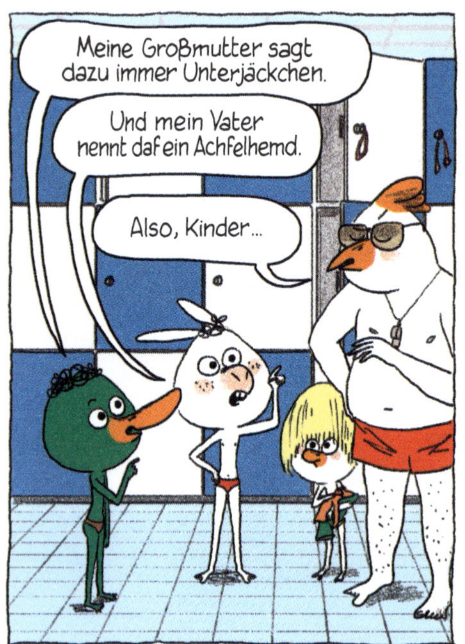

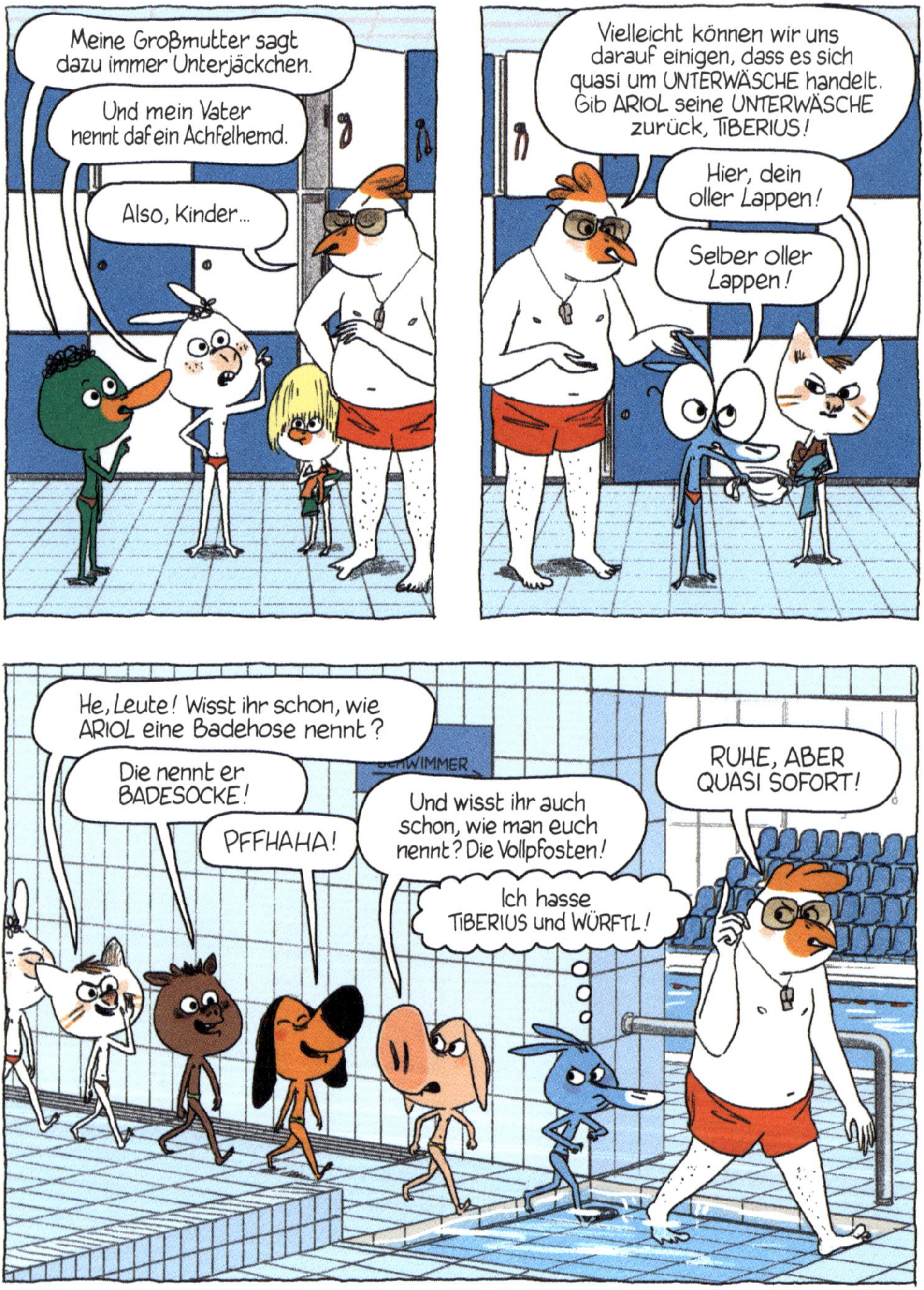

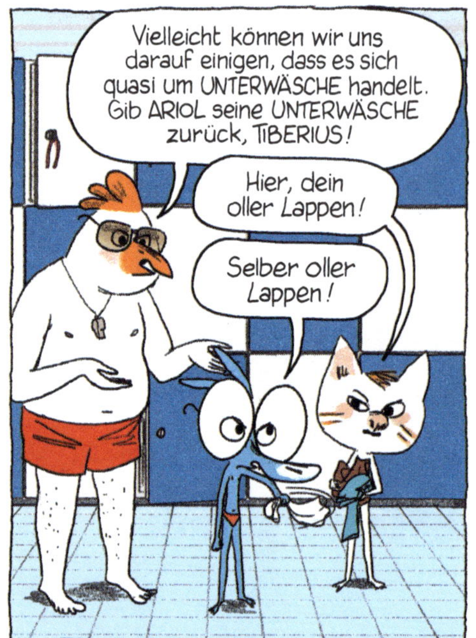

He, Leute! Wisst ihr schon, wie ARIOL eine Badehose nennt?

Die nennt er BADESOCKE!

PFFHAHA!

Und wisst ihr auch schon, wie man euch nennt? Die Vollpfosten!

Ich hasse TIBERIUS und WÜRFTL!

RUHE, ABER QUASI SOFORT!

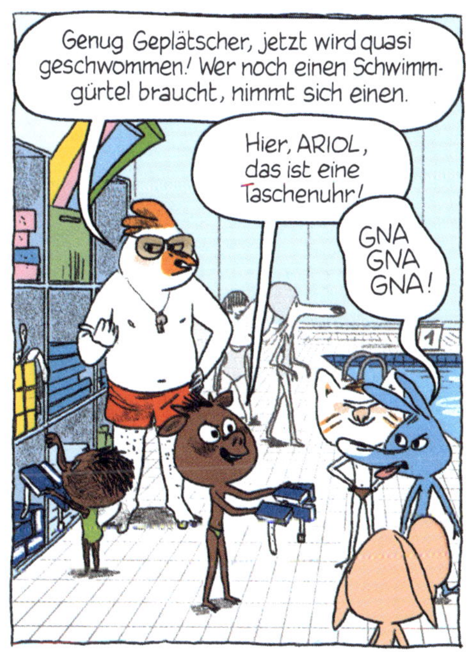
Genug Geplätscher, jetzt wird quasi geschwommen! Wer noch einen Schwimmgürtel braucht, nimmt sich einen.
Hier, ARIOL, das ist eine Taschenuhr!
GNA GNA GNA!

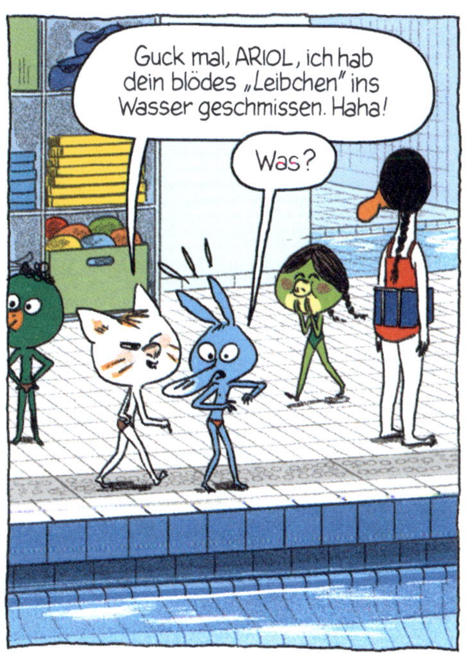
Guck mal, ARIOL, ich hab dein blödes „Leibchen" ins Wasser geschmissen. Haha!
Was?

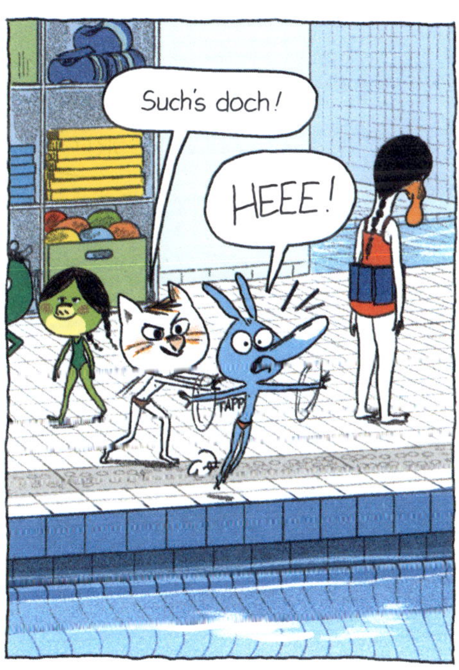
Such's doch!
HEEE!
TAPP

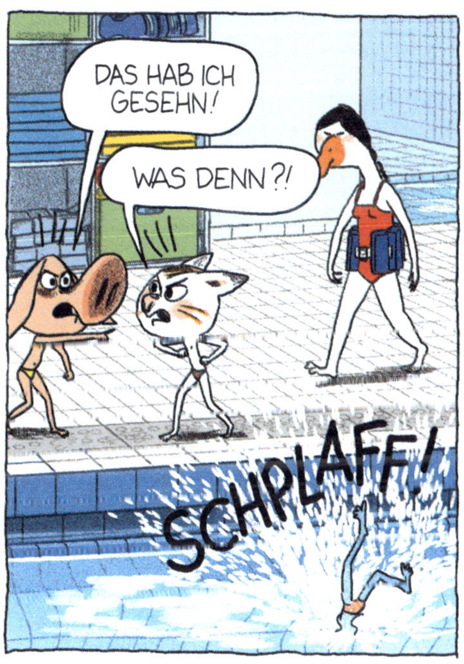
DAS HAB ICH GESEHN!
WAS DENN?!
SCHPLAFF!

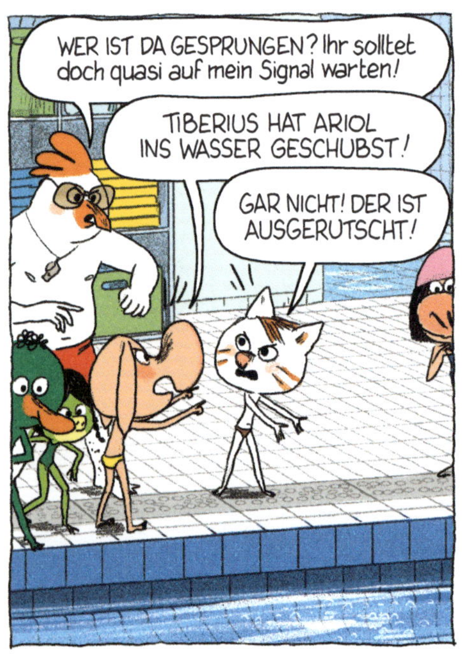
WER IST DA GESPRUNGEN? Ihr solltet doch quasi auf mein Signal warten!
TIBERIUS HAT ARIOL INS WASSER GESCHUBST!
GAR NICHT! DER IST AUSGERUTSCHT!

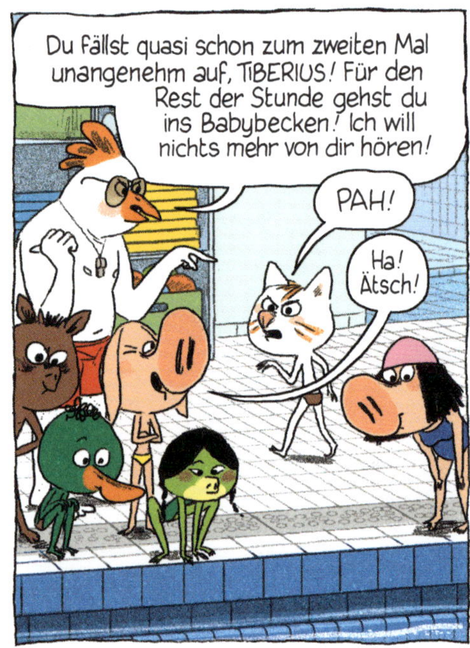
Du fällst quasi schon zum zweiten Mal unangenehm auf, TIBERIUS! Für den Rest der Stunde gehst du ins Babybecken! Ich will nichts mehr von dir hören!
PAH!
Ha! Ätsch!

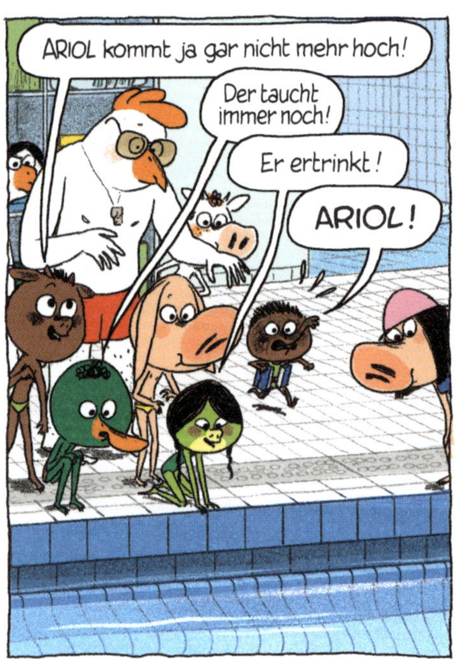
ARIOL kommt ja gar nicht mehr hoch!
Der taucht immer noch!
Er ertrinkt!
ARIOL!

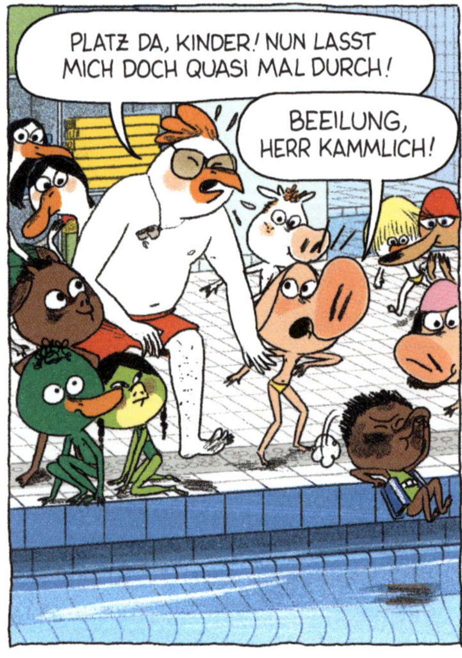
PLATZ DA, KINDER! NUN LASST MICH DOCH QUASI MAL DURCH!
BEEILUNG, HERR KAMMLICH!

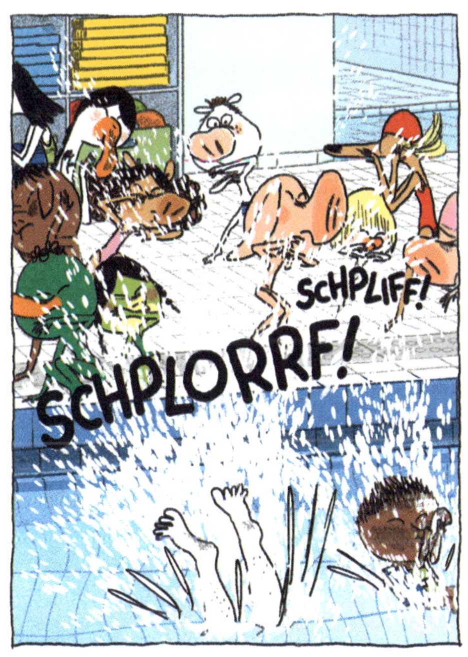
SCHPLIFF!
SCHPLORRF!

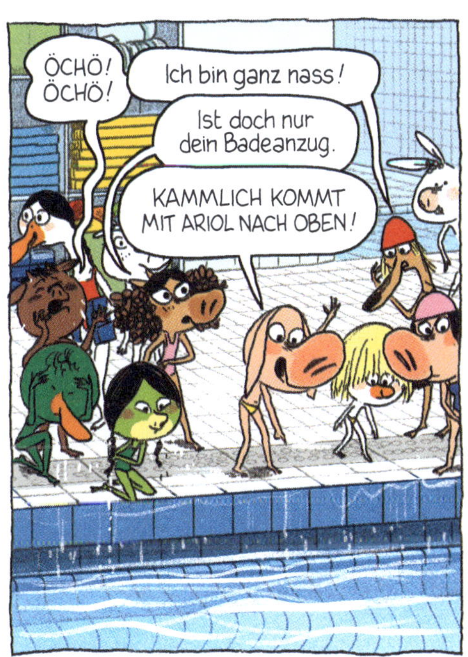
ÖCHÖ! ÖCHÖ!
Ich bin ganz nass!
Ist doch nur dein Badeanzug.
KAMMLICH KOMMT MIT ARIOL NACH OBEN!

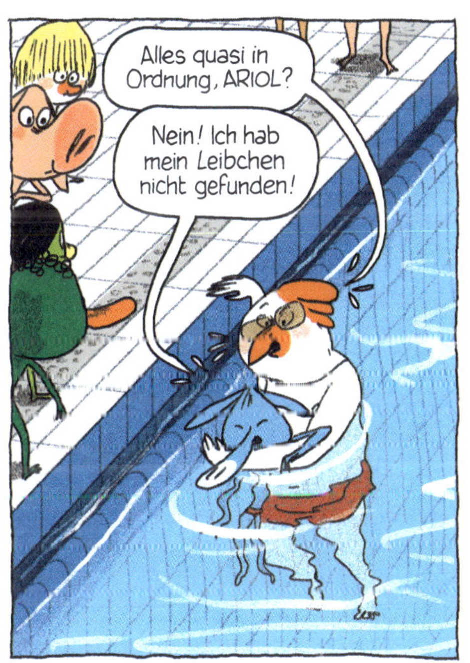
Alles quasi in Ordnung, ARIOL?
Nein! Ich hab mein Leibchen nicht gefunden!

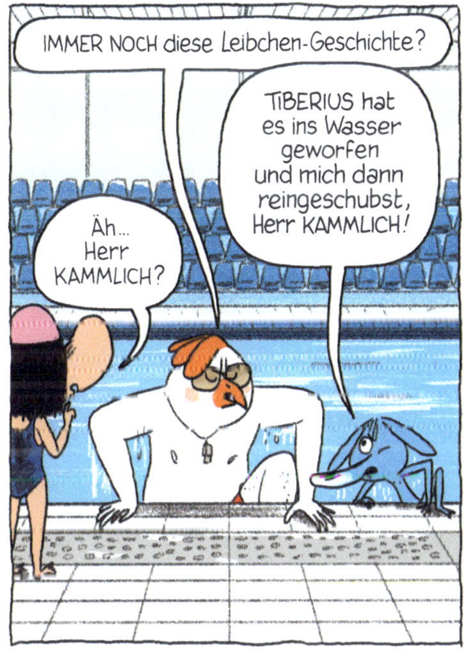
IMMER NOCH diese Leibchen-Geschichte?
TIBERIUS hat es ins Wasser geworfen und mich dann reingeschubst, Herr KAMMLICH!
Äh... Herr KAMMLICH?

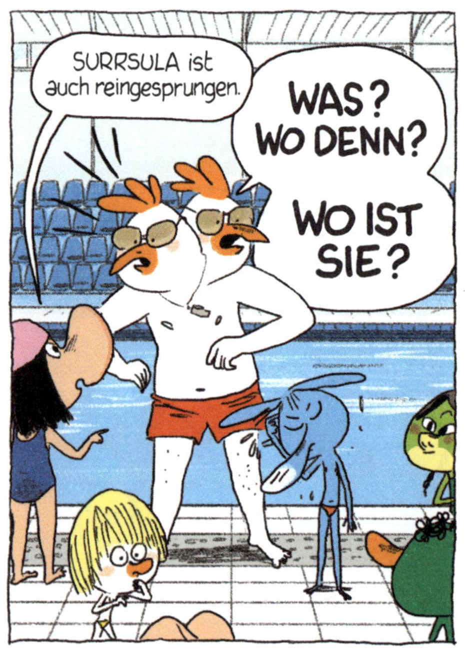

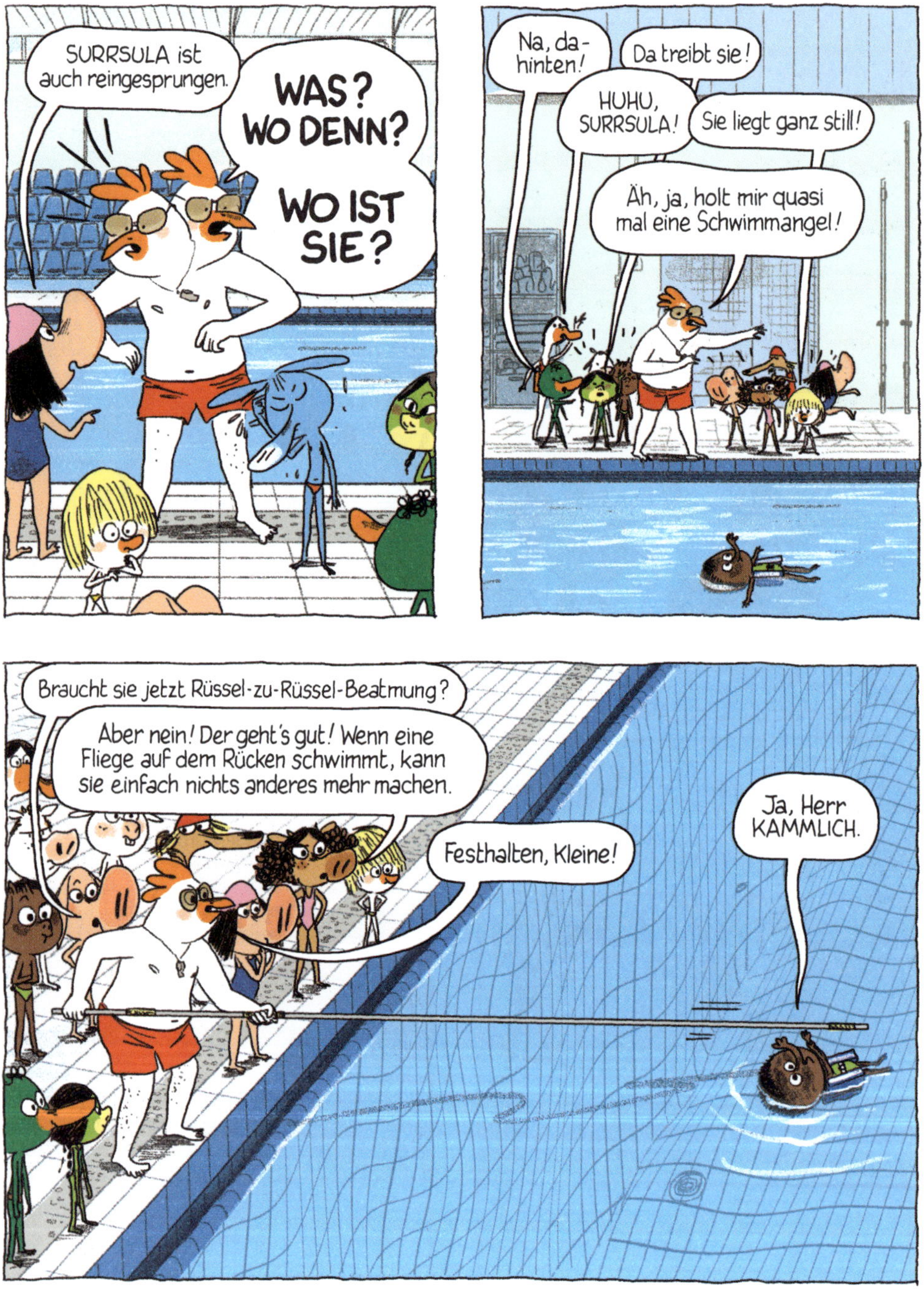

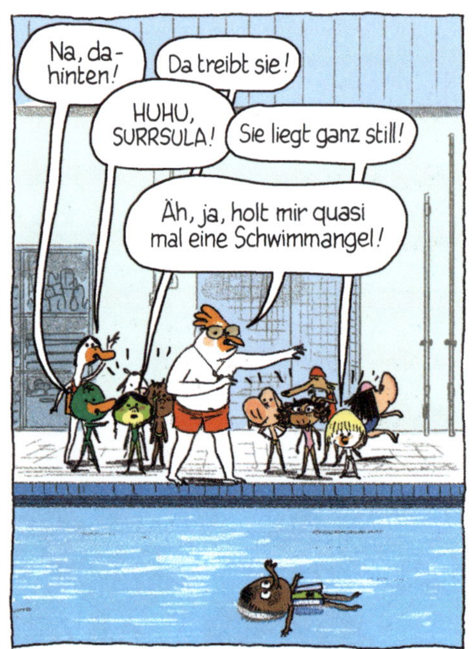

Braucht sie jetzt Rüssel-zu-Rüssel-Beatmung?

Aber nein! Der geht's gut! Wenn eine Fliege auf dem Rücken schwimmt, kann sie einfach nichts anderes mehr machen.

Festhalten, Kleine!

Ja, Herr KAMMLICH.

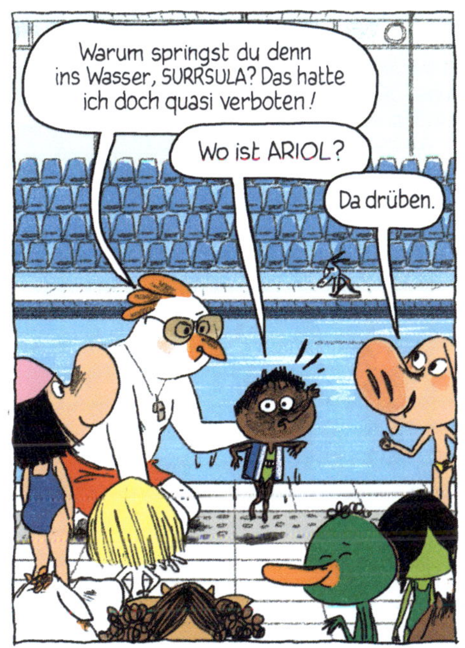
Warum springst du denn ins Wasser, SURRSULA? Das hatte ich doch quasi verboten!
Wo ist ARIOL?
Da drüben.

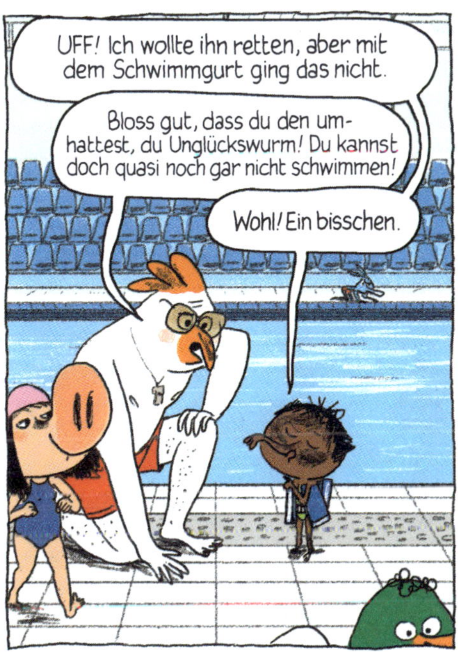
UFF! Ich wollte ihn retten, aber mit dem Schwimmgurt ging das nicht.
Bloss gut, dass du den umhattest, du Unglückswurm! Du kannst doch quasi noch gar nicht schwimmen!
Wohl! Ein bisschen.

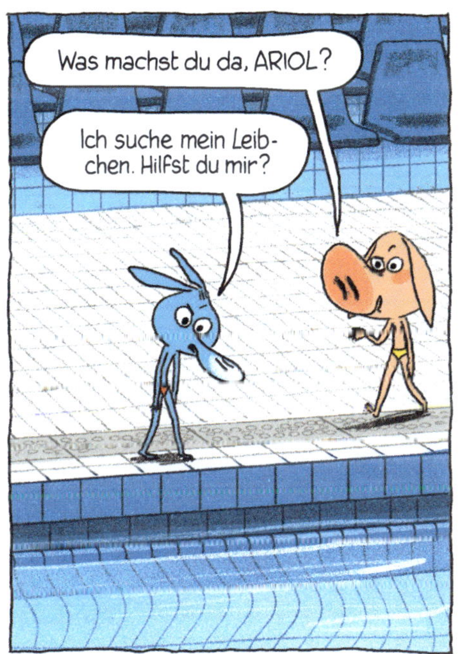
Was machst du da, ARIOL?
Ich suche mein Leibchen. Hilfst du mir?

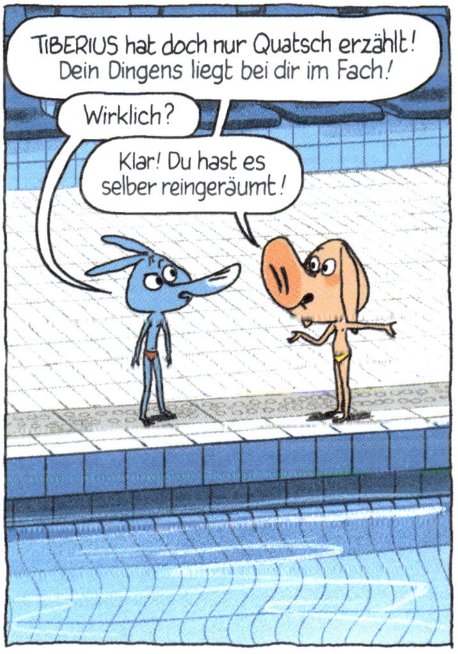
TIBERIUS hat doch nur Quatsch erzählt! Dein Dingens liegt bei dir im Fach!
Wirklich?
Klar! Du hast es selber reingeräumt!

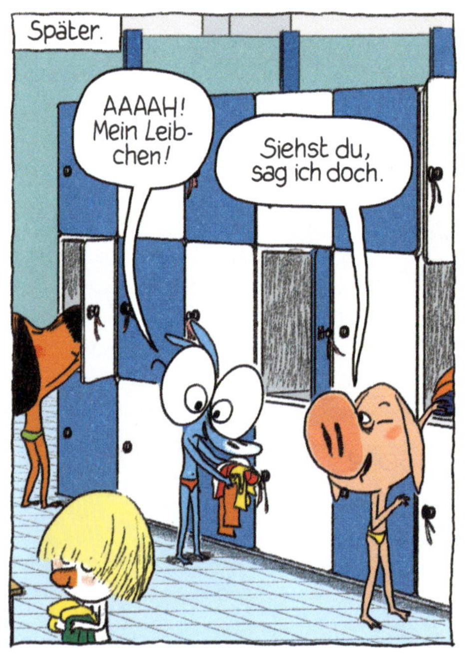

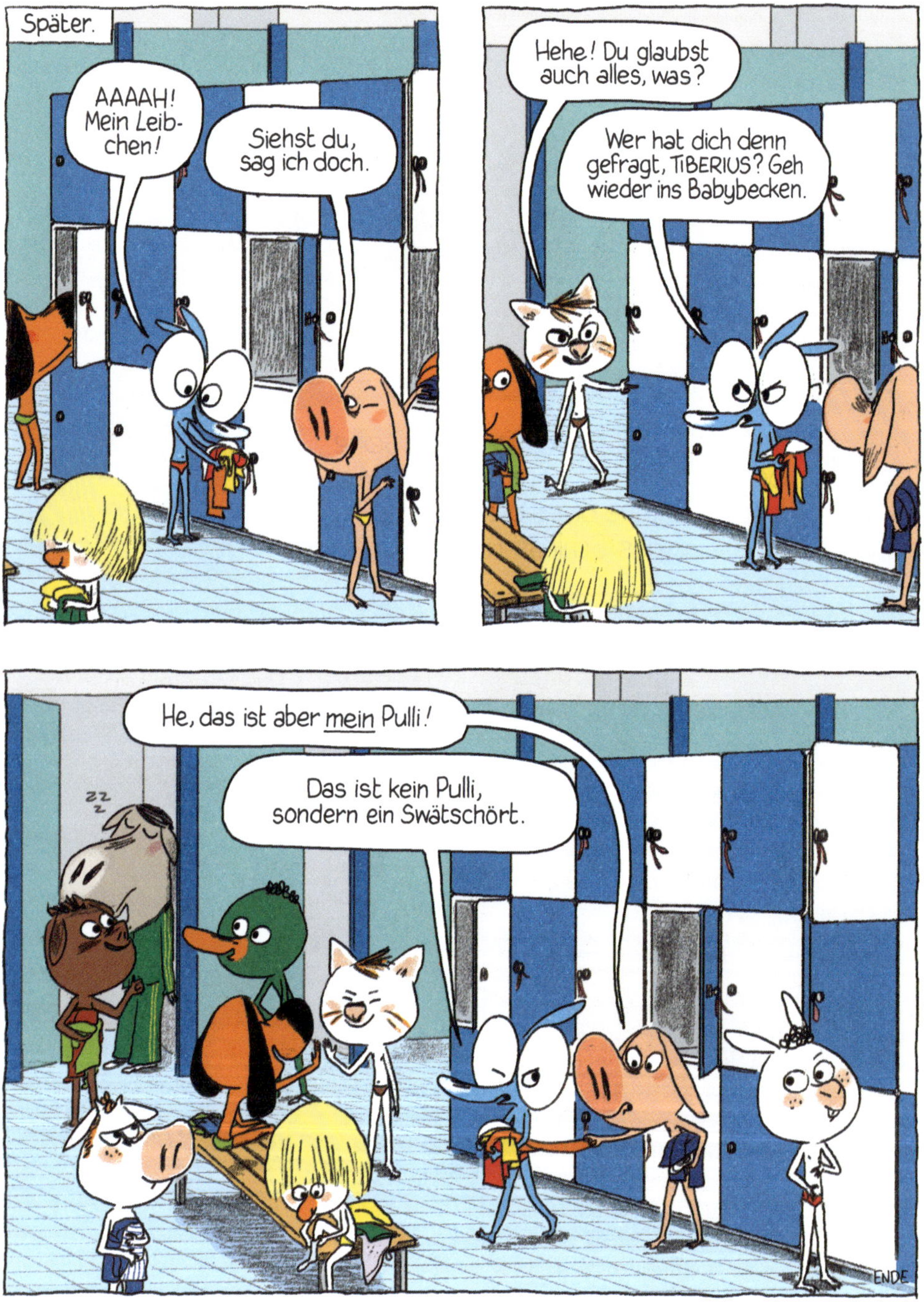

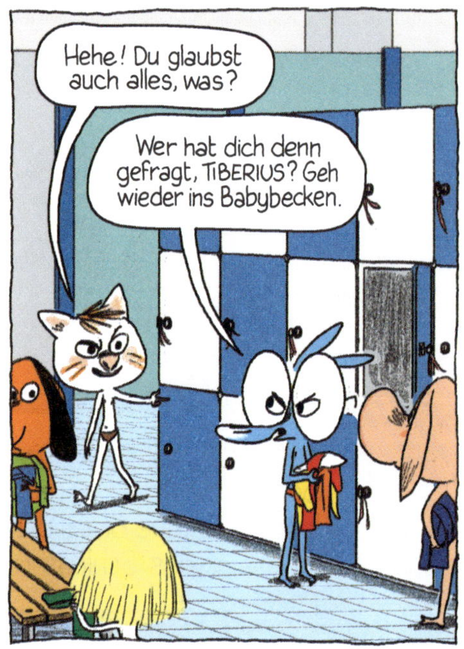

He, das ist aber mein Pulli!

Das ist kein Pulli, sondern ein Swätschört.

ZZZ

ENDE

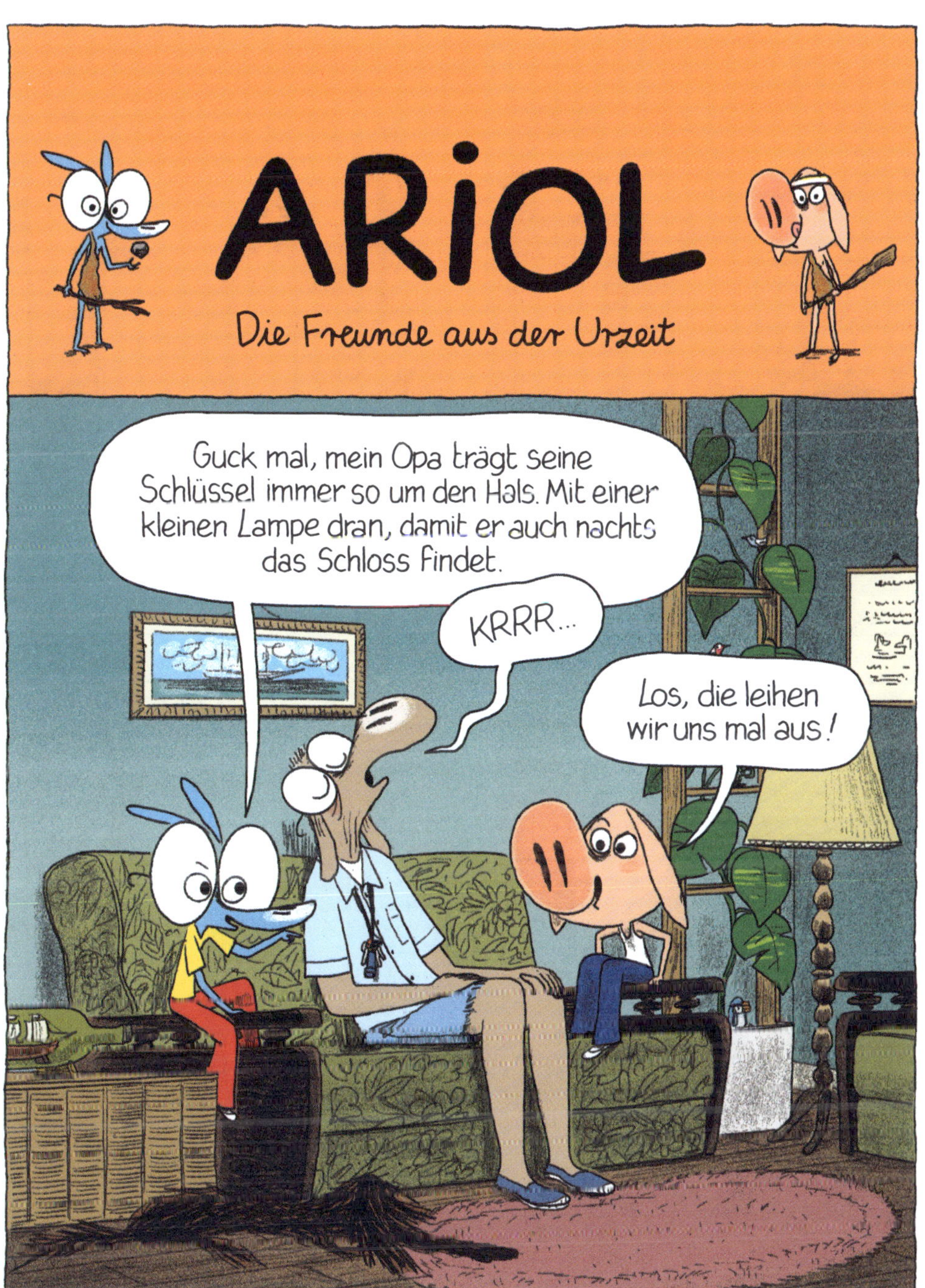
ARiOL
Die Freunde aus der Urzeit
Guck mal, mein Opa trägt seine Schlüssel immer so um den Hals. Mit einer kleinen Lampe dran, damit er auch nachts das Schloss findet.
KRRR...
Los, die leihen wir uns mal aus!

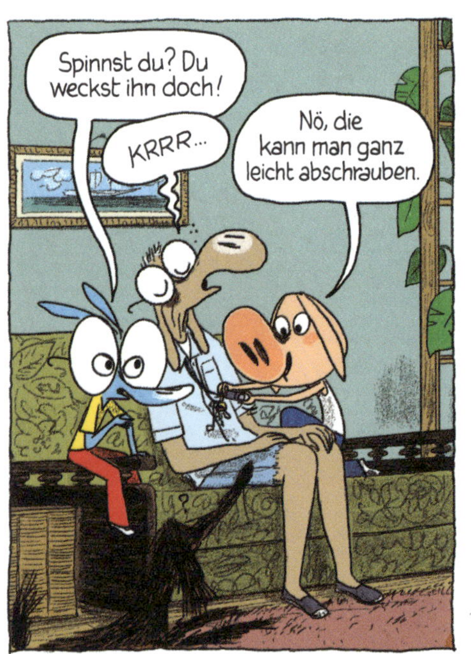
Spinnst du? Du weckst ihn doch!
KRRR...
Nö, die kann man ganz leicht abschrauben.

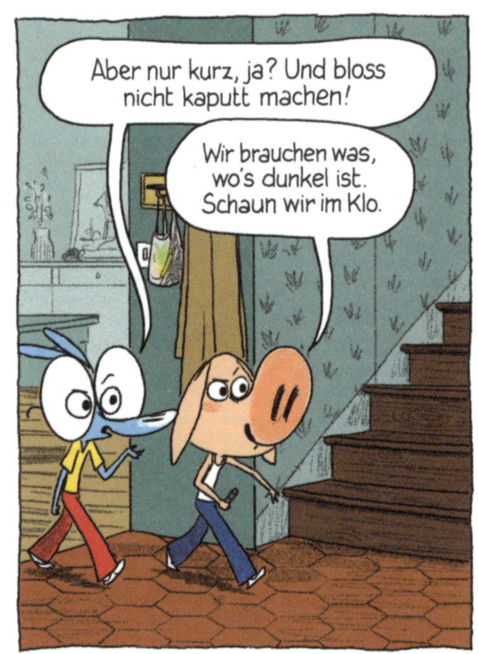
Aber nur kurz, ja? Und bloss nicht kaputt machen!
Wir brauchen was, wo's dunkel ist. Schaun wir im Klo.

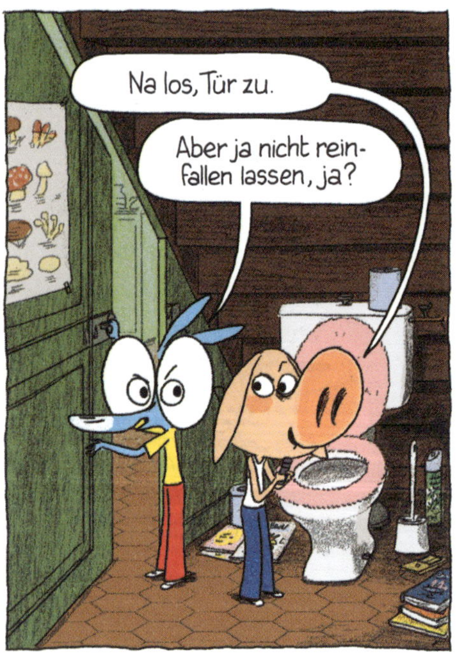
Na los, Tür zu.
Aber ja nicht reinfallen lassen, ja?

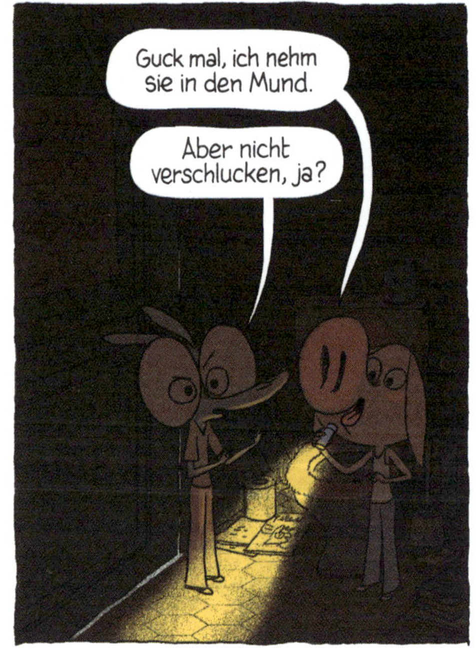
Guck mal, ich nehm sie in den Mund.
Aber nicht verschlucken, ja?

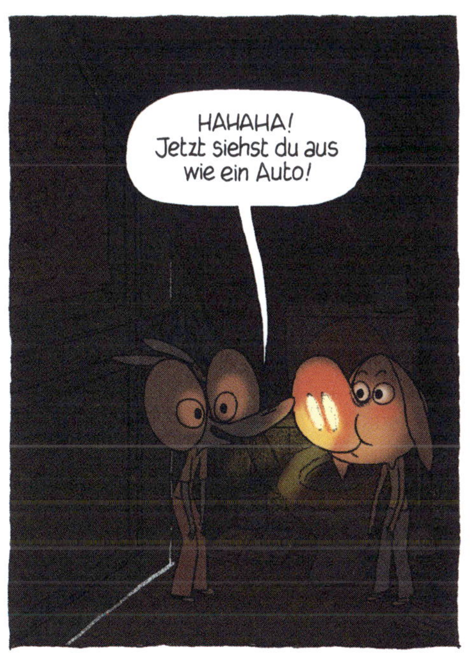
HAHAHA!
Jetzt siehst du aus wie ein Auto!
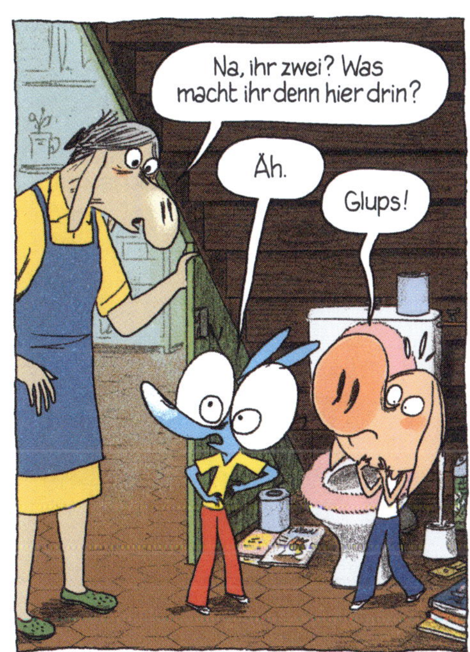
Na, ihr zwei? Was macht ihr denn hier drin?
Äh.
Glups!
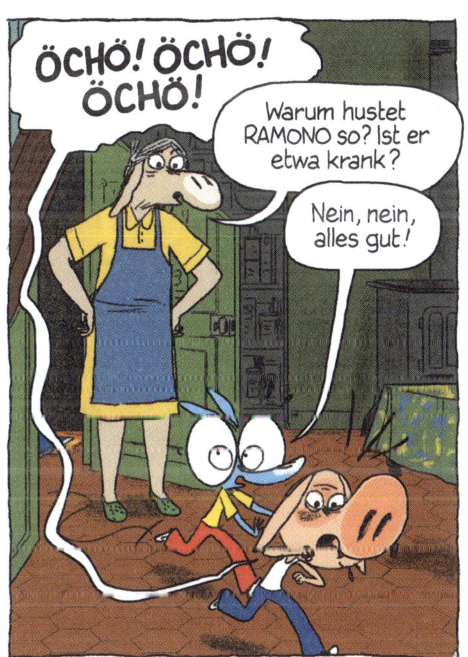
ÖCHÖ! ÖCHÖ! ÖCHÖ!
Warum hustet RAMONO so? Ist er etwa krank?
Nein, nein, alles gut!
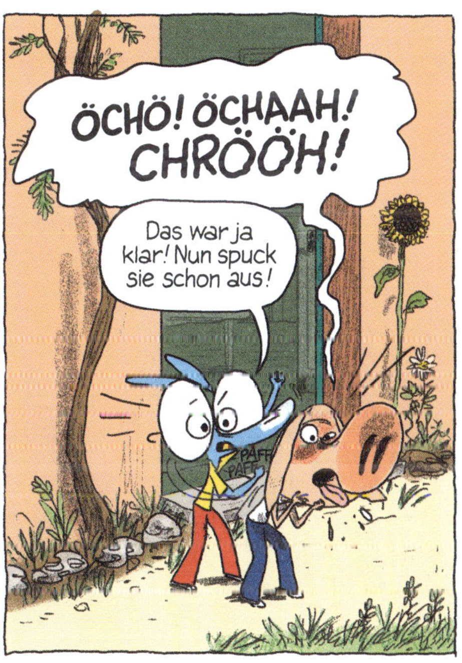
ÖCHÖ! ÖCHAAH! CHRÖÖH!
Das war ja klar! Nun spuck sie schon aus!
PAFF
PAFF

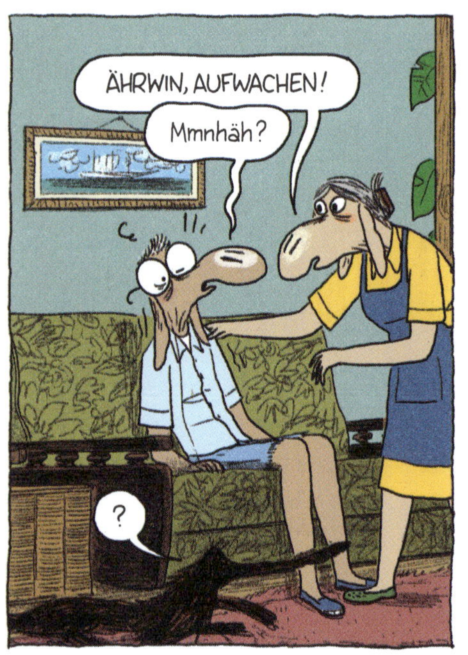
ÄHRWIN, AUFWACHEN!
Mmnhäh?
?

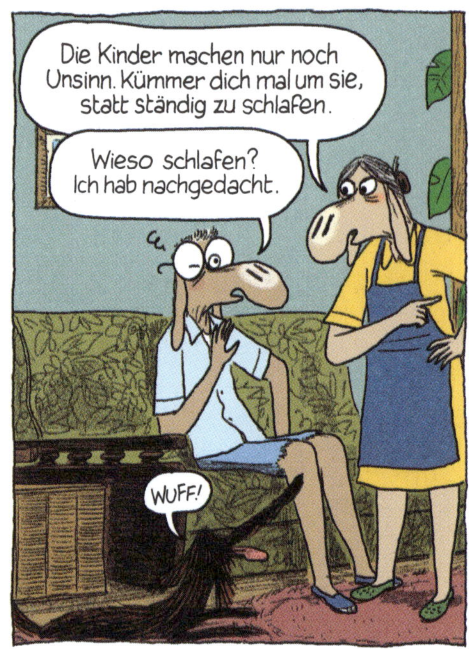
Die Kinder machen nur noch Unsinn. Kümmer dich mal um sie, statt ständig zu schlafen.
Wieso schlafen? Ich hab nachgedacht.
WUFF!

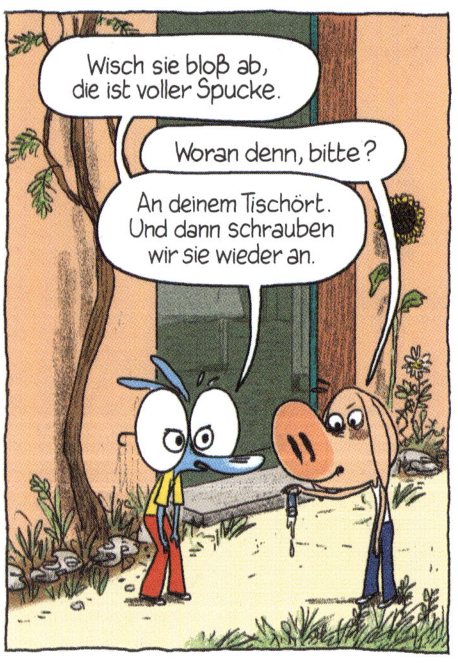
Wisch sie bloß ab, die ist voller Spucke.
Woran denn, bitte?
An deinem Tischört. Und dann schrauben wir sie wieder an.

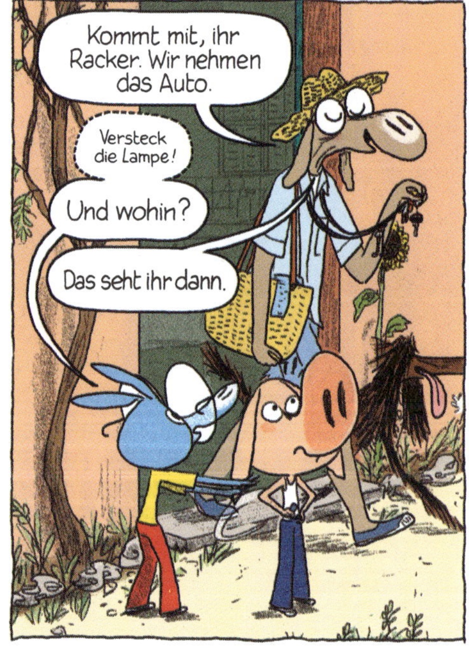
Kommt mit, ihr Racker. Wir nehmen das Auto.
Versteck die Lampe!
Und wohin?
Das seht ihr dann.

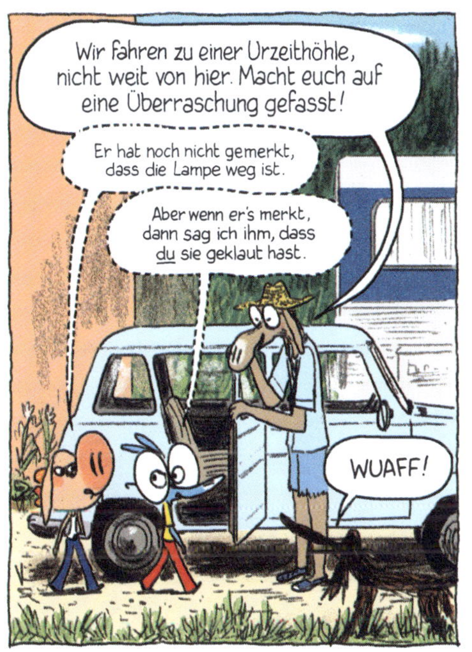
Wir fahren zu einer Urzeithöhle, nicht weit von hier. Macht euch auf eine Überraschung gefasst!
Er hat noch nicht gemerkt, dass die Lampe weg ist.
Aber wenn er's merkt, dann sag ich ihm, dass du sie geklaut hast.
WUAFF!

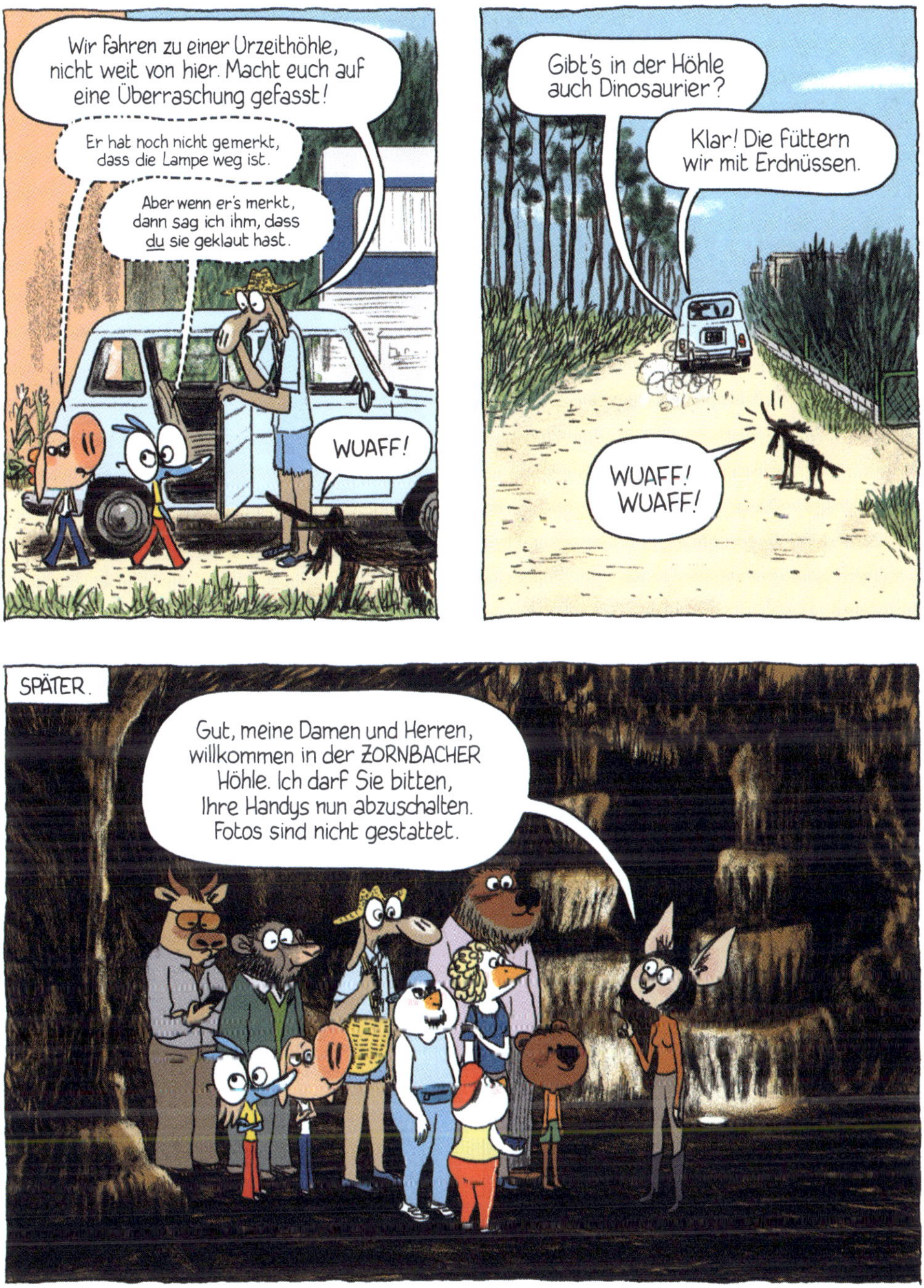

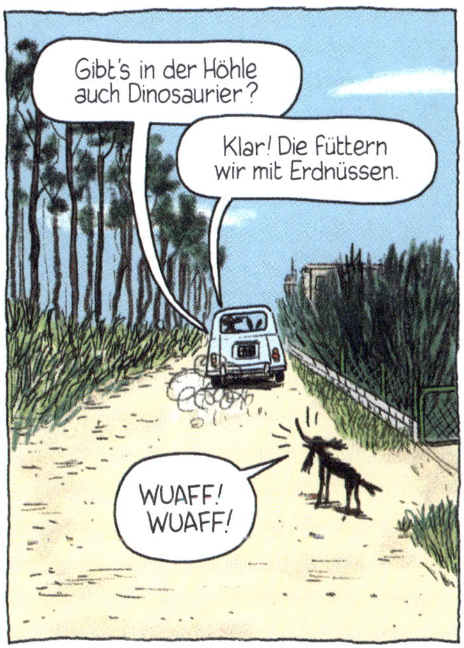
Gibt's in der Höhle auch Dinosaurier?
Klar! Die füttern wir mit Erdnüssen.
WUAFF! WUAFF!

SPÄTER.
Gut, meine Damen und Herren, willkommen in der ZORNBACHER Höhle. Ich darf Sie bitten, Ihre Handys nun abzuschalten. Fotos sind nicht gestattet.

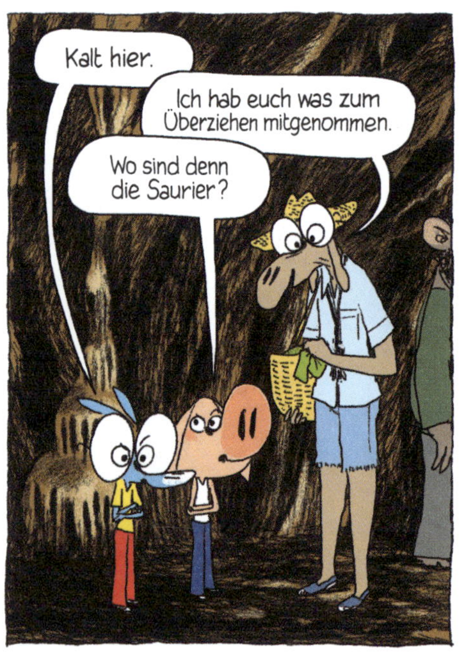
Kalt hier.
Ich hab euch was zum Überziehen mitgenommen.
Wo sind denn die Saurier?

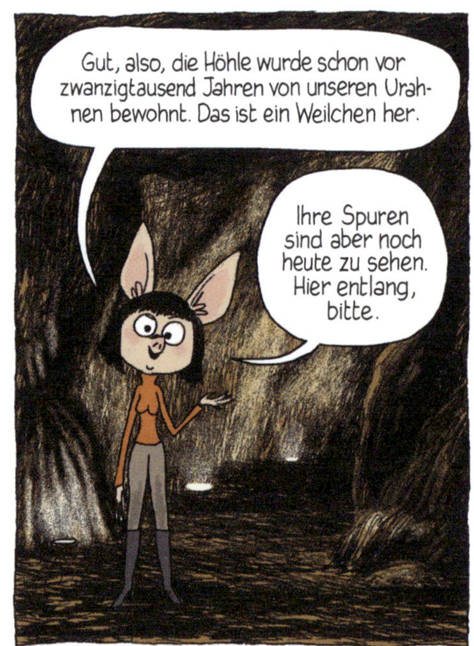
Gut, also, die Höhle wurde schon vor zwanzigtausend Jahren von unseren Urahnen bewohnt. Das ist ein Weilchen her.
Ihre Spuren sind aber noch heute zu sehen. Hier entlang, bitte.

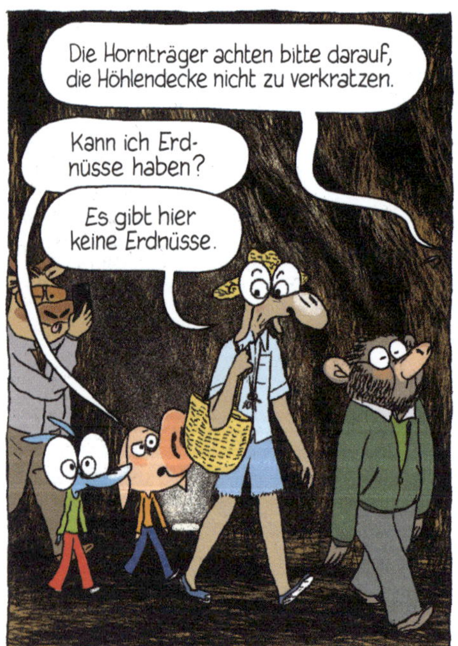
Die Hornträger achten bitte darauf, die Höhlendecke nicht zu verkratzen.
Kann ich Erdnüsse haben?
Es gibt hier keine Erdnüsse.

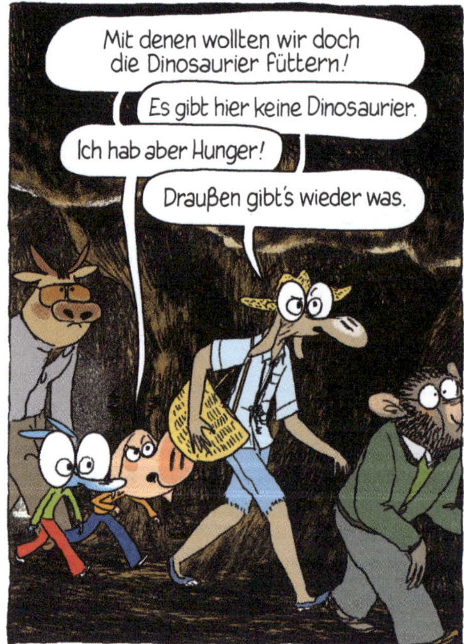
Mit denen wollten wir doch die Dinosaurier füttern!
Es gibt hier keine Dinosaurier.
Ich hab aber Hunger!
Draußen gibt's wieder was.

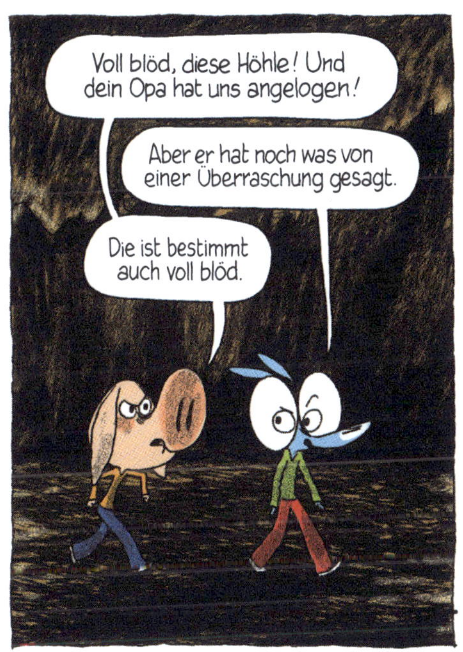
Voll blöd, diese Höhle! Und dein Opa hat uns angelogen!
Aber er hat noch was von einer Überraschung gesagt.
Die ist bestimmt auch voll blöd.

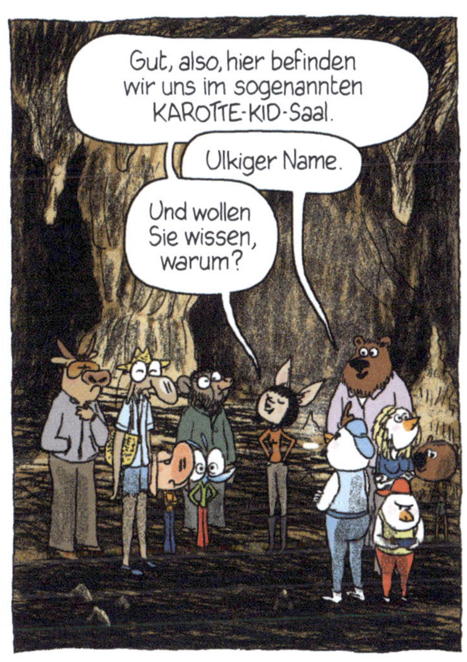
Gut, also, hier befinden wir uns im sogenannten KAROTTE-KID-Saal.
Ulkiger Name.
Und wollen Sie wissen, warum?

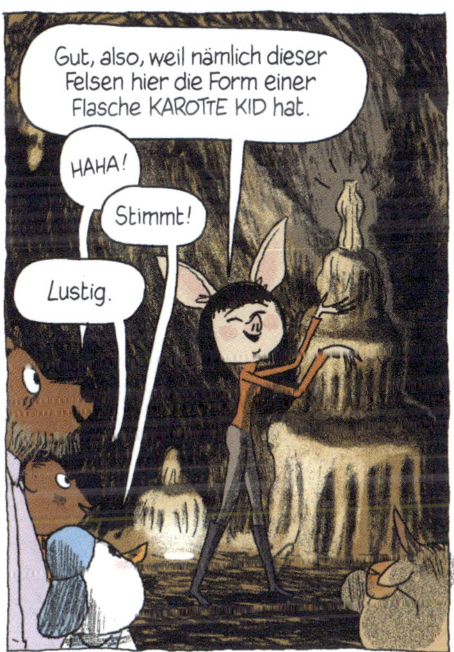
Gut, also, weil nämlich dieser Felsen hier die Form einer Flasche KAROTTE KID hat.
HAHA!
Stimmt!
Lustig.

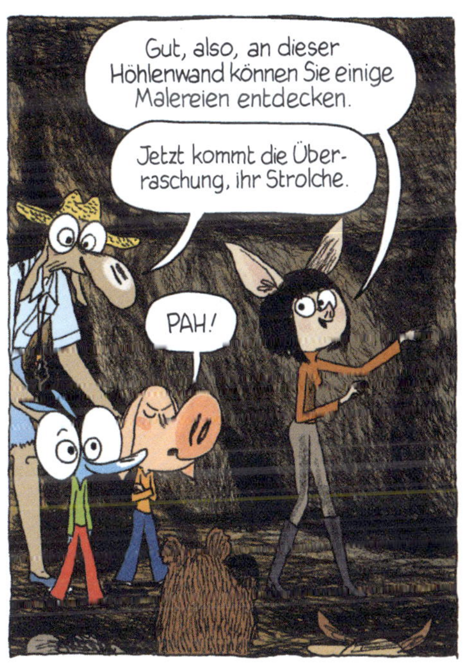
Gut, also, an dieser Höhlenwand können Sie einige Malereien entdecken.
Jetzt kommt die Überraschung, ihr Strolche.
PAH!

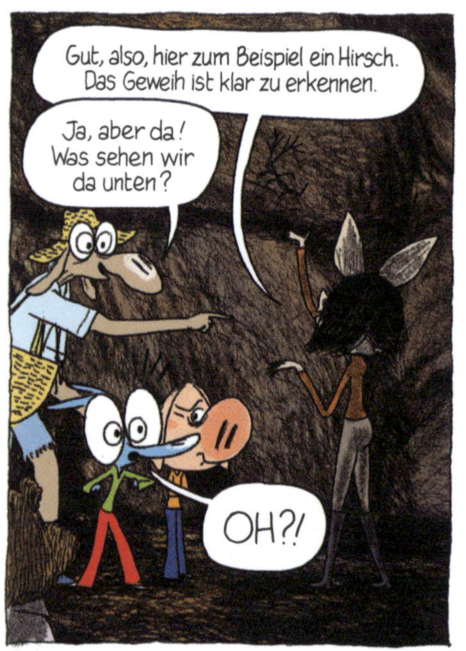

Gut, also, hier zum Beispiel ein Hirsch. Das Geweih ist klar zu erkennen.
Ja, aber da! Was sehen wir da unten?
OH?!

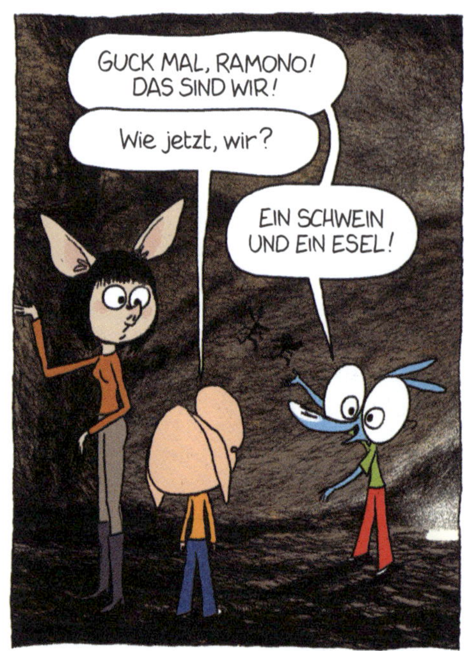

GUCK MAL, RAMONO! DAS SIND WIR!
Wie jetzt, wir?
EIN SCHWEIN UND EIN ESEL!

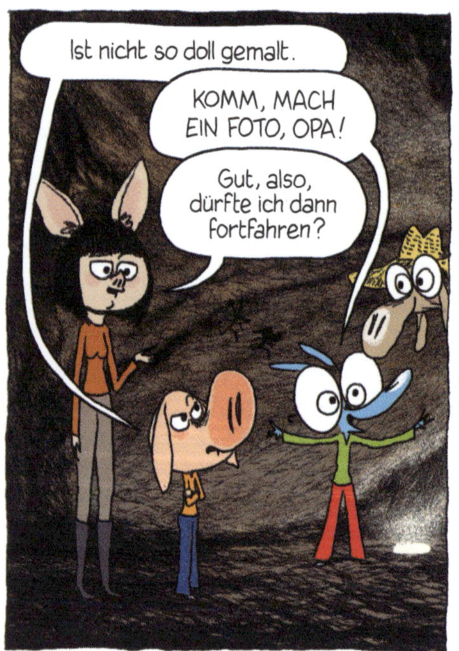

Ist nicht so doll gemalt.
KOMM, MACH EIN FOTO, OPA!
Gut, also, dürfte ich dann fortfahren?

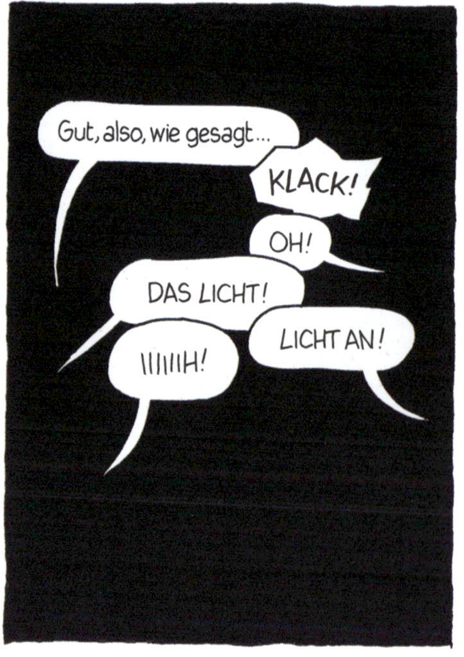

Gut, also, wie gesagt...
KLACK!
OH!
DAS LICHT!
IIIIIIH!
LICHT AN!

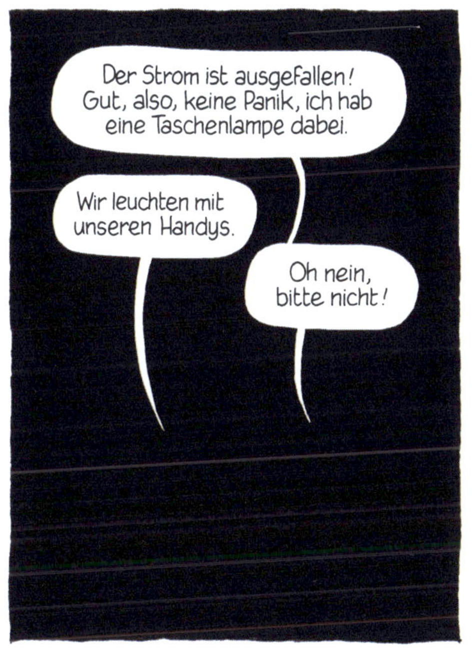
Der Strom ist ausgefallen! Gut, also, keine Panik, ich hab eine Taschenlampe dabei.
Wir leuchten mit unseren Handys.
Oh nein, bitte nicht!

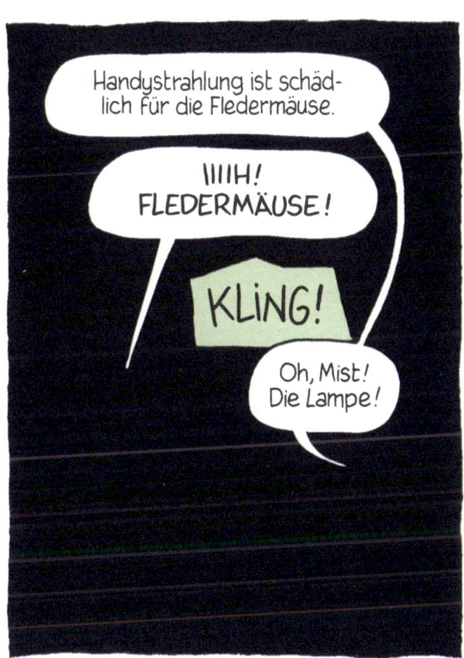
Handystrahlung ist schädlich für die Fledermäuse.
IIIIH! FLEDERMÄUSE!
KLING!
Oh, Mist! Die Lampe!

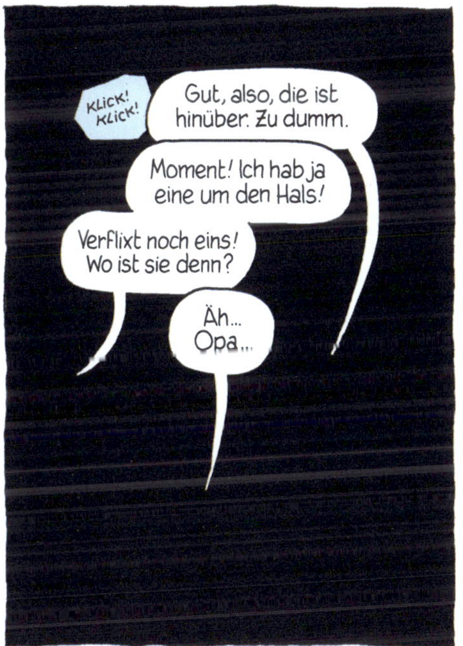
KLICK! KLICK!
Gut, also, die ist hinüber. Zu dumm.
Moment! Ich hab ja eine um den Hals!
Verflixt noch eins! Wo ist sie denn?
Äh... Opa...

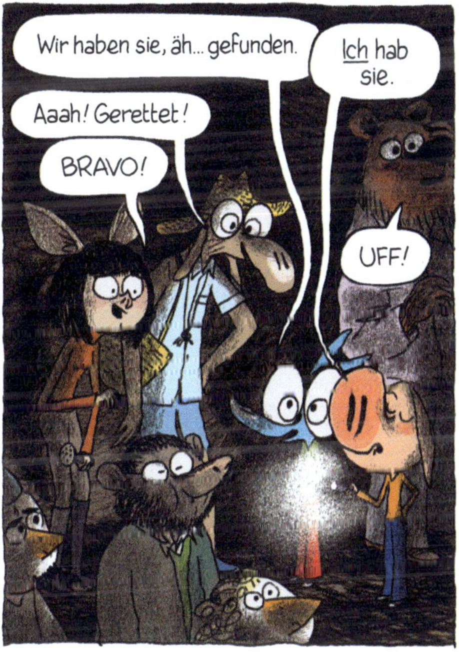
Wir haben sie, äh... gefunden.
Ich hab sie.
Aaah! Gerettet!
BRAVO!
UFF!

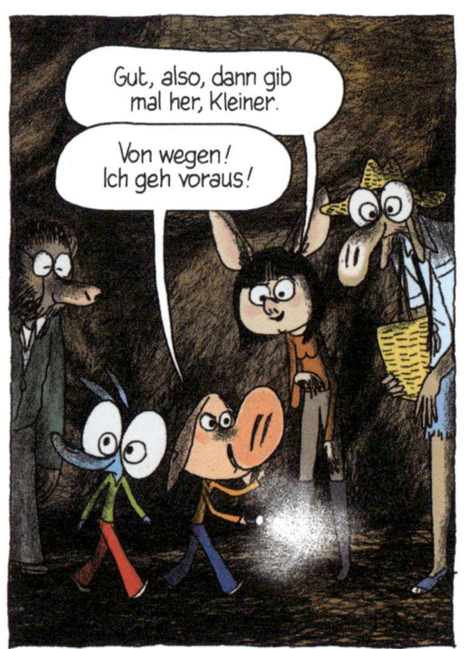

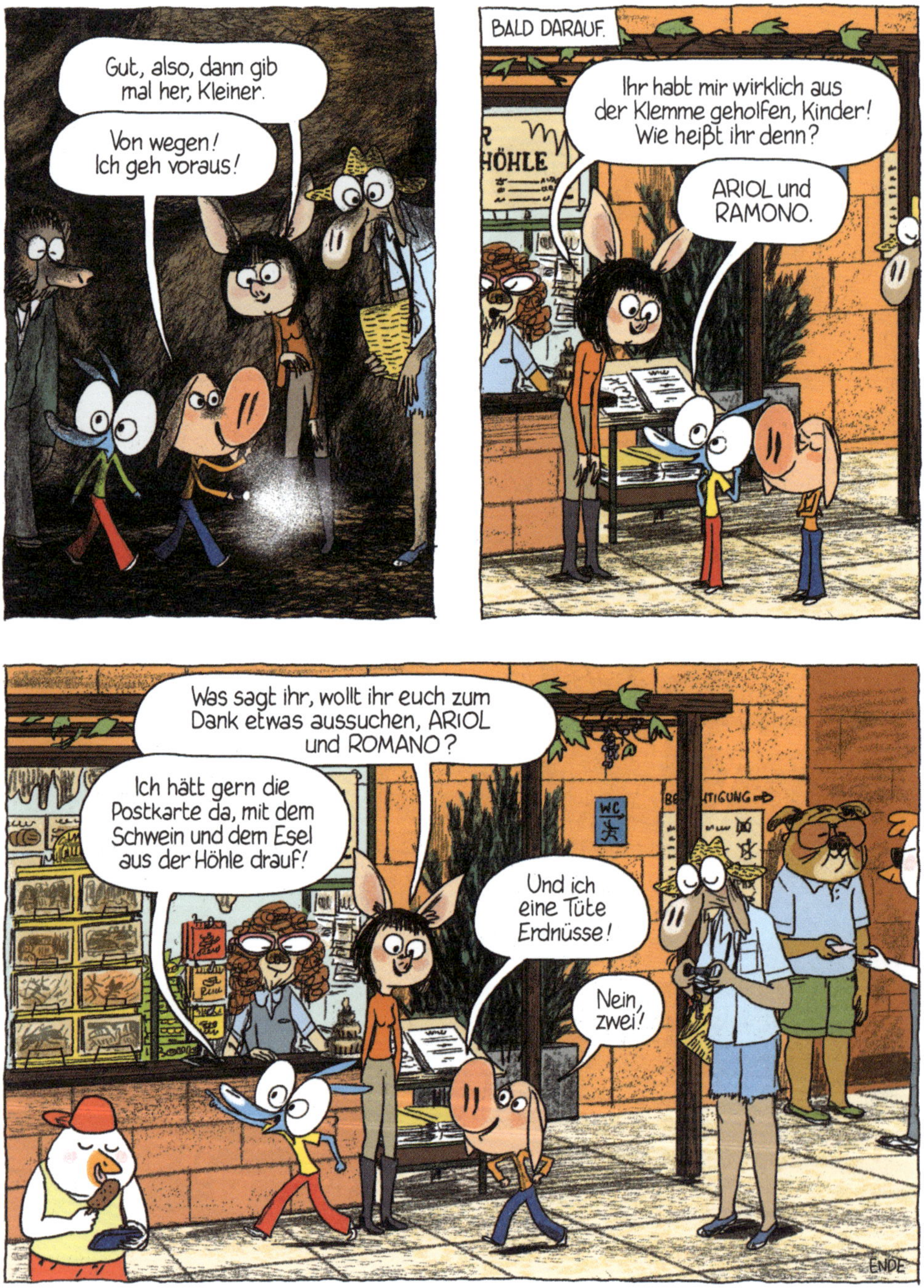

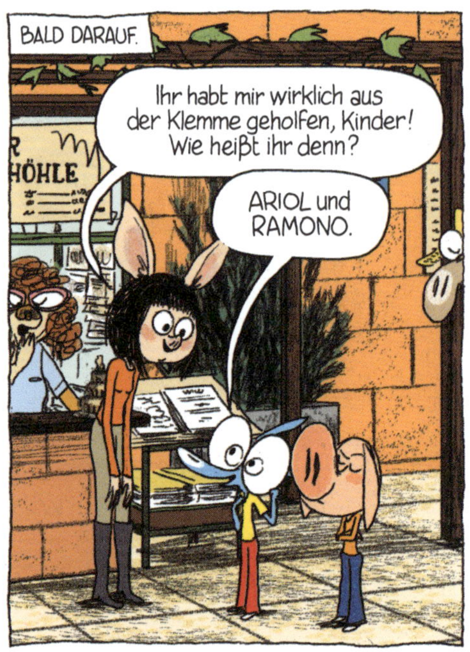

Was sagt ihr, wollt ihr euch zum Dank etwas aussuchen, ARIOL und ROMANO?

Ich hätt gern die Postkarte da, mit dem Schwein und dem Esel aus der Höhle drauf!

Und ich eine Tüte Erdnüsse!

Nein, zwei!

WC

ENDE

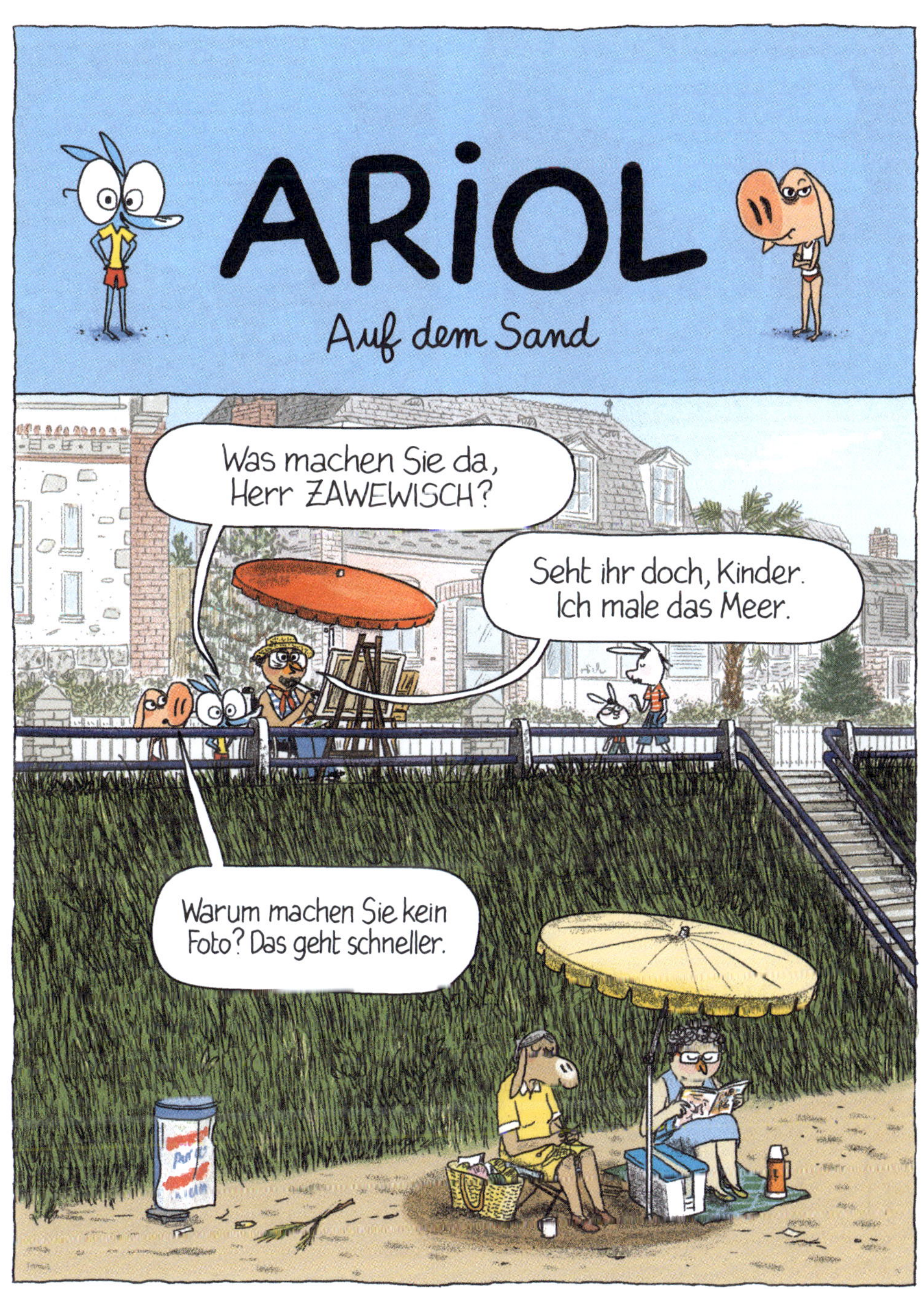
ARiOL
Auf dem Sand
Was machen Sie da, Herr ZAWEWISCH?
Seht ihr doch, Kinder. Ich male das Meer.
Warum machen Sie kein Foto? Das geht schneller.

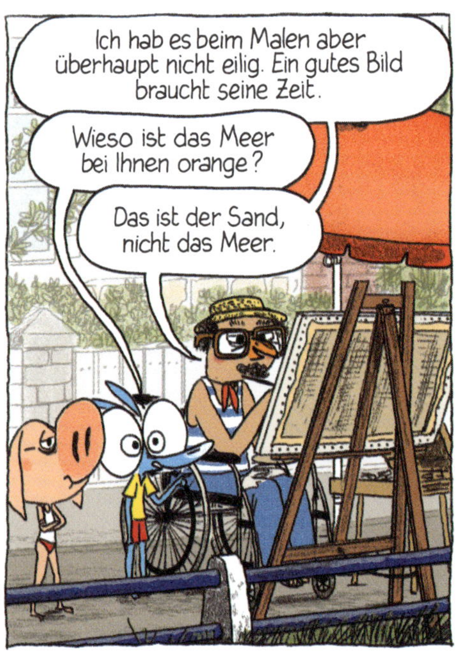
Ich hab es beim Malen aber überhaupt nicht eilig. Ein gutes Bild braucht seine Zeit.
Wieso ist das Meer bei Ihnen orange?
Das ist der Sand, nicht das Meer.

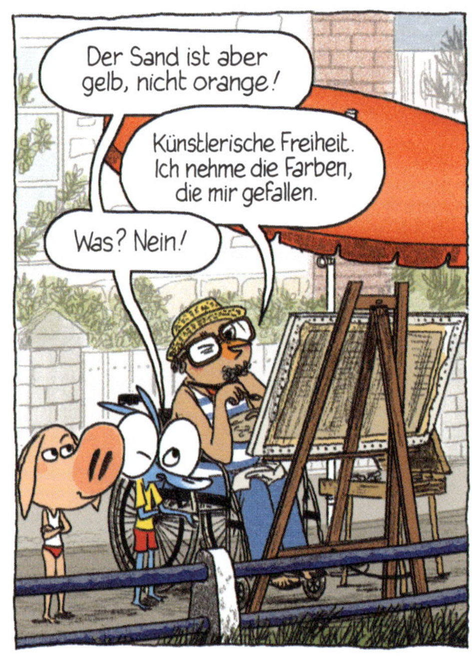
Der Sand ist aber gelb, nicht orange!
Künstlerische Freiheit. Ich nehme die Farben, die mir gefallen.
Was? Nein!

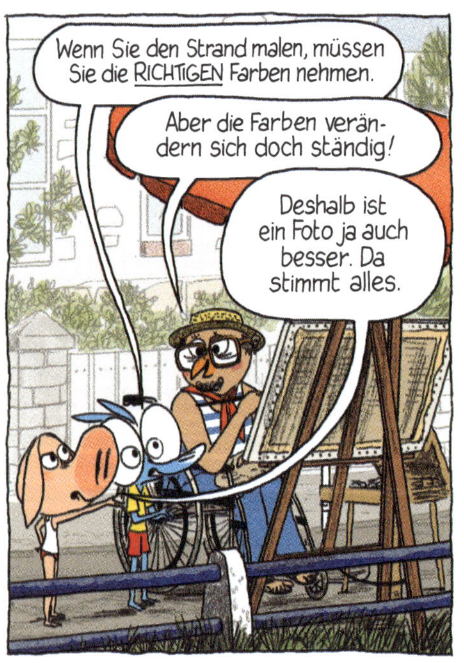
Wenn Sie den Strand malen, müssen Sie die RICHTIGEN Farben nehmen.
Aber die Farben verän-dern sich doch ständig!
Deshalb ist ein Foto ja auch besser. Da stimmt alles.

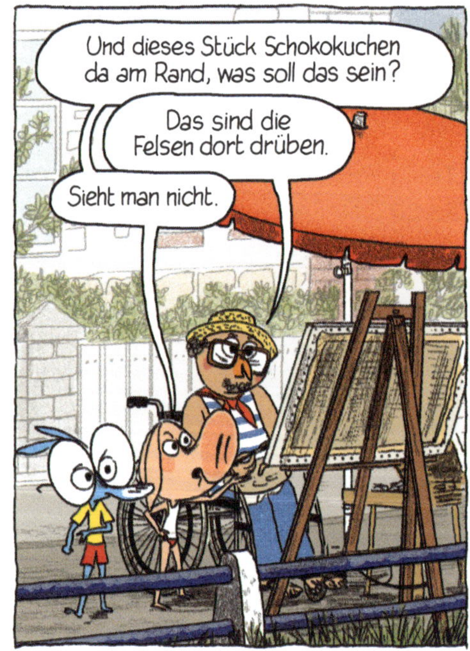
Und dieses Stück Schokokuchen da am Rand, was soll das sein?
Das sind die Felsen dort drüben.
Sieht man nicht.

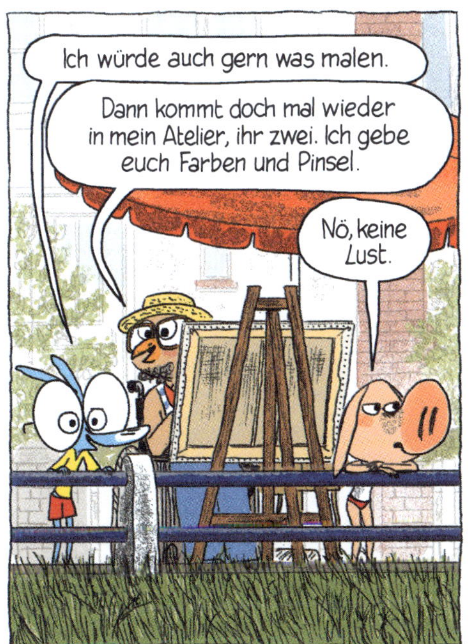
Ich würde auch gern was malen.
Dann kommt doch mal wieder in mein Atelier, ihr zwei. Ich gebe euch Farben und Pinsel.
Nö, keine Lust.

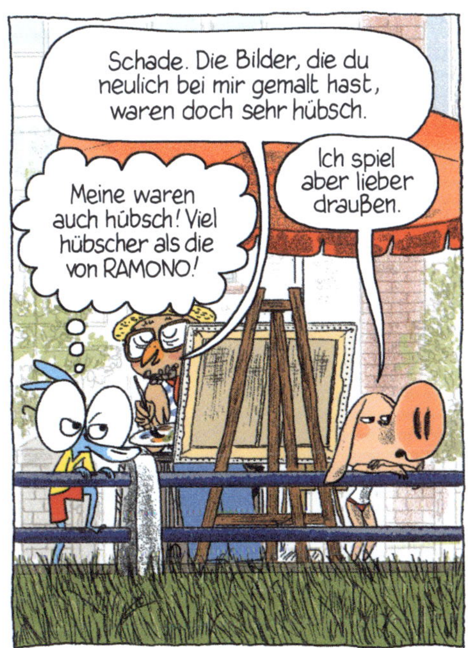
Schade. Die Bilder, die du neulich bei mir gemalt hast, waren doch sehr hübsch.
Meine waren auch hübsch! Viel hübscher als die von RAMONO!
Ich spiel aber lieber draußen.

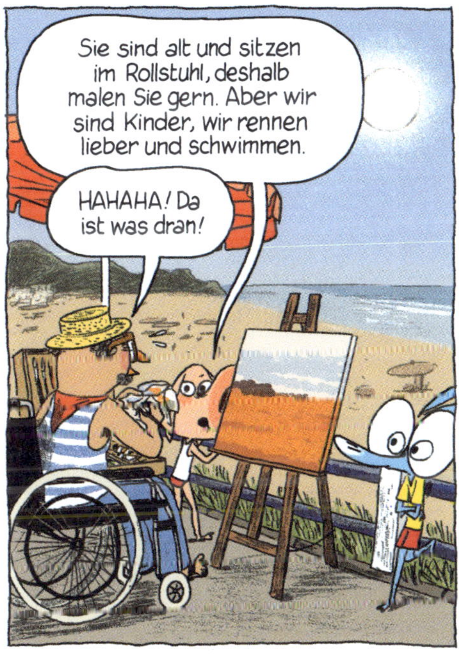
Sie sind alt und sitzen im Rollstuhl, deshalb malen Sie gern. Aber wir sind Kinder, wir rennen lieber und schwimmen.
HAHAHA! Da ist was dran!

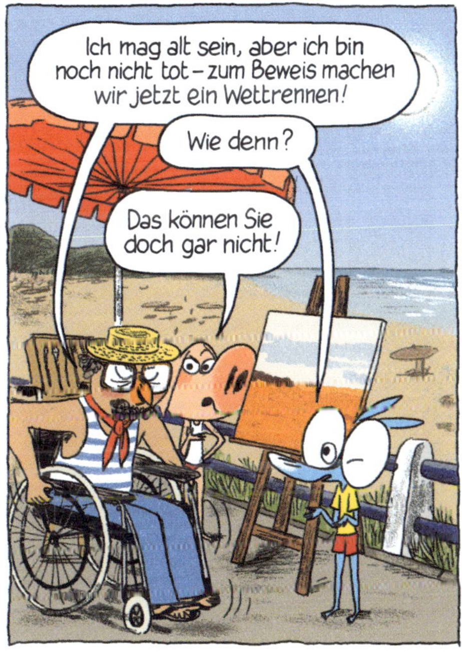
Ich mag alt sein, aber ich bin noch nicht tot – zum Beweis machen wir jetzt ein Wettrennen!
Wie denn?
Das können Sie doch gar nicht!

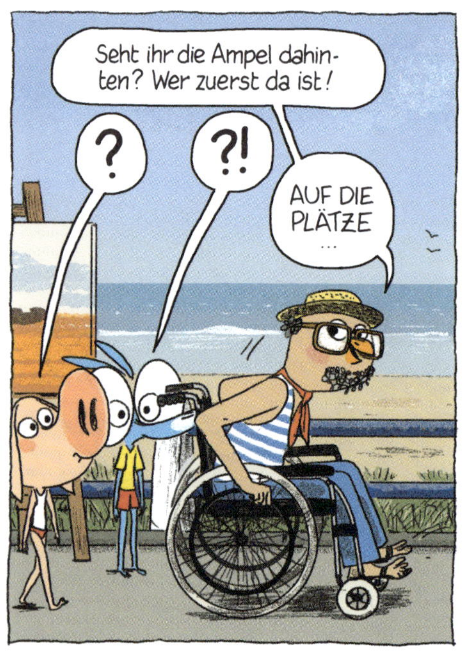
Seht ihr die Ampel dahinten? Wer zuerst da ist!
?
?!
AUF DIE PLÄTZE …

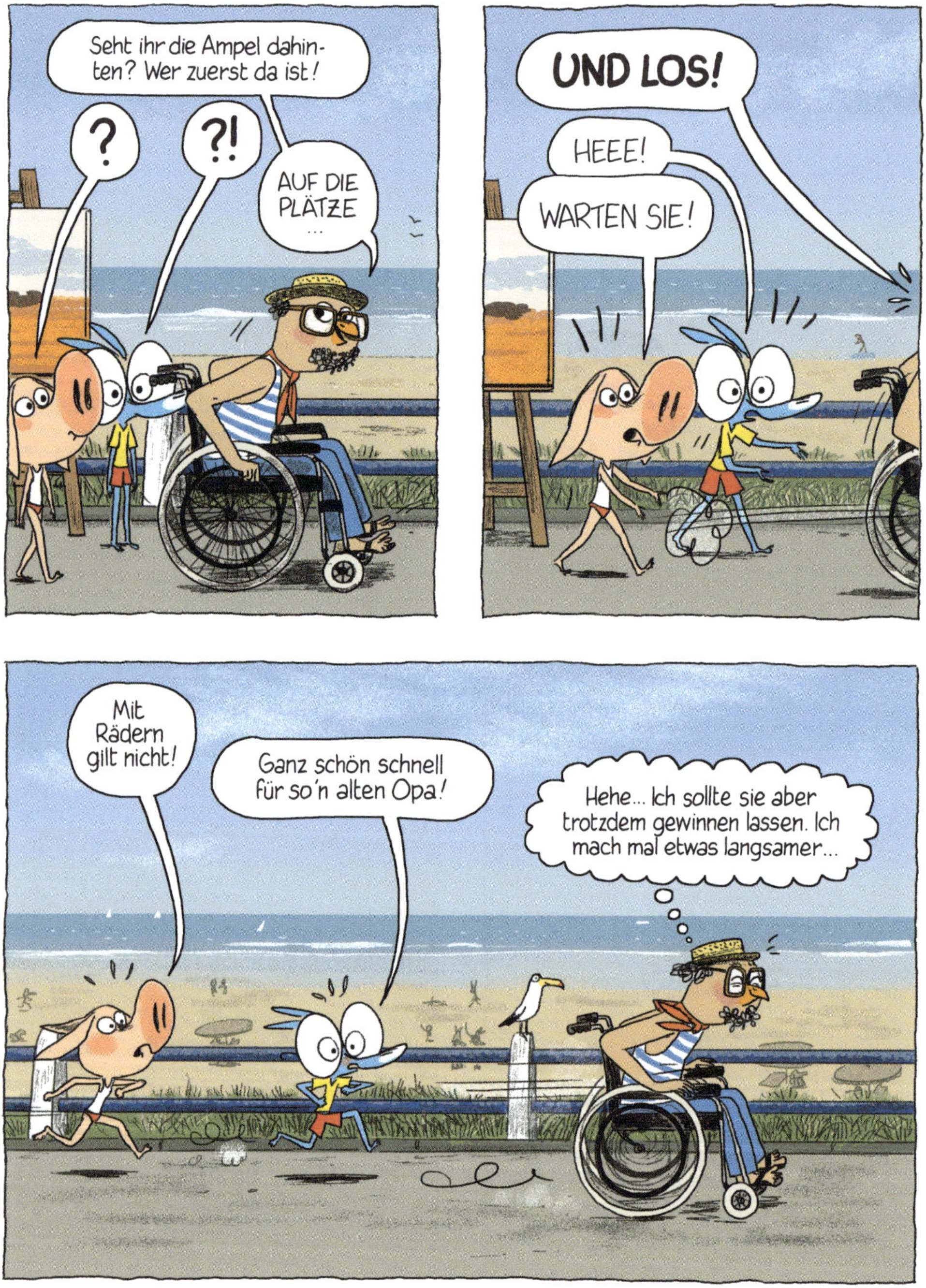

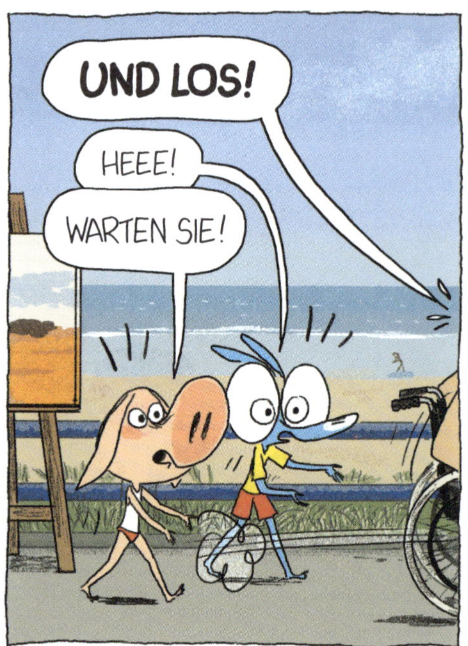
UND LOS!
HEEE!
WARTEN SIE!

Mit Rädern gilt nicht!
Ganz schön schnell für so'n alten Opa!
Hehe… Ich sollte sie aber trotzdem gewinnen lassen. Ich mach mal etwas langsamer…

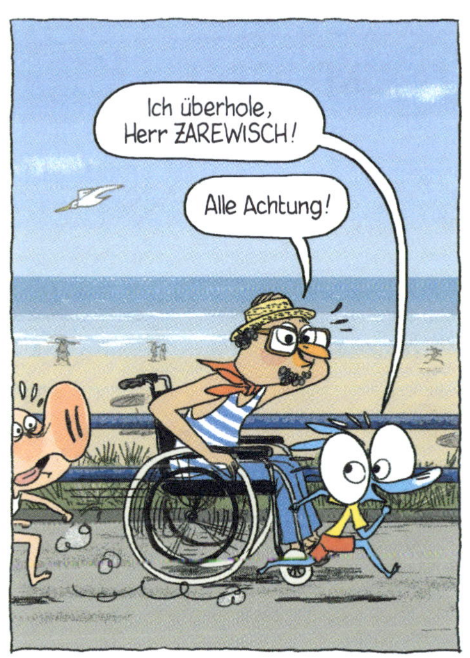
Ich überhole,
Herr ZAREWISCH!
Alle Achtung!

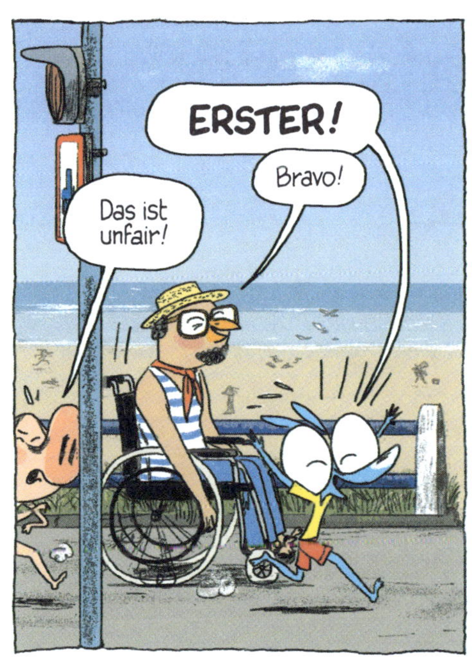
ERSTER!
Bravo!
Das ist
unfair!

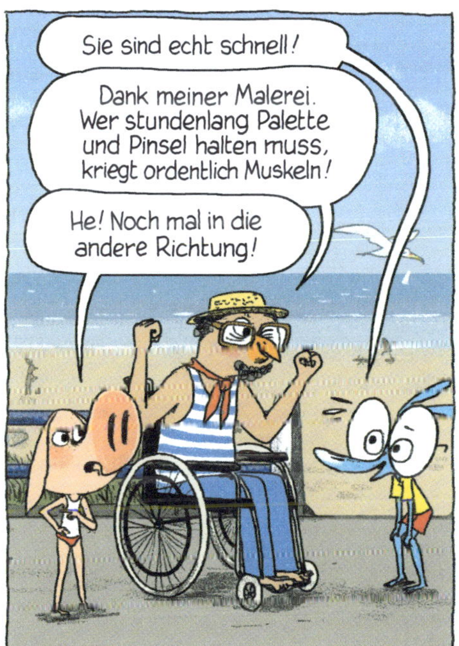
Sie sind echt schnell!
Dank meiner Malerei.
Wer stundenlang Palette
und Pinsel halten muss,
kriegt ordentlich Muskeln!
He! Noch mal in die
andere Richtung!

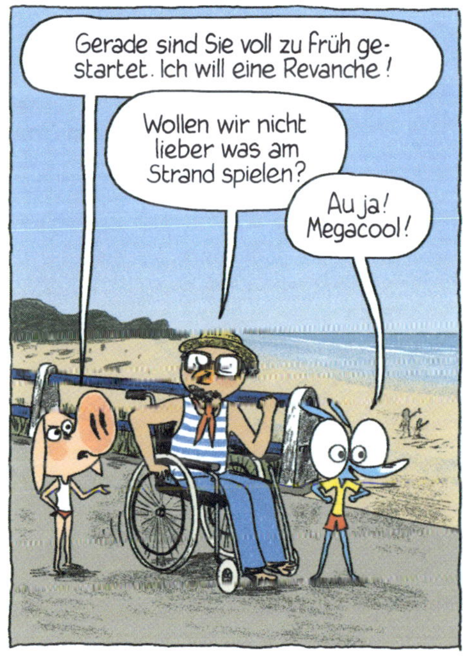
Gerade sind Sie voll zu früh ge-
startet. Ich will eine Revanche!
Wollen wir nicht
lieber was am
Strand spielen?
Au ja!
Megacool!

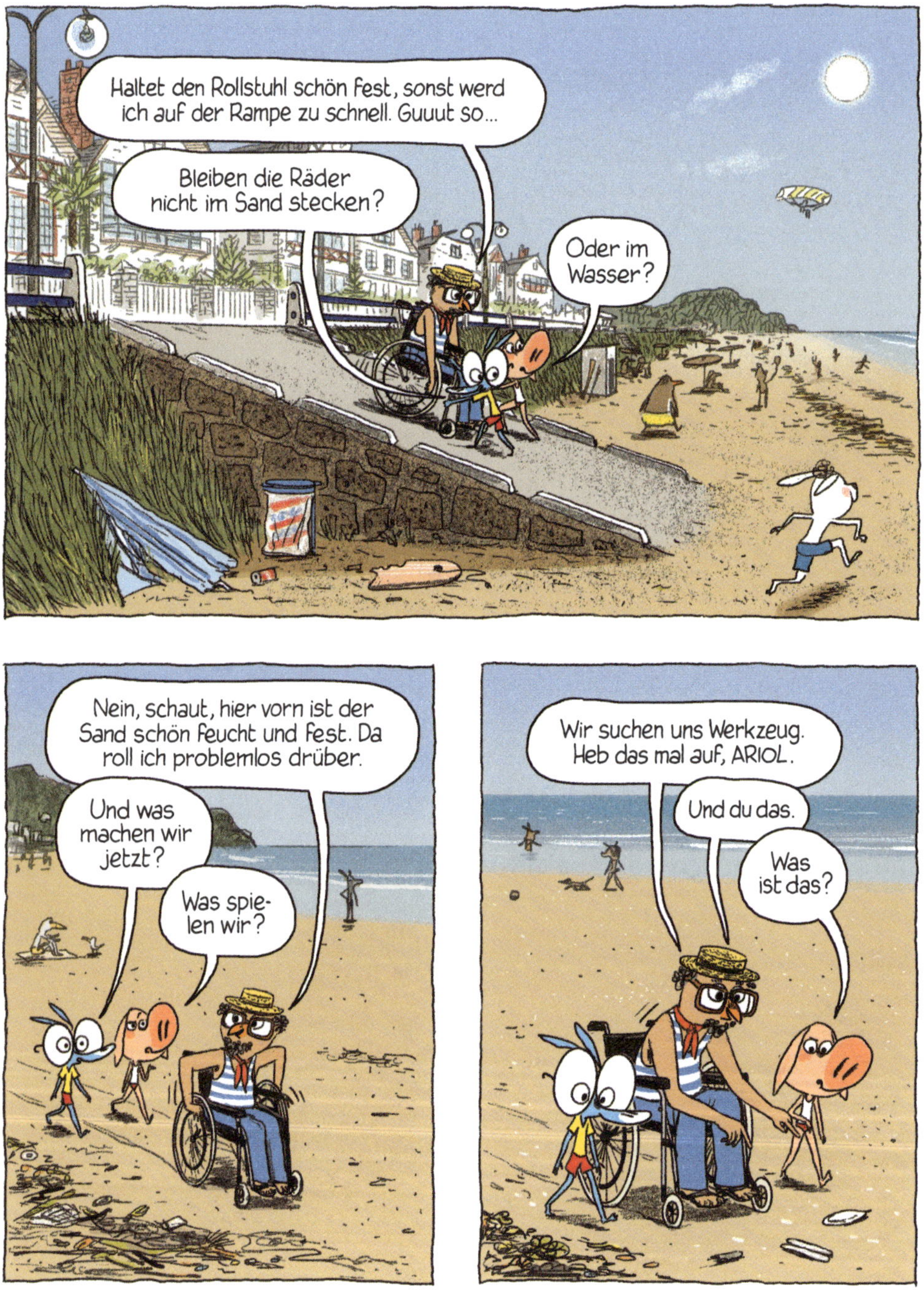

Haltet den Rollstuhl schön fest, sonst werd ich auf der Rampe zu schnell. Guuut so...
Bleiben die Räder nicht im Sand stecken?
Oder im Wasser?

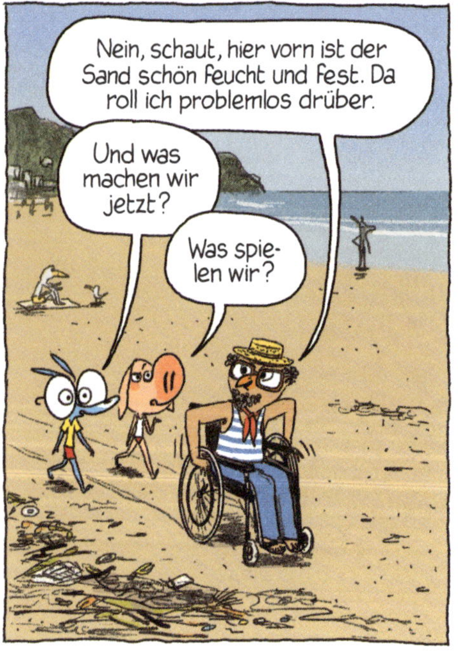
Nein, schaut, hier vorn ist der Sand schön feucht und fest. Da roll ich problemlos drüber.
Und was machen wir jetzt?
Was spielen wir?

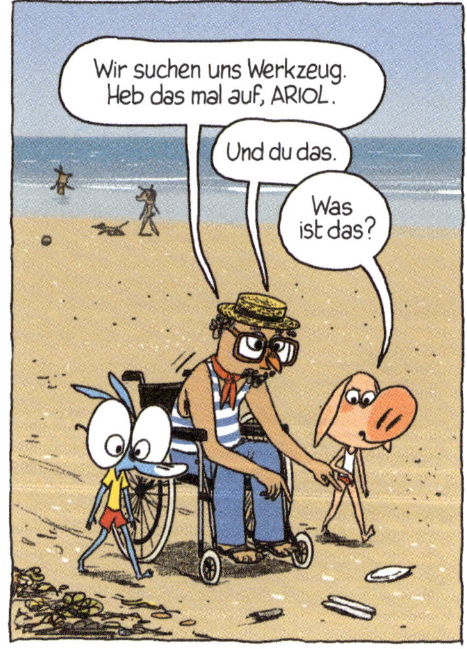
Wir suchen uns Werkzeug. Heb das mal auf, ARIOL.
Und du das.
Was ist das?

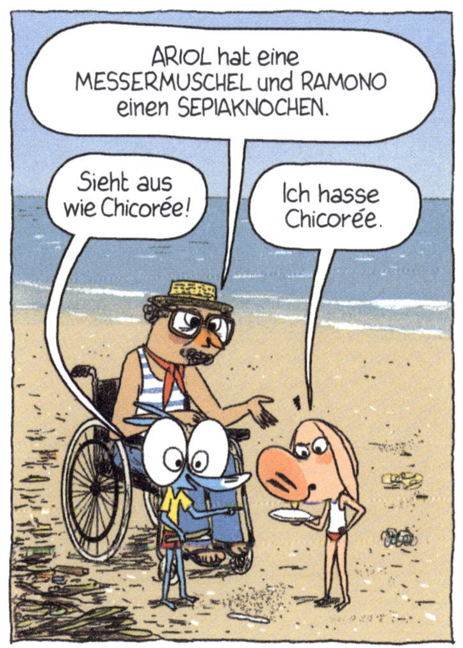
ARIOL hat eine MESSERMUSCHEL und RAMONO einen SEPIAKNOCHEN.
Sieht aus wie Chicorée!
Ich hasse Chicorée.

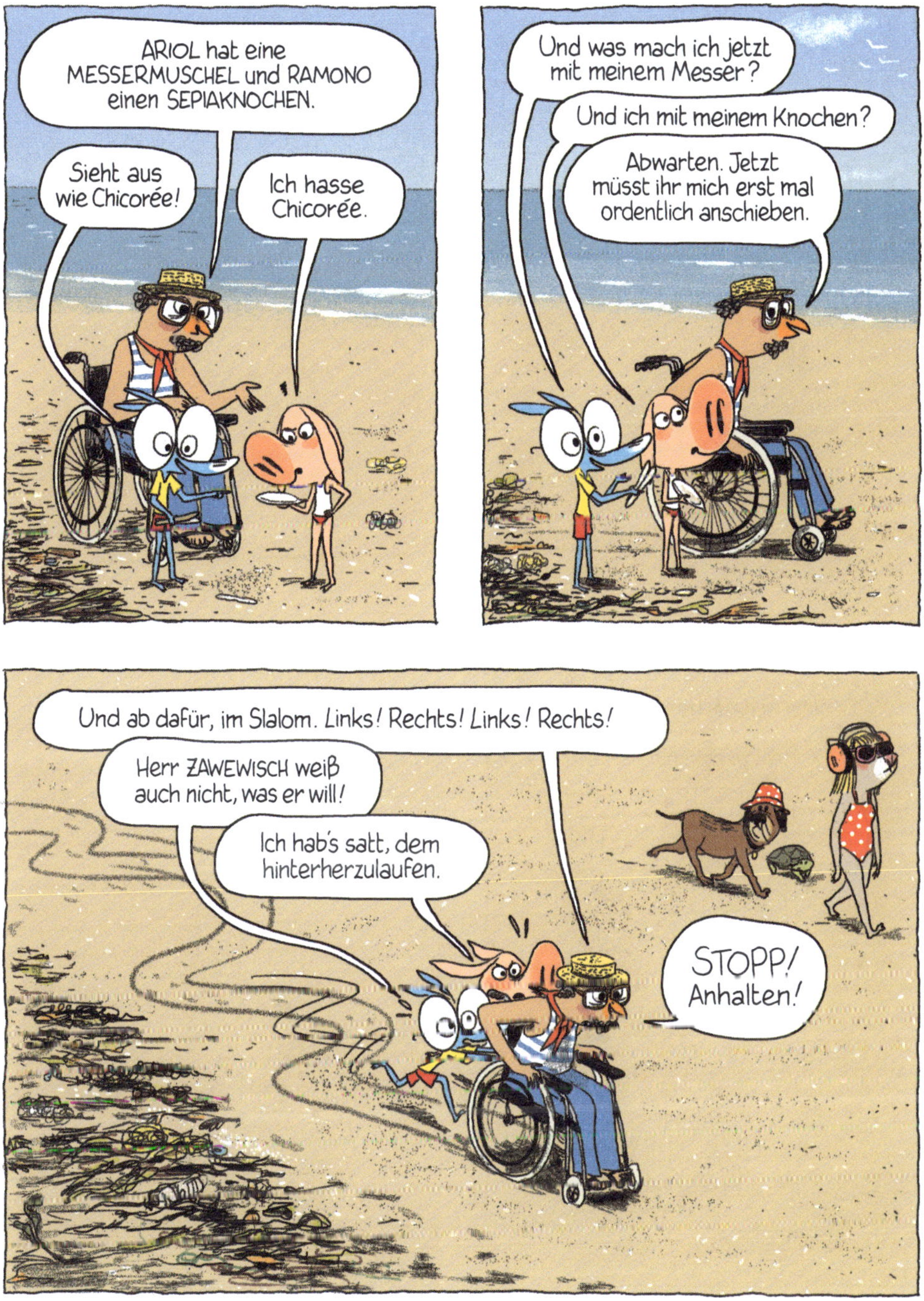

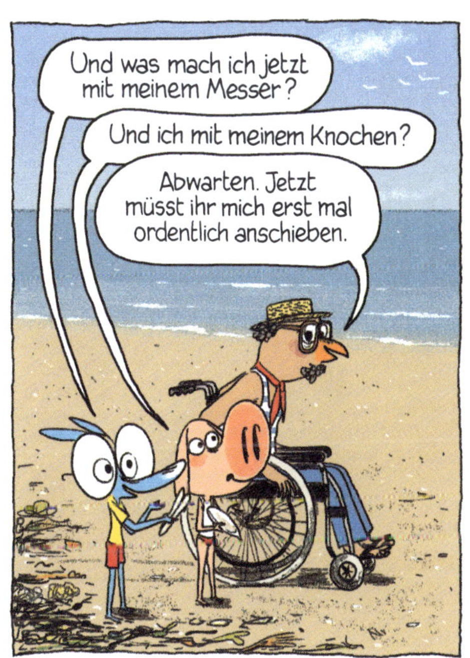
Und was mach ich jetzt mit meinem Messer?
Und ich mit meinem Knochen?
Abwarten. Jetzt müsst ihr mich erst mal ordentlich anschieben.

Und ab dafür, im Slalom. Links! Rechts! Links! Rechts!
Herr ZAWEWISCH weiß auch nicht, was er will!
Ich hab's satt, dem hinterherzulaufen.
STOPP! Anhalten!

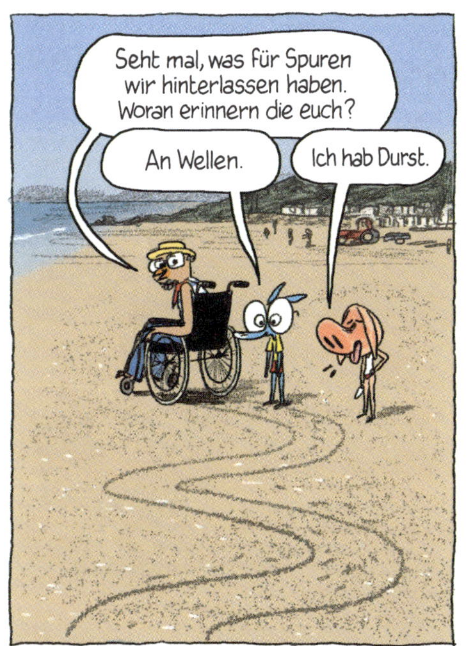

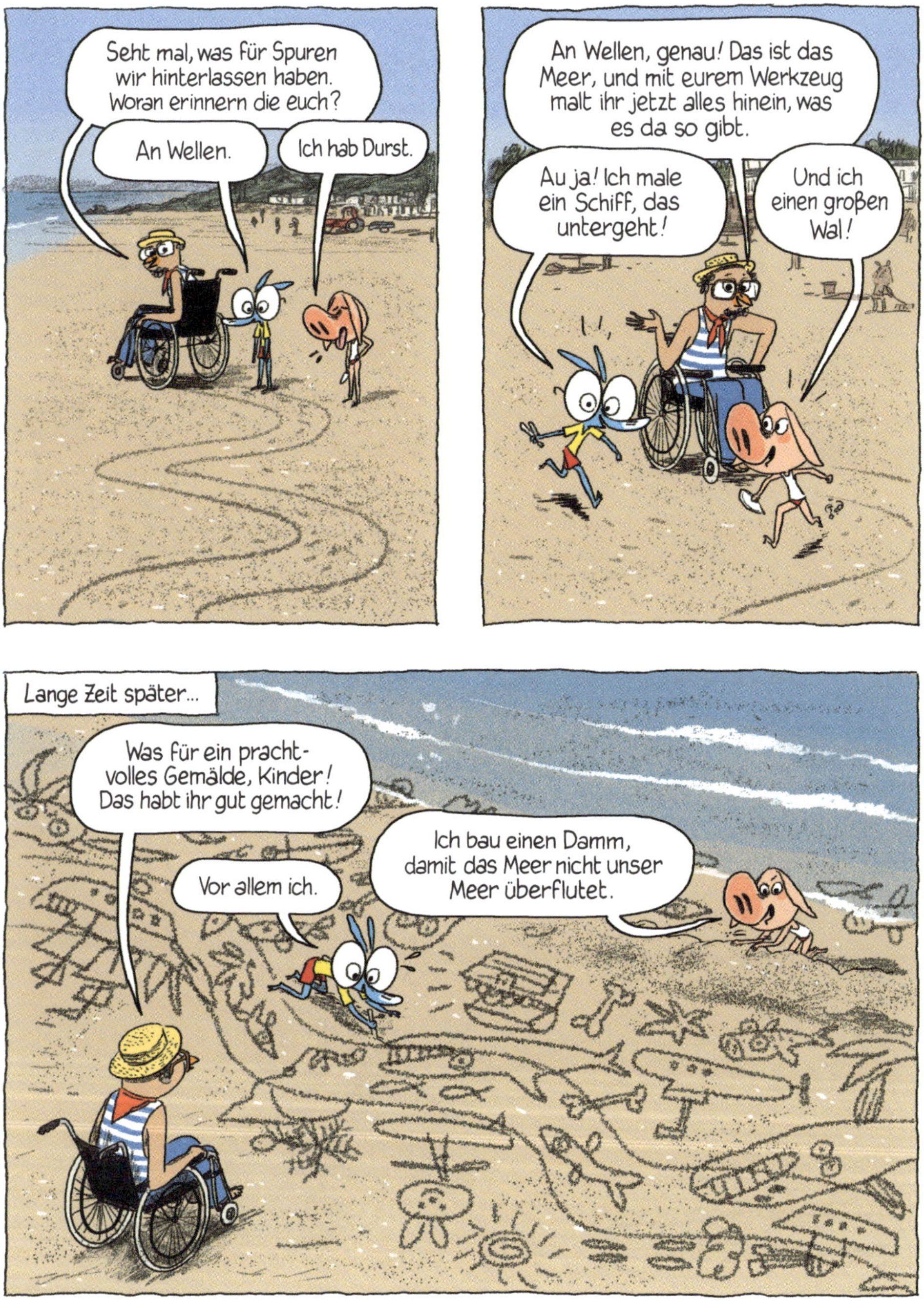

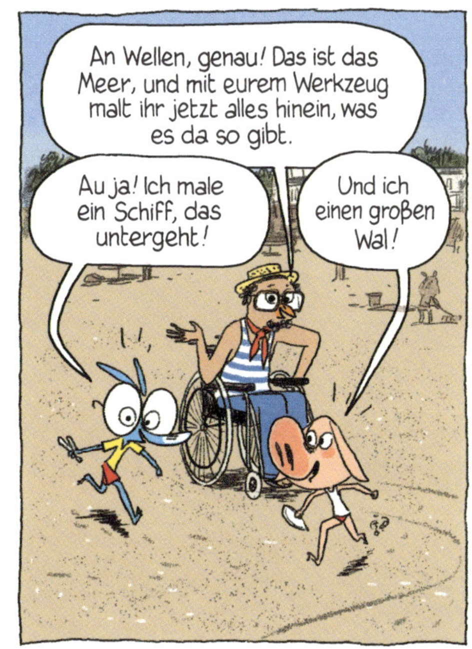

Lange Zeit später...

Was für ein prachtvolles Gemälde, Kinder! Das habt ihr gut gemacht!

Vor allem ich.

Ich bau einen Damm, damit das Meer nicht unser Meer überflutet.

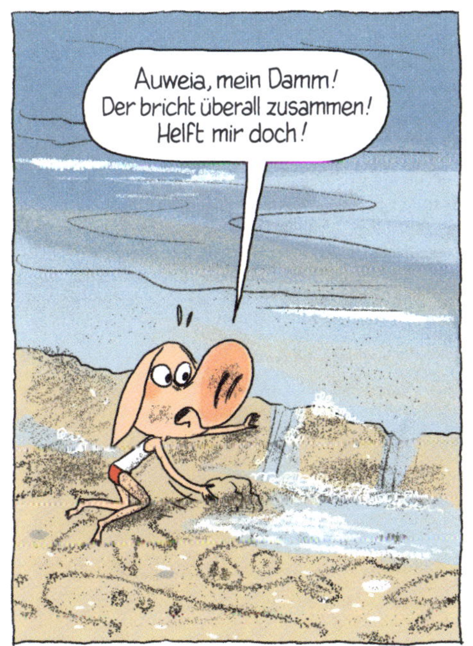

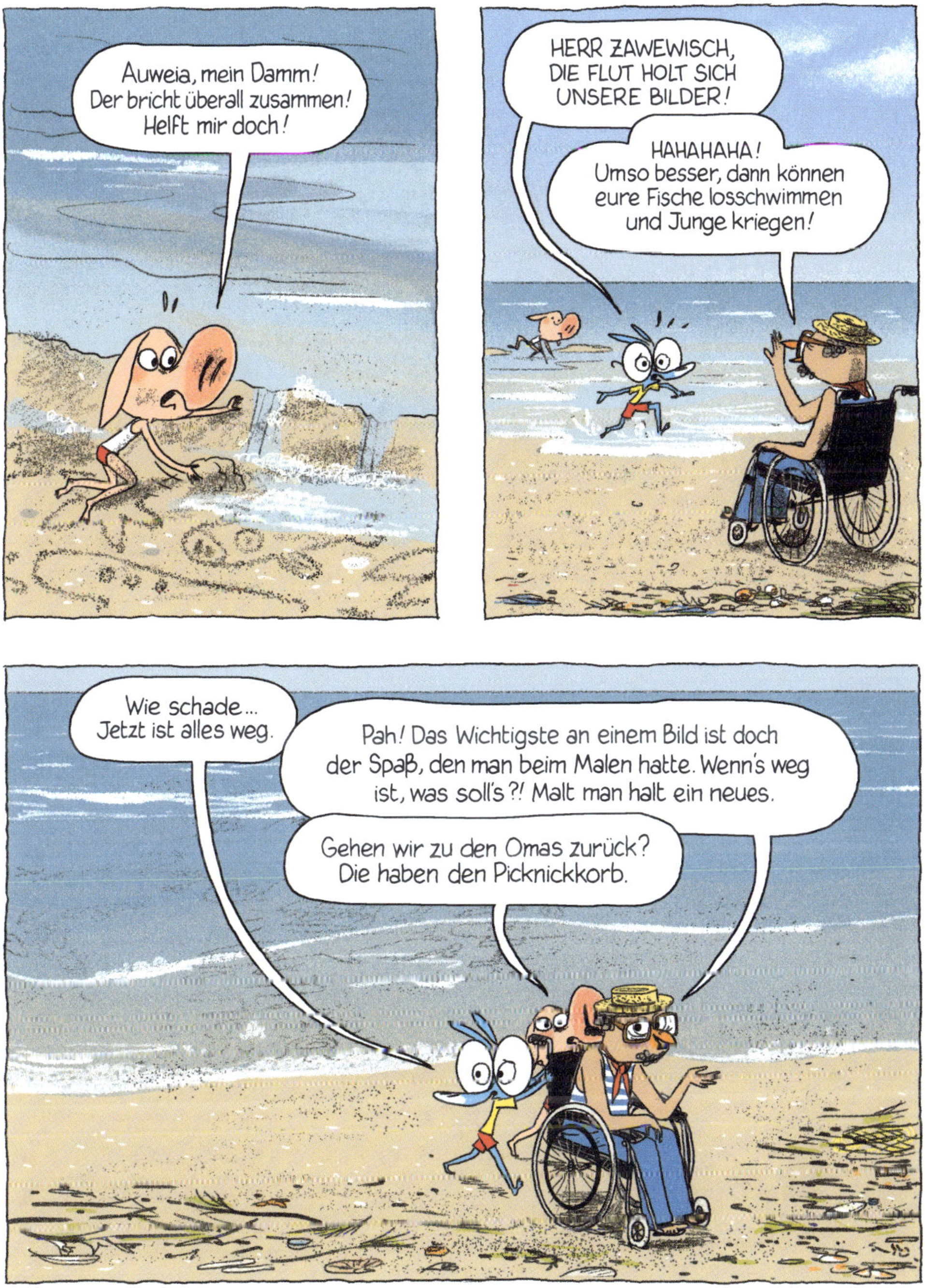

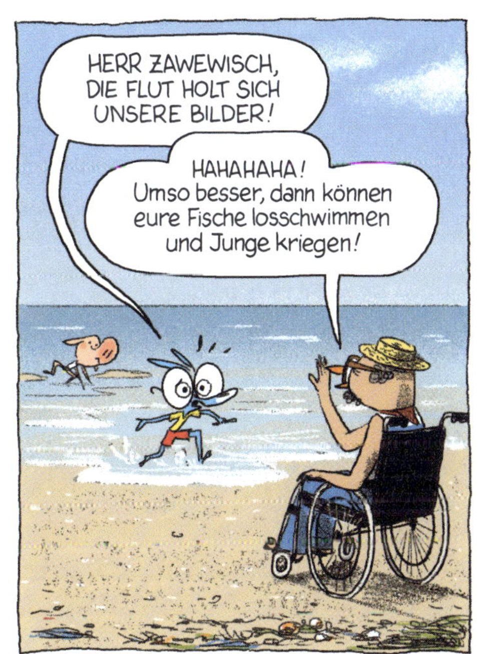

Wie schade... Jetzt ist alles weg.

Pah! Das Wichtigste an einem Bild ist doch der Spaß, den man beim Malen hatte. Wenn's weg ist, was soll's?! Malt man halt ein neues.

Gehen wir zu den Omas zurück? Die haben den Picknickkorb.

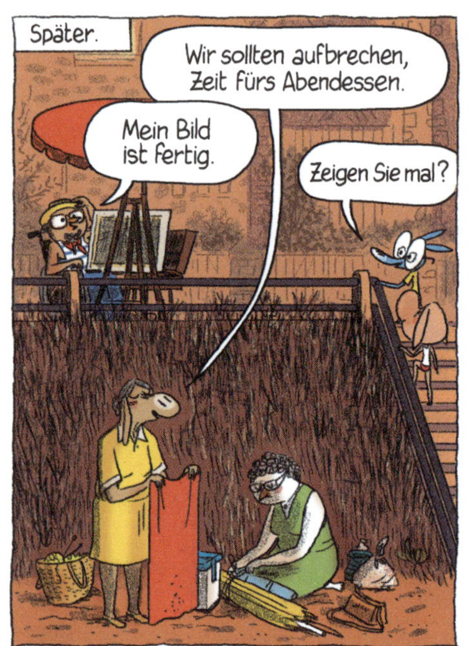
Später.
Wir sollten aufbrechen, Zeit fürs Abendessen.
Mein Bild ist fertig.
Zeigen Sie mal?

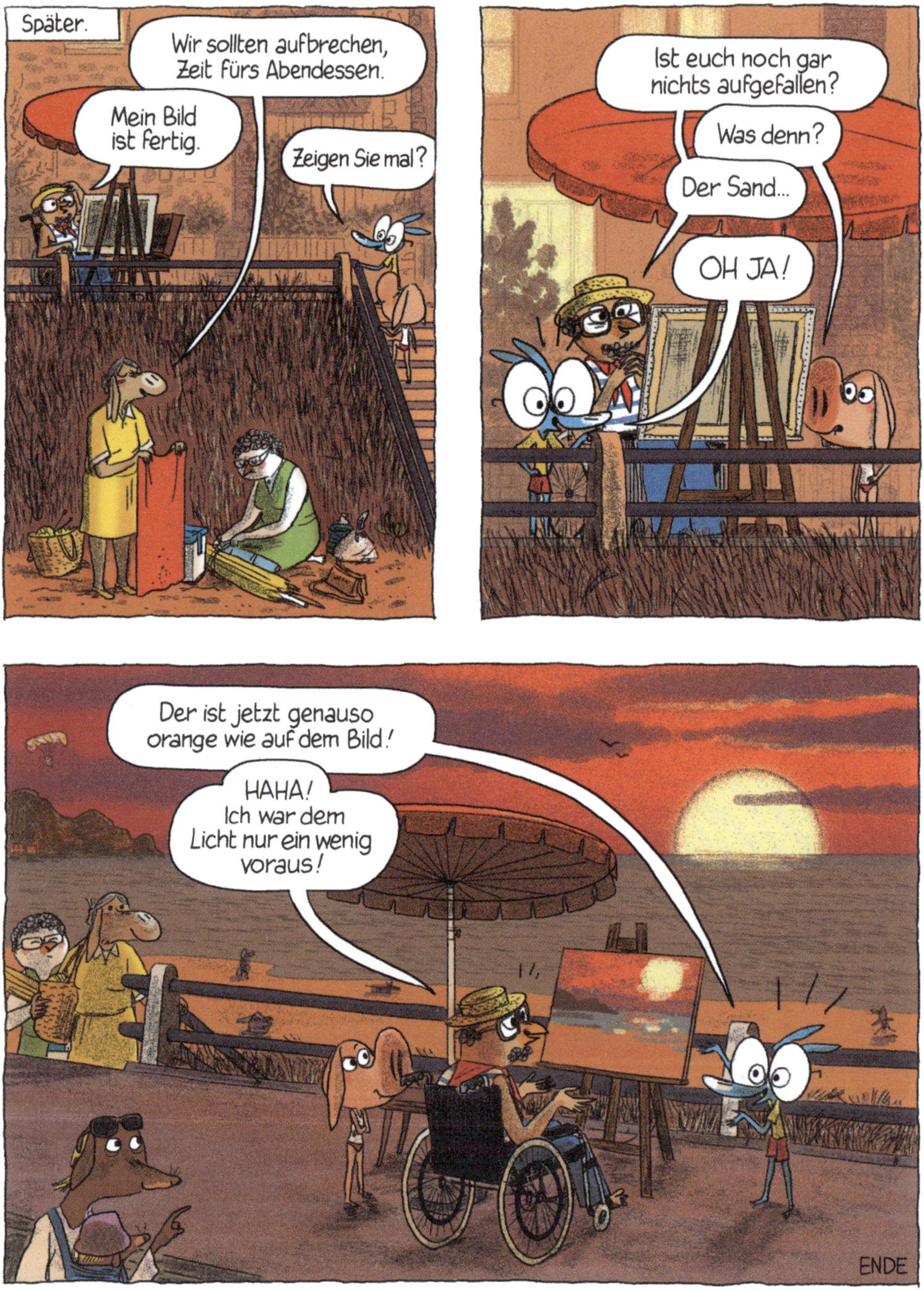

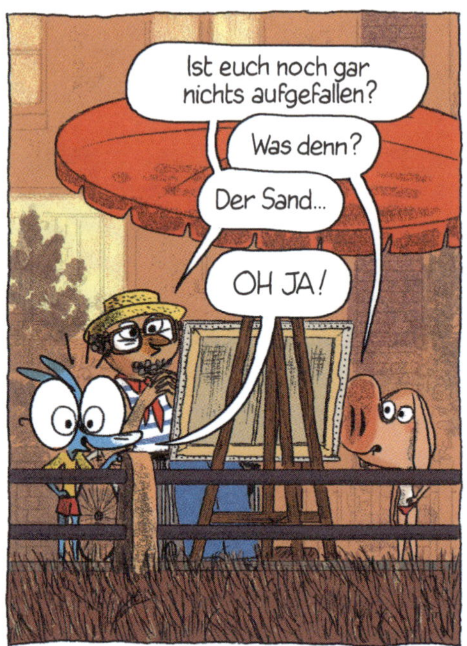
Ist euch noch gar nichts aufgefallen?
Was denn?
Der Sand...
OH JA!

Der ist jetzt genauso orange wie auf dem Bild!
HAHA! Ich war dem Licht nur ein wenig voraus!
ENDE

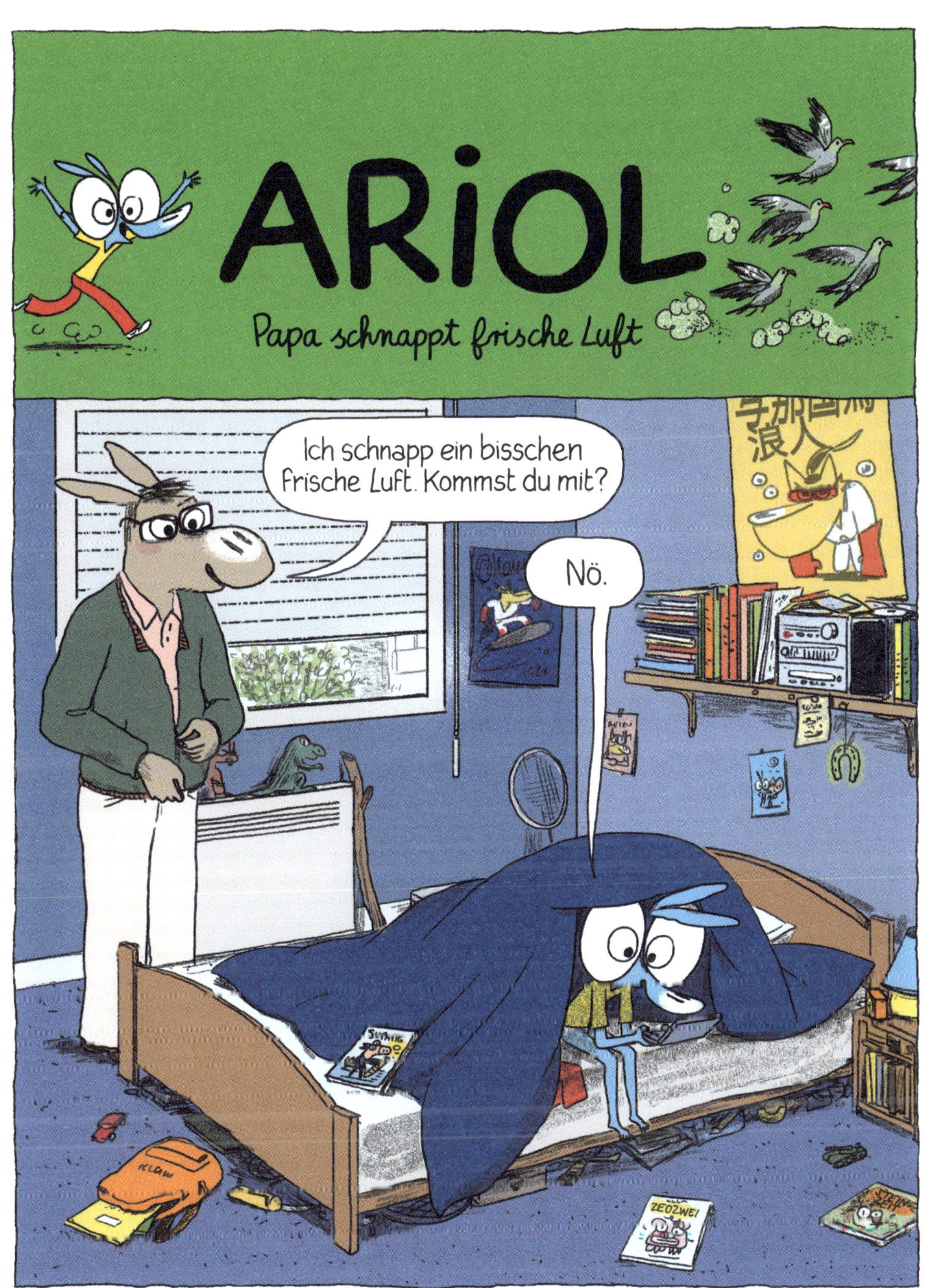
ARiOL
Papa schnappt frische Luft
Ich schnapp ein bisschen frische Luft. Kommst du mit?
Nö.

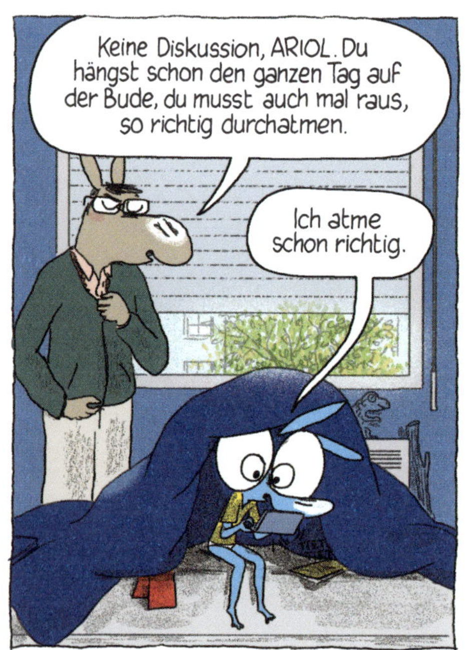
Keine Diskussion, ARIOL. Du hängst schon den ganzen Tag auf der Bude, du musst auch mal raus, so richtig durchatmen.
Ich atme schon richtig.

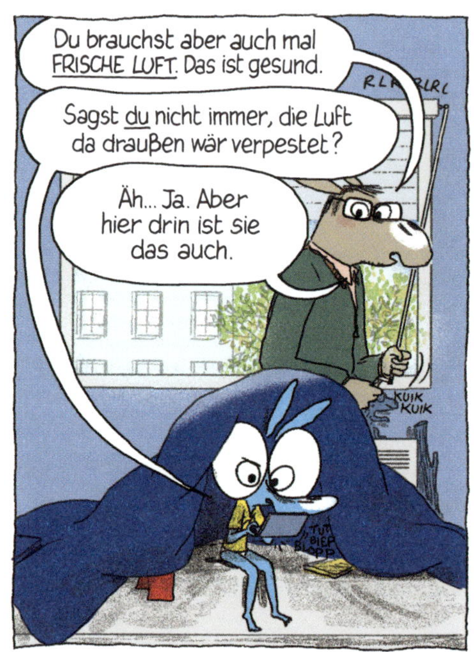
Du brauchst aber auch mal FRISCHE LUFT. Das ist gesund.
Sagst du nicht immer, die Luft da draußen wär verpestet?
Äh... Ja. Aber hier drin ist sie das auch.
KUIK KUIK

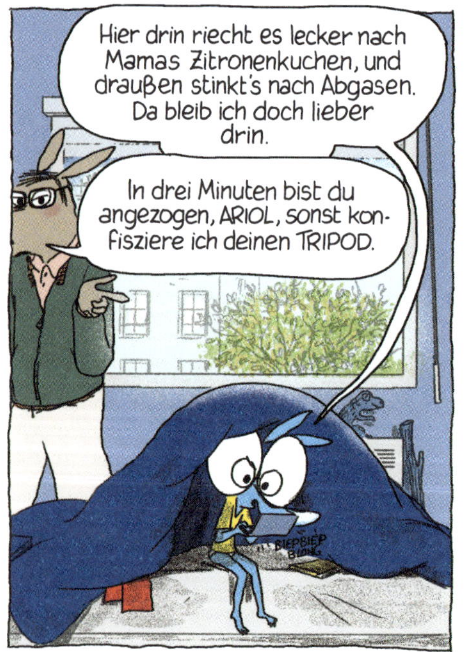
Hier drin riecht es lecker nach Mamas Zitronenkuchen, und draußen stinkt's nach Abgasen. Da bleib ich doch lieber drin.
In drei Minuten bist du angezogen, ARIOL, sonst konfisziere ich deinen TRIPOD.

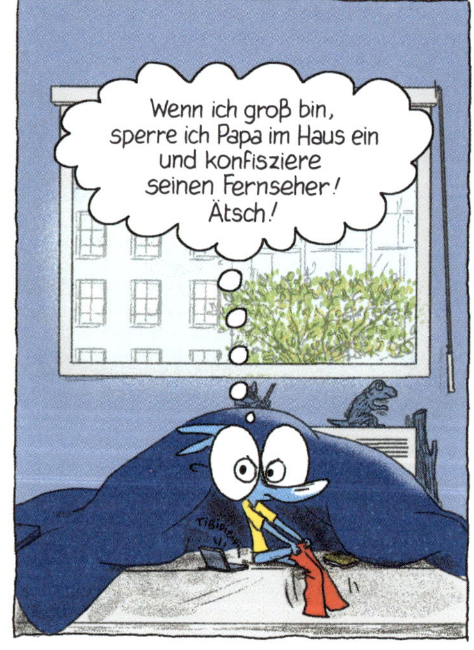
Wenn ich groß bin, sperre ich Papa im Haus ein und konfisziere seinen Fernseher! Ätsch!

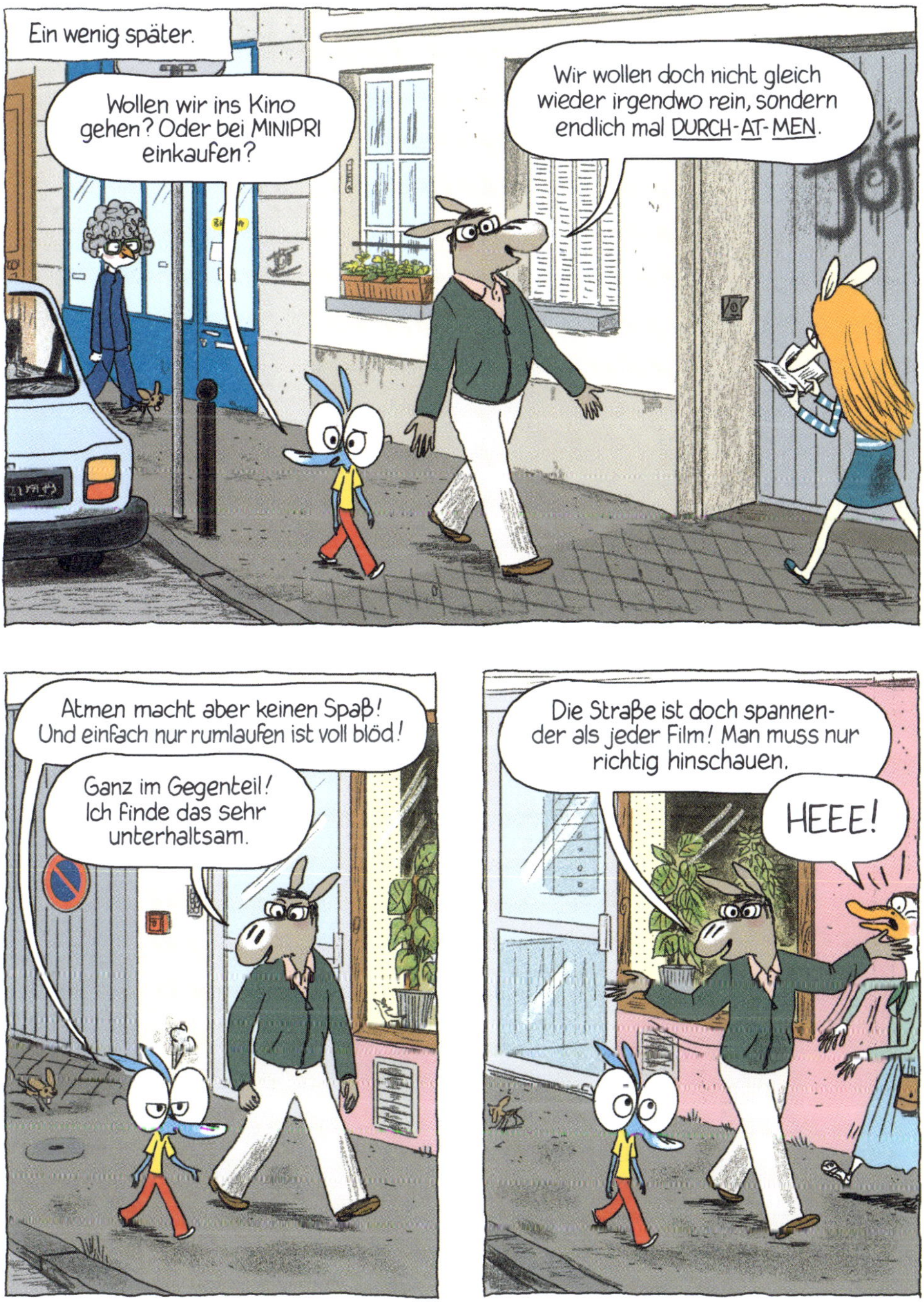

Ein wenig später.

Wollen wir ins Kino gehen? Oder bei MINIPRI einkaufen?

Wir wollen doch nicht gleich wieder irgendwo rein, sondern endlich mal DURCH-AT-MEN.

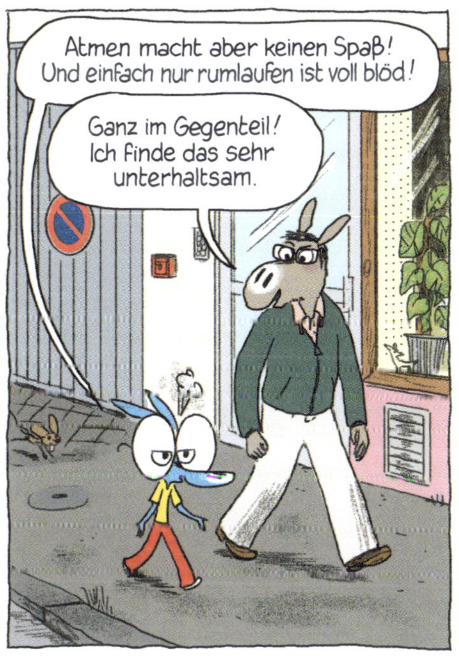

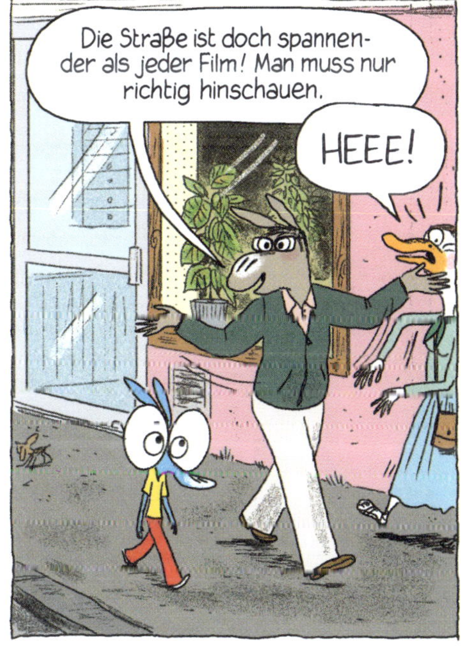

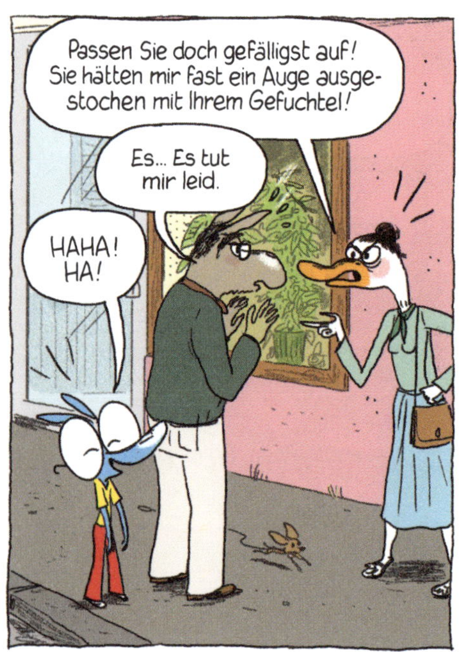
Passen Sie doch gefälligst auf! Sie hätten mir fast ein Auge ausgestochen mit Ihrem Gefuchtel!
Es... Es tut mir leid.
HAHA! HA!

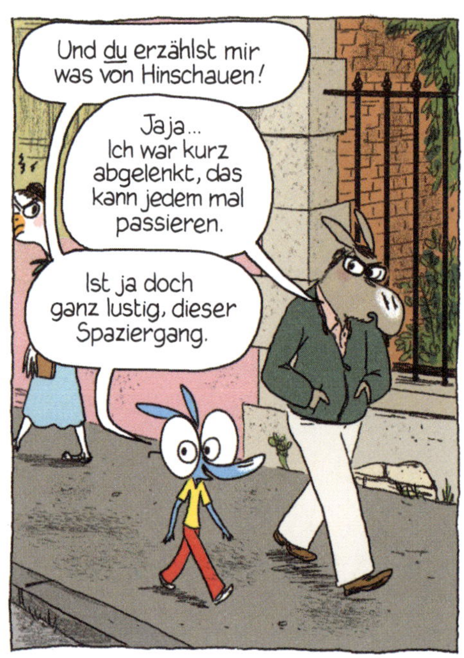
Und du erzählst mir was von Hinschauen!
Jaja... Ich war kurz abgelenkt, das kann jedem mal passieren.
Ist ja doch ganz lustig, dieser Spaziergang.

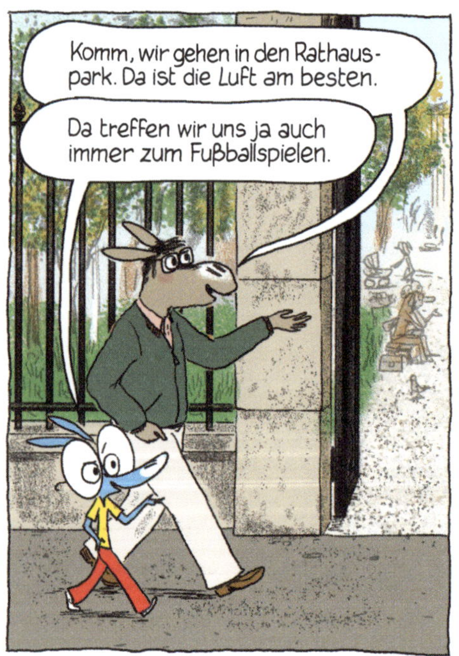
Komm, wir gehen in den Rathauspark. Da ist die Luft am besten.
Da treffen wir uns ja auch immer zum Fußballspielen.

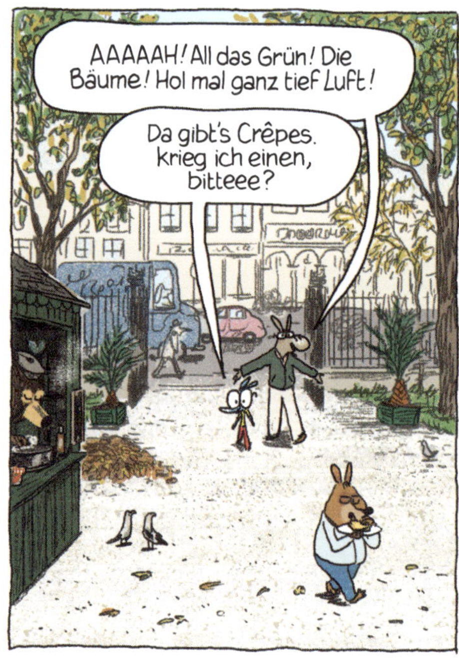
AAAAAH! All das Grün! Die Bäume! Hol mal ganz tief Luft!
Da gibt's Crêpes. Krieg ich einen, bitteee?

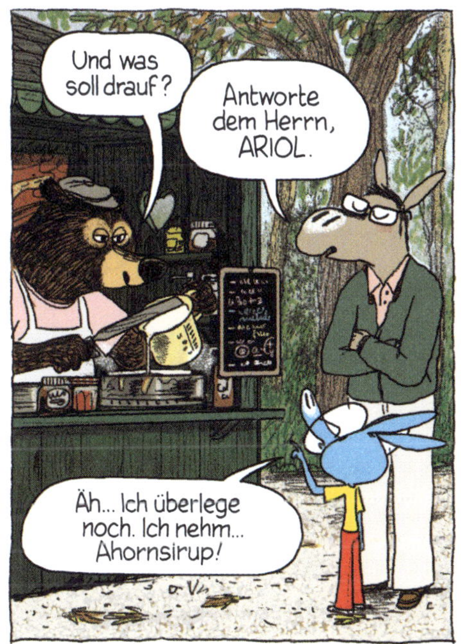
Und was soll drauf?
Antworte dem Herrn, ARIOL.
Äh... Ich überlege noch. Ich nehm... Ahornsirup!

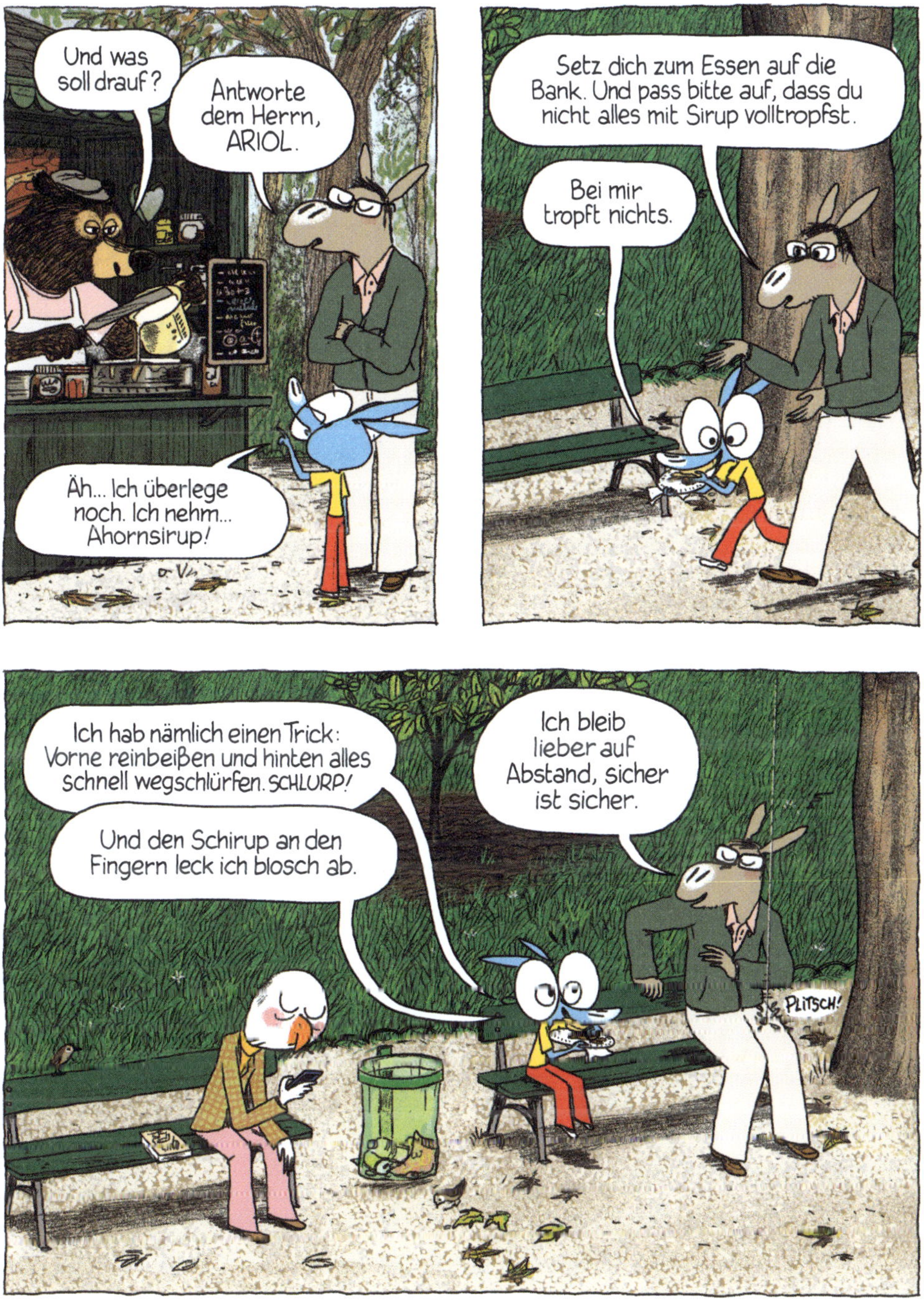

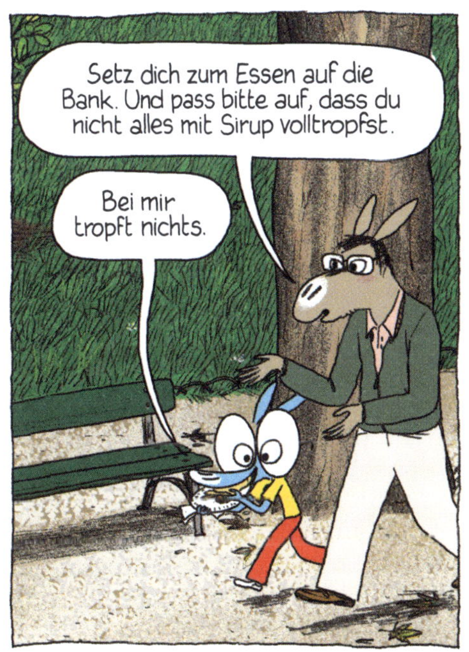
Setz dich zum Essen auf die Bank. Und pass bitte auf, dass du nicht alles mit Sirup volltropfst.
Bei mir tropft nichts.

Ich hab nämlich einen Trick: Vorne reinbeißen und hinten alles schnell wegschlürfen. SCHLURP!
Und den Schirup an den Fingern leck ich blosch ab.
Ich bleib lieber auf Abstand, sicher ist sicher.
PLITSCH!

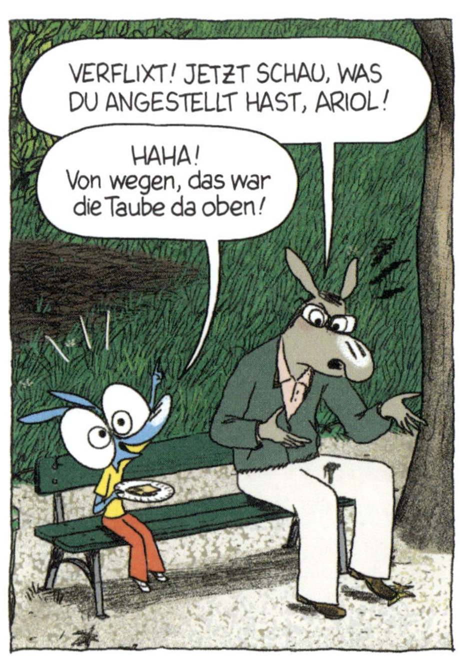
VERFLIXT! JETZT SCHAU, WAS DU ANGESTELLT HAST, ARIOL!
HAHA! Von wegen, das war die Taube da oben!

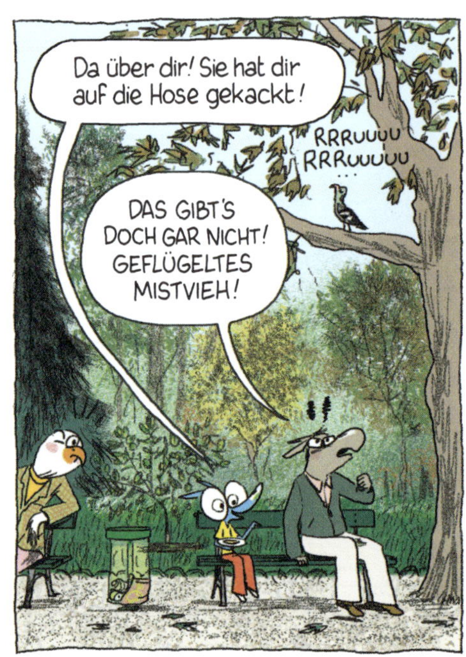
Da über dir! Sie hat dir auf die Hose gekackt!
RRRUUUU RRRUUUUU ...
DAS GIBT'S DOCH GAR NICHT! GEFLÜGELTES MISTVIEH!

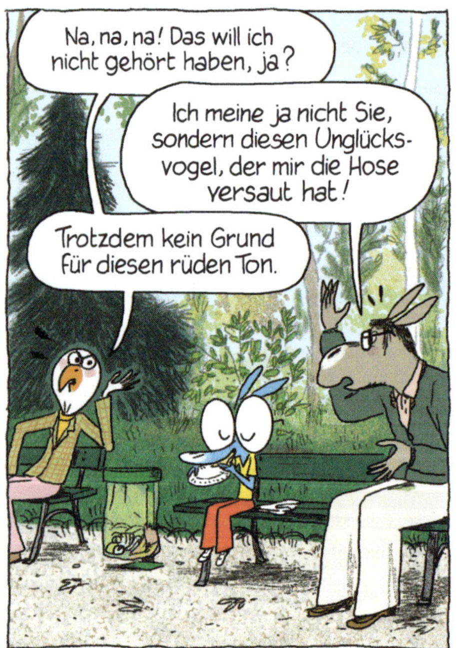
Na, na, na! Das will ich nicht gehört haben, ja?
Ich meine ja nicht Sie, sondern diesen Unglücks-vogel, der mir die Hose versaut hat!
Trotzdem kein Grund für diesen rüden Ton.

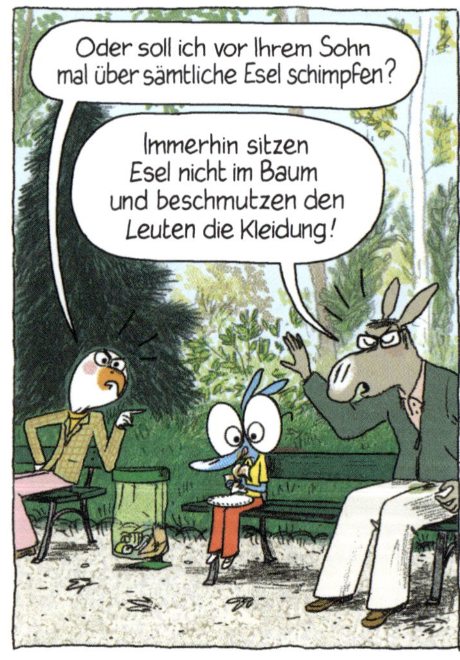
Oder soll ich vor Ihrem Sohn mal über sämtliche Esel schimpfen?
Immerhin sitzen Esel nicht im Baum und beschmutzen den Leuten die Kleidung!

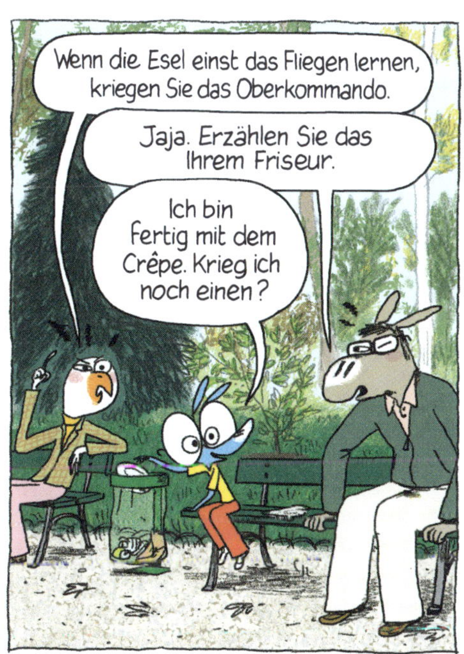
Wenn die Esel einst das Fliegen lernen, kriegen Sie das Oberkommando.
Jaja. Erzählen Sie das Ihrem Friseur.
Ich bin fertig mit dem Crêpe. Krieg ich noch einen?

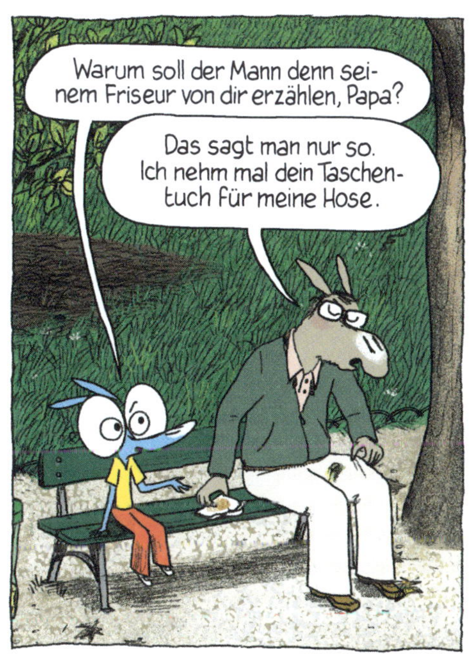
Warum soll der Mann denn seinem Friseur von dir erzählen, Papa?
Das sagt man nur so. Ich nehm mal dein Taschentuch für meine Hose.

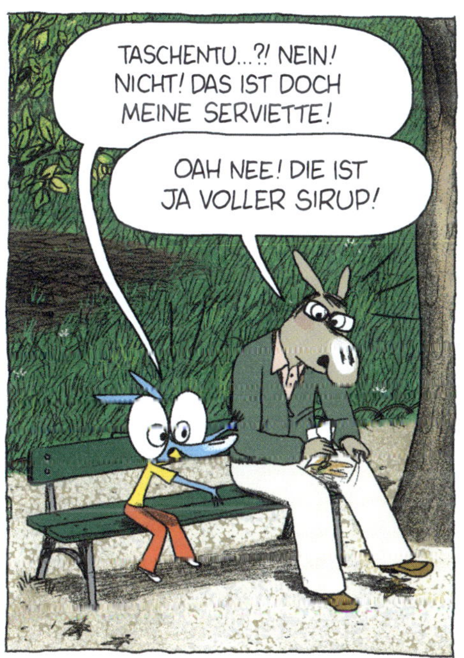
TASCHENTU...?! NEIN! NICHT! DAS IST DOCH MEINE SERVIETTE!
OAH NEE! DIE IST JA VOLLER SIRUP!

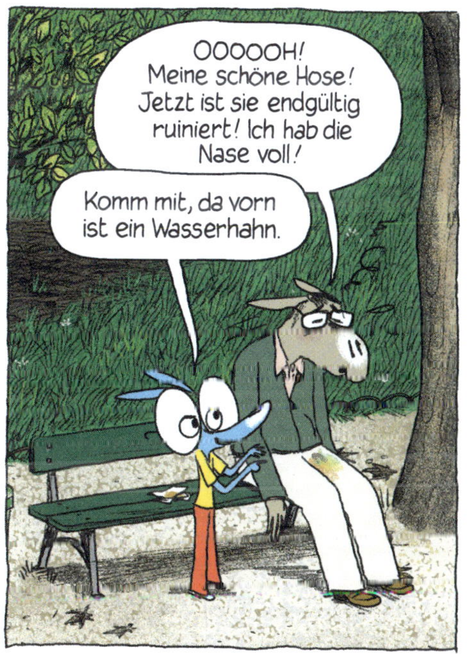
OOOOOH! Meine schöne Hose! Jetzt ist sie endgültig ruiniert! Ich hab die Nase voll!
Komm mit, da vorn ist ein Wasserhahn.

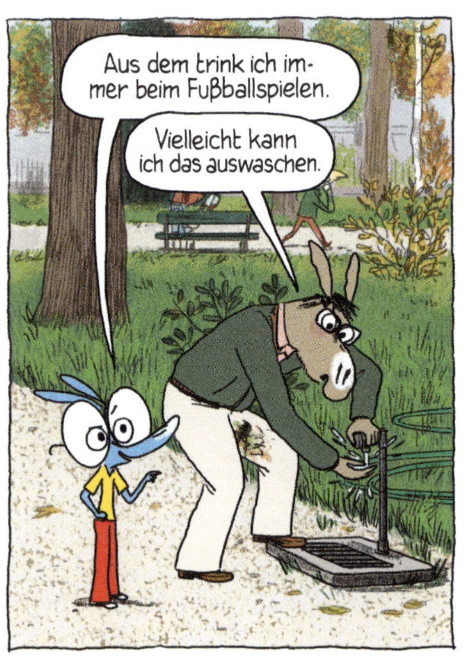
Aus dem trink ich immer beim Fußballspielen.
Vielleicht kann ich das auswaschen.

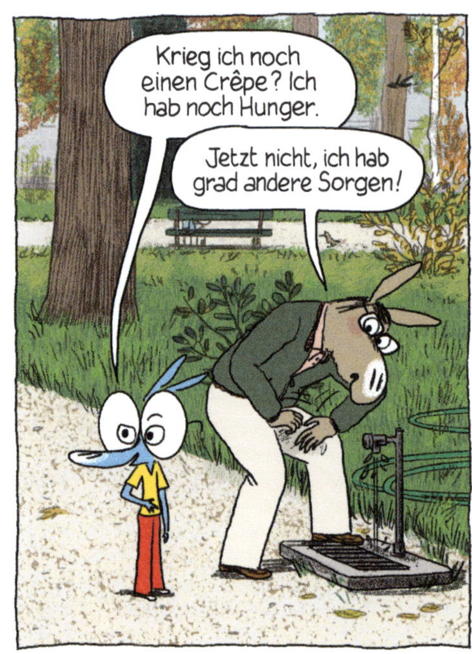
Krieg ich noch einen Crêpe? Ich hab noch Hunger.
Jetzt nicht, ich hab grad andere Sorgen!

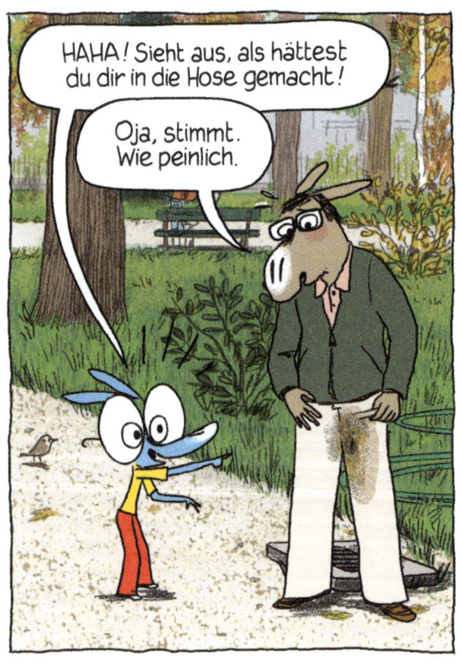
HAHA! Sieht aus, als hättest du dir in die Hose gemacht!
Oja, stimmt. Wie peinlich.

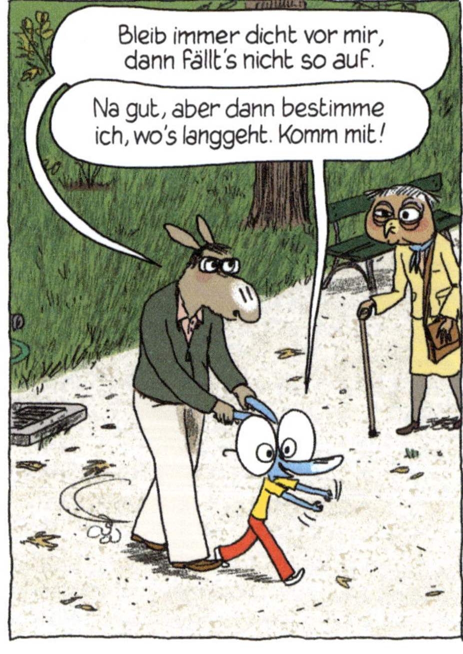
Bleib immer dicht vor mir, dann fällt's nicht so auf.
Na gut, aber dann bestimme ich, wo's langgeht. Komm mit!

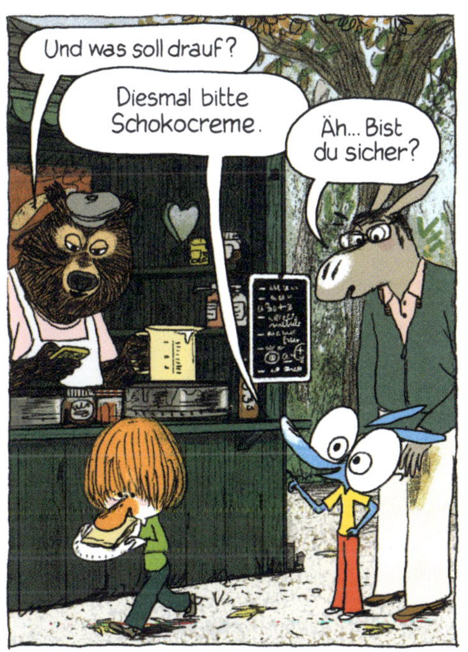
Und was soll drauf?
Diesmal bitte Schokocreme.
Äh... Bist du sicher?

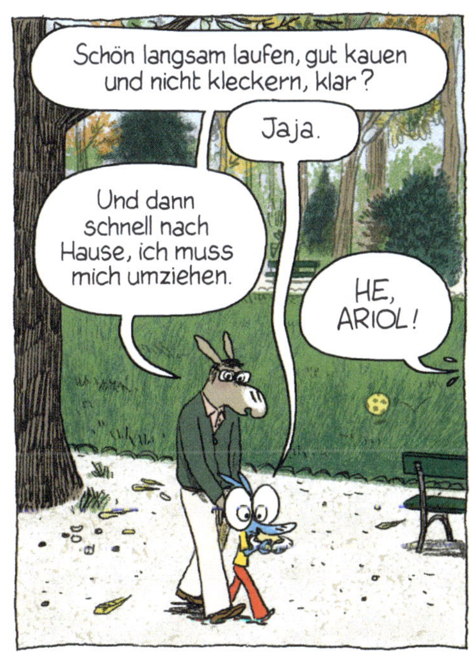
Schön langsam laufen, gut kauen und nicht kleckern, klar?
Jaja.
Und dann schnell nach Hause, ich muss mich umziehen.
HE, ARIOL!

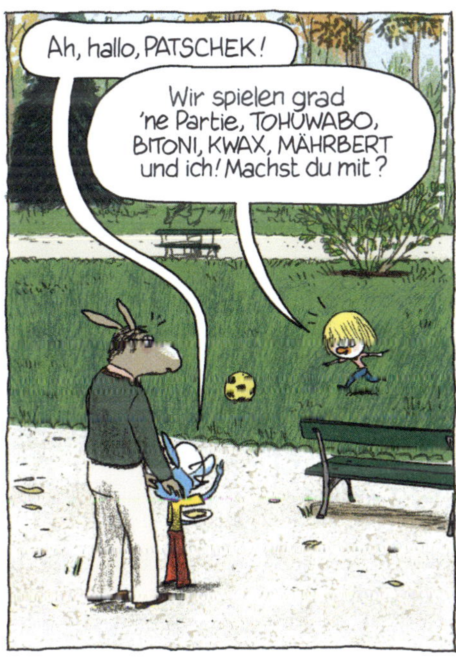
Ah, hallo, PATSCHEK!
Wir spielen grad 'ne Partie, TOHUWABO, BITONI, KWAX, MÄHRBERT und ich! Machst du mit?

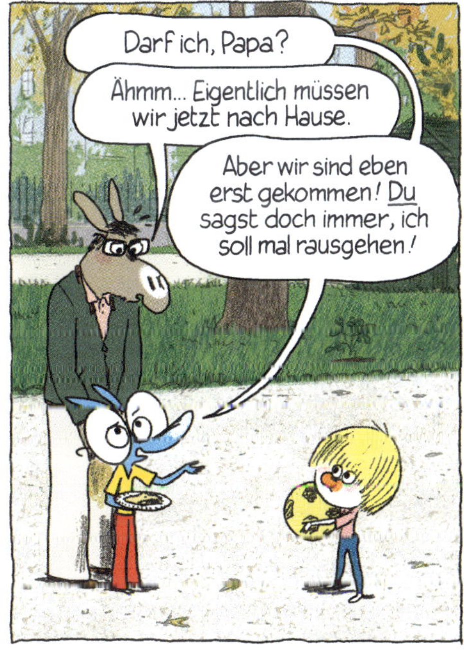
Darf ich, Papa?
Ähmm... Eigentlich müssen wir jetzt nach Hause.
Aber wir sind eben erst gekommen! Du sagst doch immer, ich soll mal rausgehen!

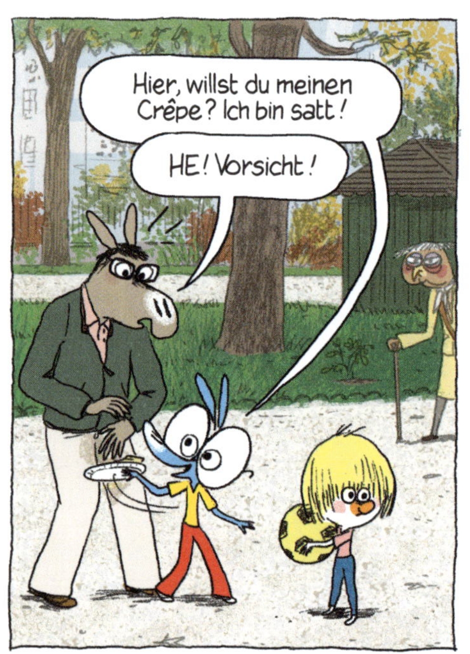
Hier, willst du meinen Crêpe? Ich bin satt!
HE! Vorsicht!

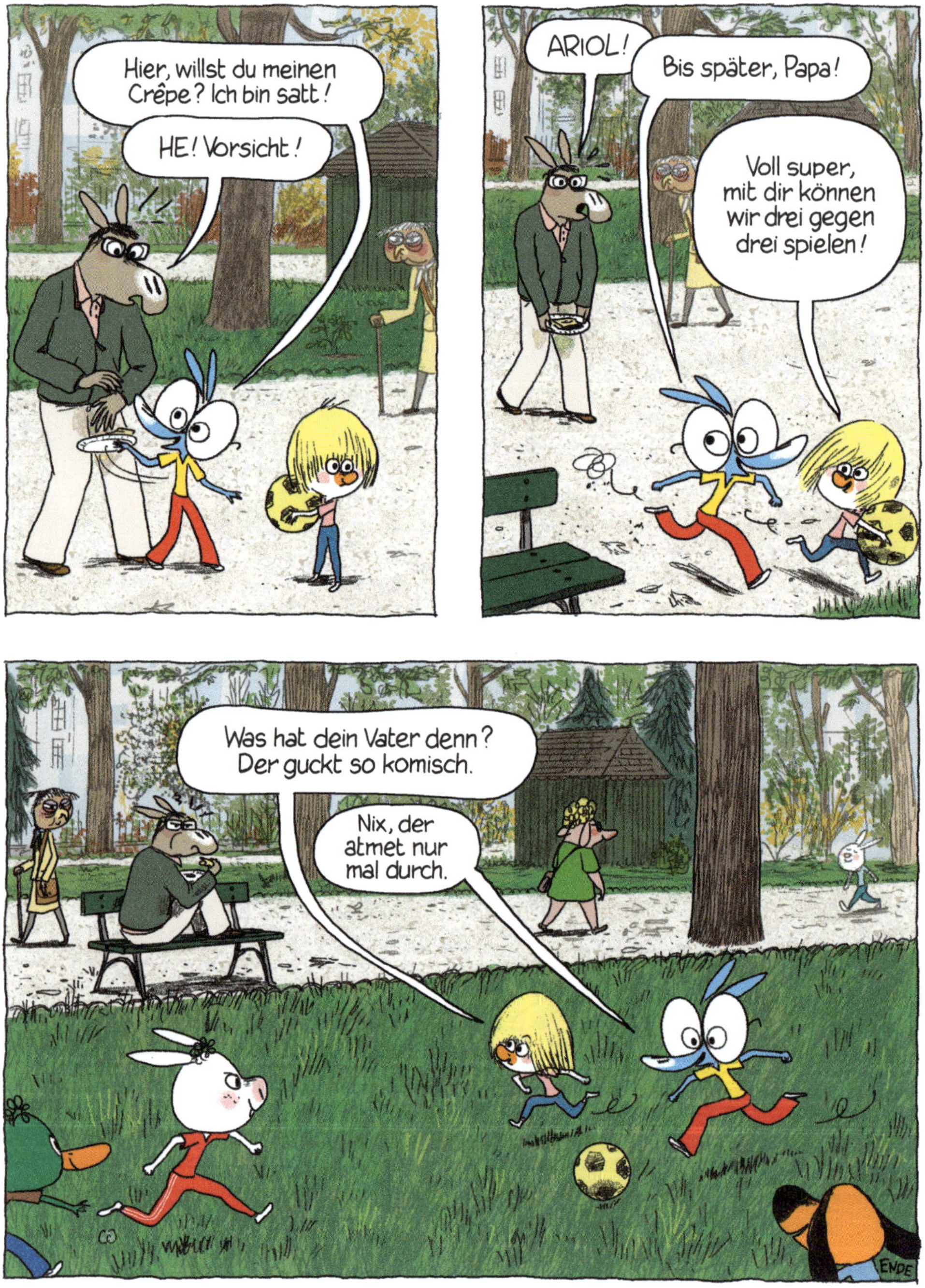

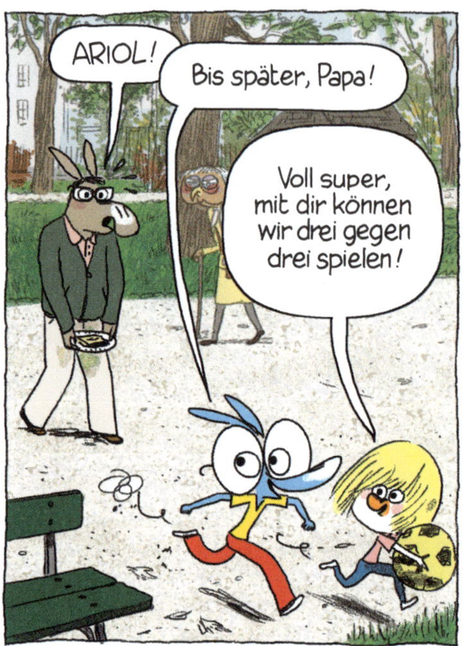
ARIOL!
Bis später, Papa!
Voll super, mit dir können wir drei gegen drei spielen!

Was hat dein Vater denn? Der guckt so komisch.
Nix, der atmet nur mal durch.
ENDE

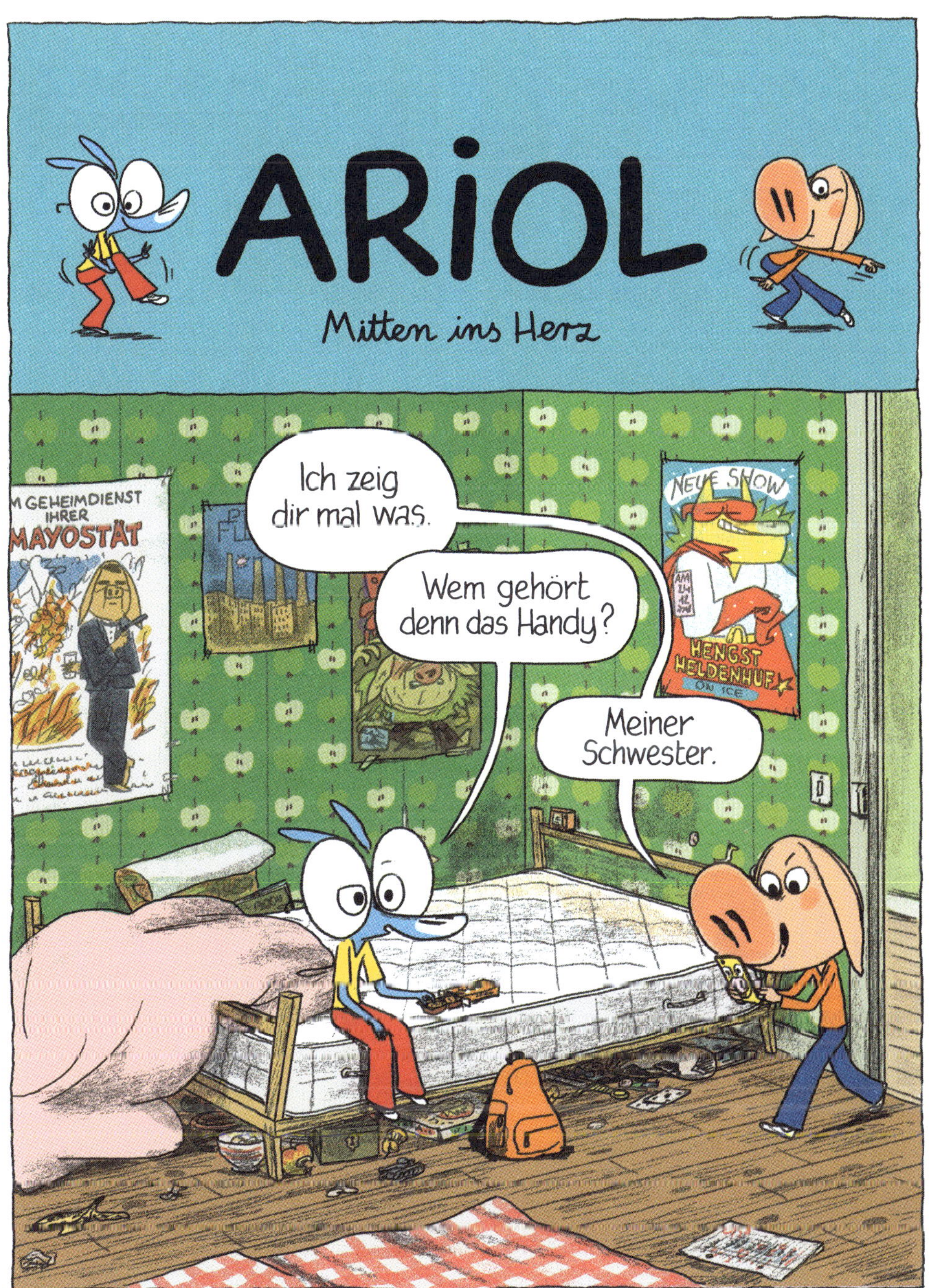
ARiOL
Mitten ins Herz
M GEHEIMDIENST IHRER MAYOSTÄT
NEUE SHOW
HENGST HELDENHUF ON ICE
Ich zeig dir mal was.
Wem gehört denn das Handy?
Meiner Schwester.

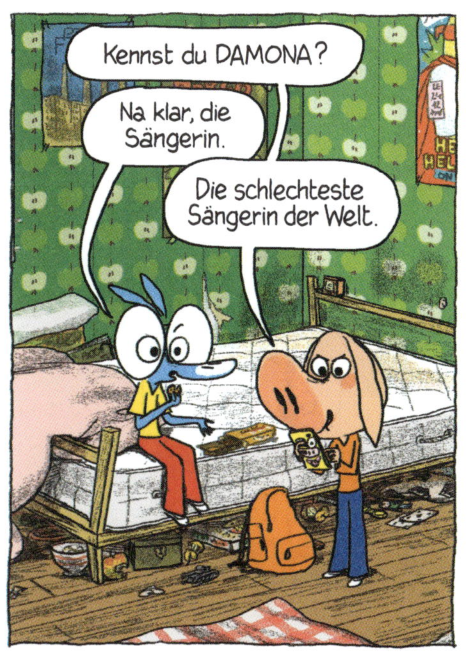
Kennst du DAMONA?
Na klar, die Sängerin.
Die schlechteste Sängerin der Welt.

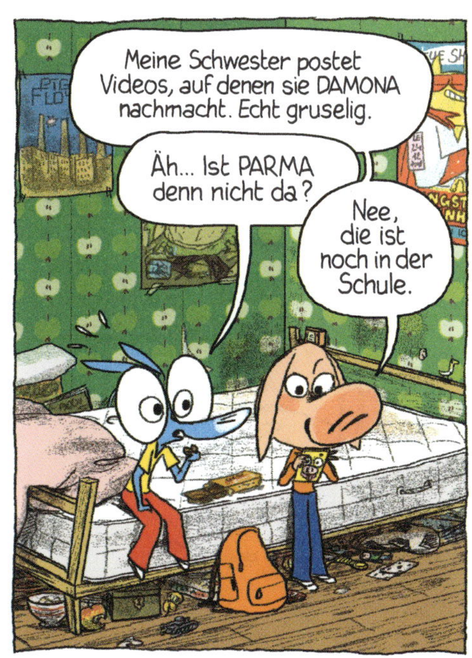
Meine Schwester postet Videos, auf denen sie DAMONA nachmacht. Echt gruselig.
Äh… Ist PARMA denn nicht da?
Nee, die ist noch in der Schule.

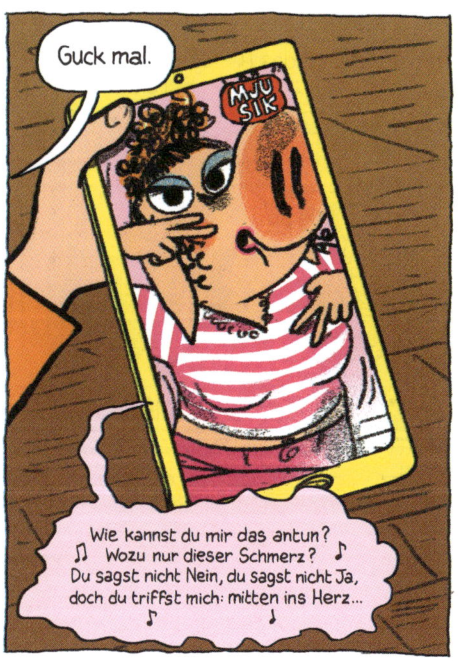
Guck mal.
MJU SIK
♫ Wie kannst du mir das antun? Wozu nur dieser Schmerz? ♪ Du sagst nicht Nein, du sagst nicht Ja, doch du triffst mich: mitten ins Herz… ♪ ♪

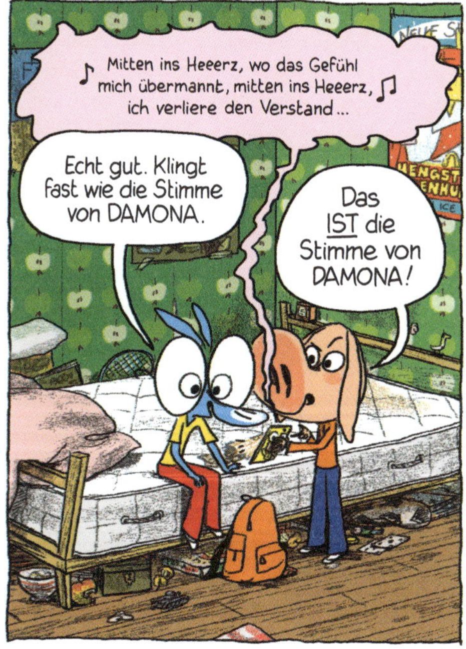
♪ Mitten ins Heeerz, wo das Gefühl mich übermannt, mitten ins Heeerz, ♫ ich verliere den Verstand…
Echt gut. Klingt fast wie die Stimme von DAMONA.
Das IST die Stimme von DAMONA!

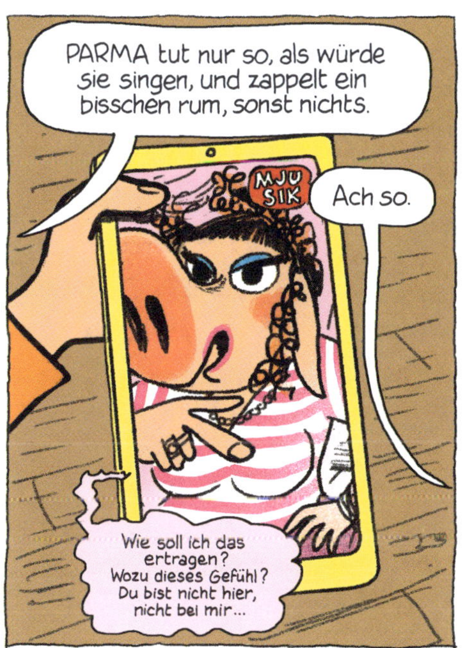
PARMA tut nur so, als würde sie singen, und zappelt ein bisschen rum, sonst nichts.
MJU SIK
Ach so.
Wie soll ich das ertragen? Wozu dieses Gefühl? Du bist nicht hier, nicht bei mir…

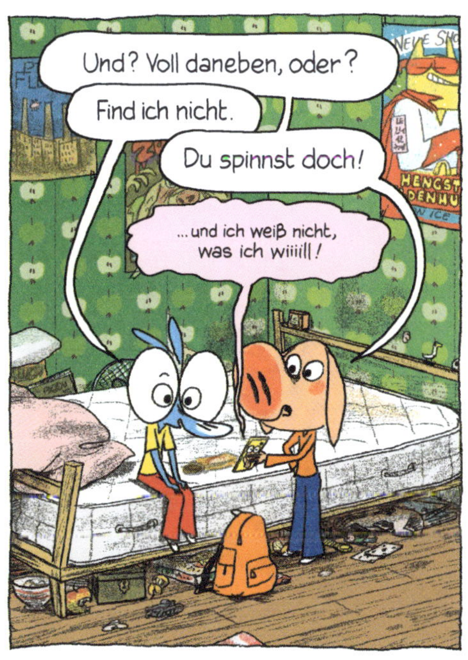
Und? Voll daneben, oder?
Find ich nicht.
Du spinnst doch!
…und ich weiß nicht, was ich wiiiill!

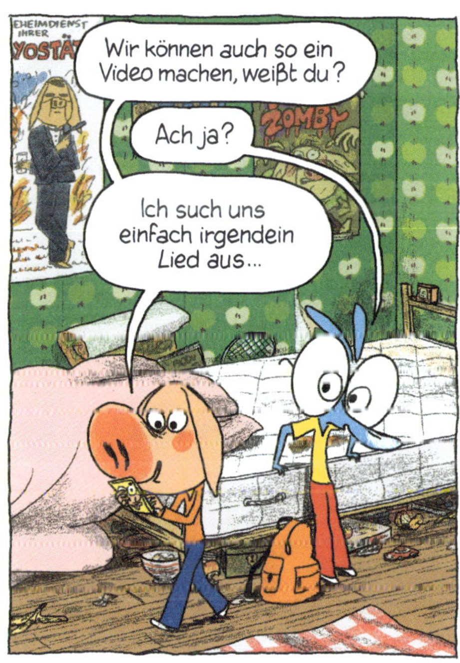
Wir können auch so ein Video machen, weißt du?
Ach ja?
Ich such uns einfach irgendein Lied aus…
ZOMBY

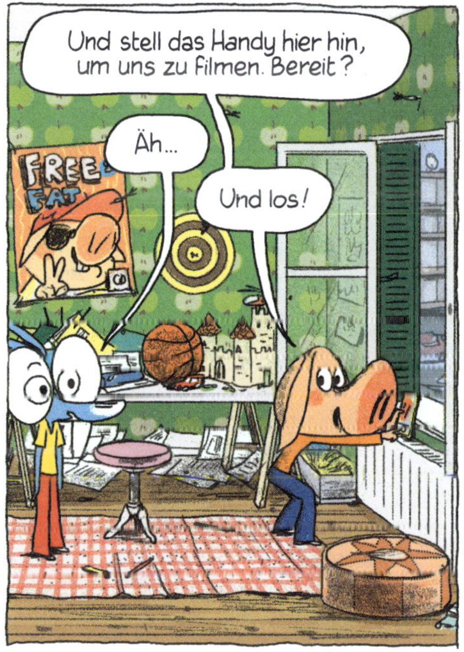
Und stell das Handy hier hin, um uns zu filmen. Bereit?
Äh…
Und los!
FREE
FAT

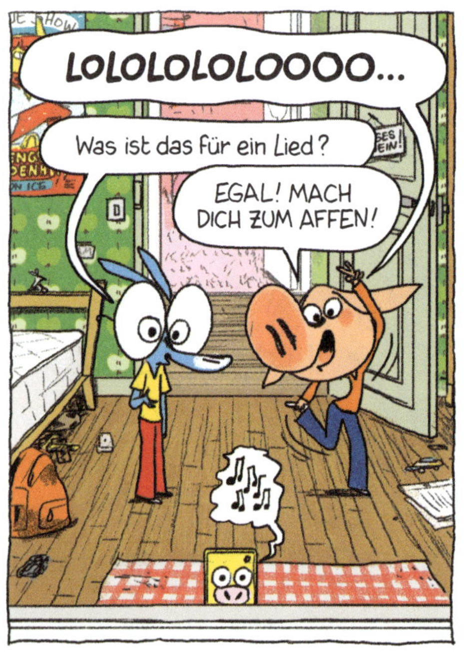
LOLOLOLOLOOOO...
Was ist das für ein Lied?
EGAL! MACH DICH ZUM AFFEN!

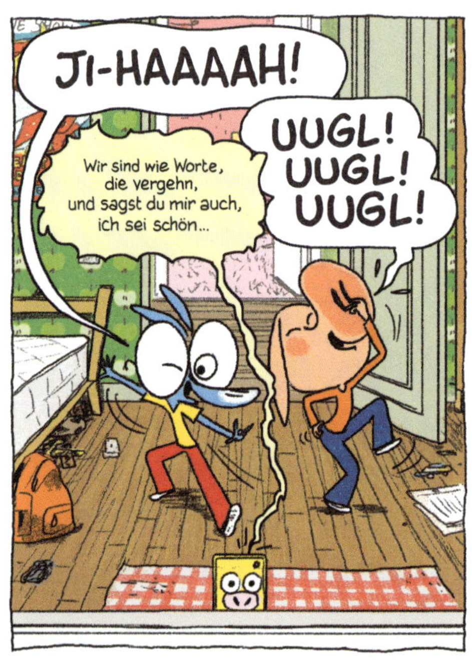
JI-HAAAAH!
Wir sind wie Worte, die vergehn, und sagst du mir auch, ich sei schön...
UUGL! UUGL! UUGL!

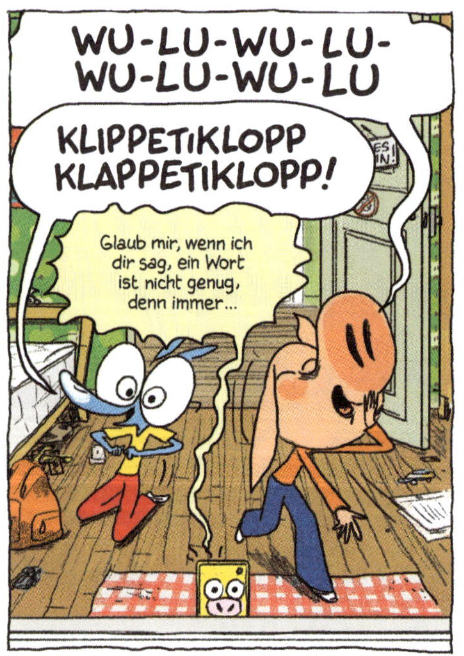
WU-LU-WU-LU-WU-LU-WU-LU
KLIPPETIKLOPP KLAPPETIKLOPP!
Glaub mir, wenn ich dir sag, ein Wort ist nicht genug, denn immer...

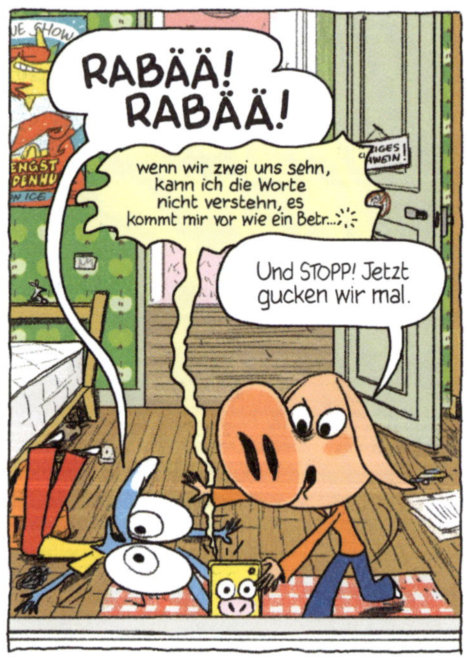
RABÄÄ! RABÄÄ!
wenn wir zwei uns sehn, kann ich die Worte nicht verstehn, es kommt mir vor wie ein Betr...
Und STOPP! Jetzt gucken wir mal.

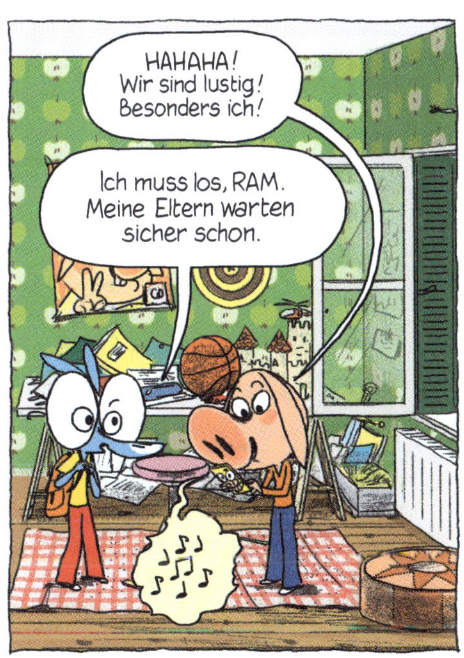
HAHAHA! Wir sind lustig! Besonders ich!
Ich muss los, RAM. Meine Eltern warten sicher schon.

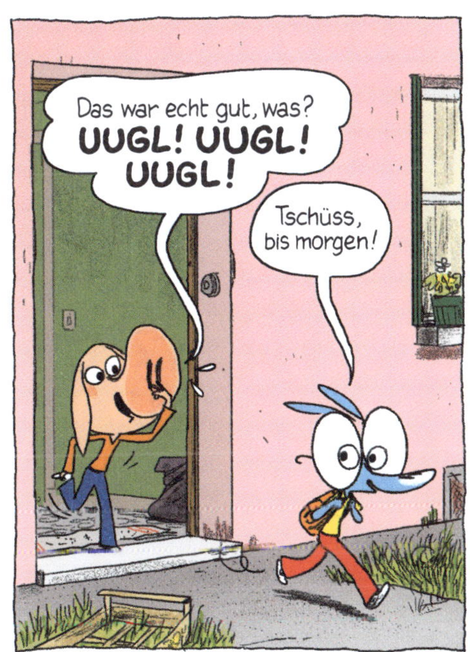
Das war echt gut, was? UUGL! UUGL! UUGL!
Tschüss, bis morgen!

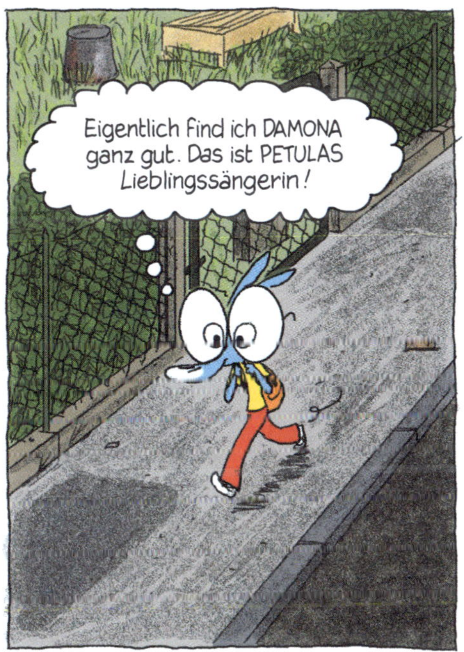
Eigentlich find ich DAMONA ganz gut. Das ist PETULAS Lieblingssängerin!

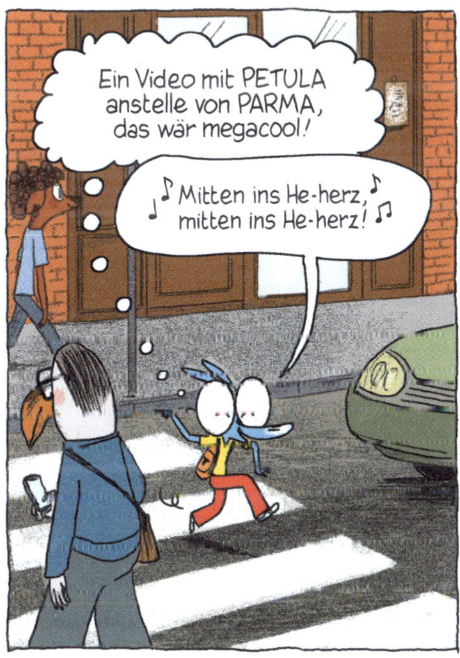
Ein Video mit PETULA anstelle von PARMA, das wär megacool!
♪ Mitten ins He-herz, mitten ins He-herz! ♫

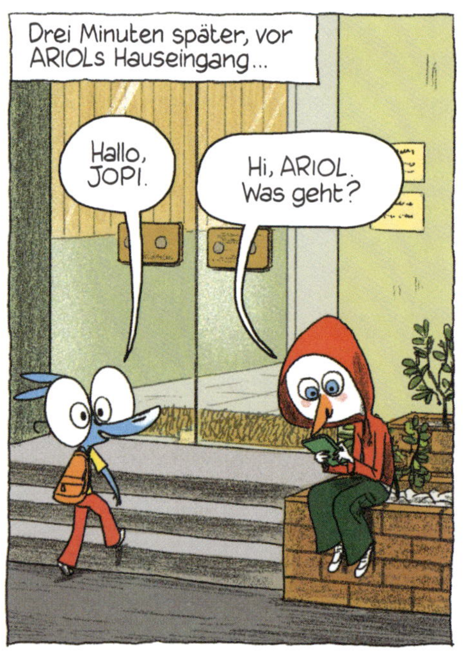
Drei Minuten später, vor ARIOLs Hauseingang...
Hallo, JOPI.
Hi, ARIOL. Was geht?

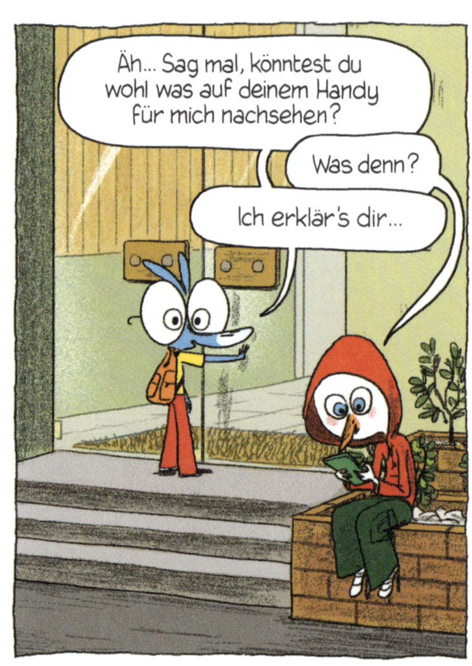
Äh... Sag mal, könntest du wohl was auf deinem Handy für mich nachsehen?
Was denn?
Ich erklär's dir...

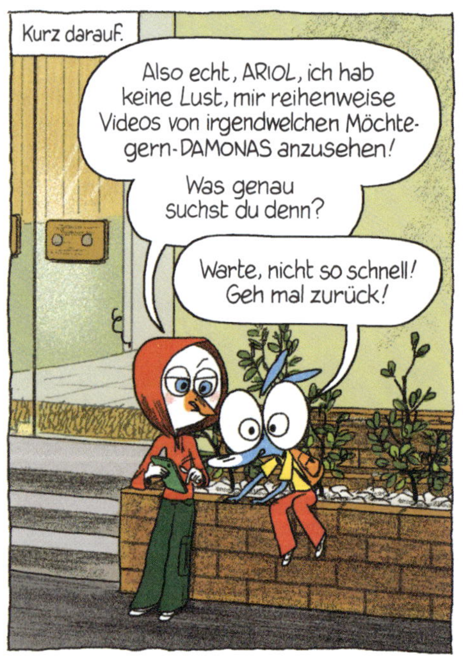
Kurz darauf.
Also echt, ARIOL, ich hab keine Lust, mir reihenweise Videos von irgendwelchen Möchtegern-DAMONAS anzusehen!
Was genau suchst du denn?
Warte, nicht so schnell! Geh mal zurück!

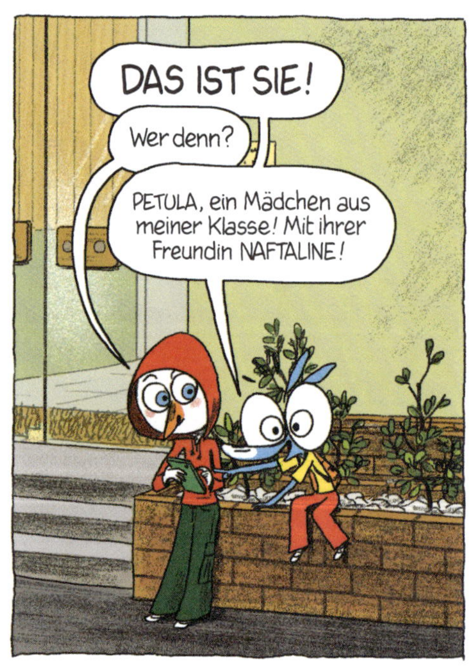
DAS IST SIE!
Wer denn?
PETULA, ein Mädchen aus meiner Klasse! Mit ihrer Freundin NAFTALINE!

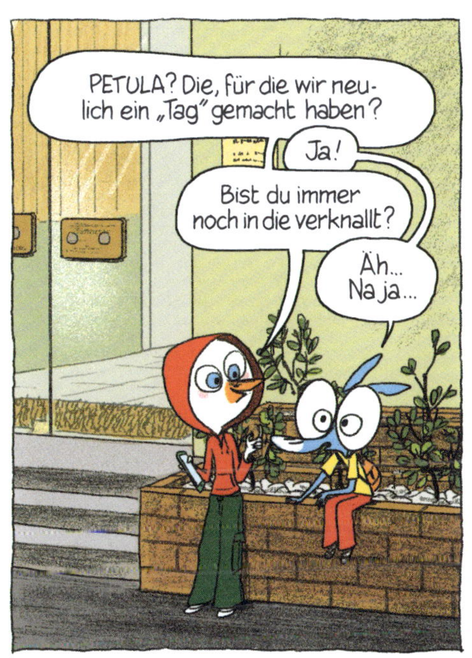
PETULA? Die, für die wir neulich ein „Tag" gemacht haben?
Ja!
Bist du immer noch in die verknallt?
Äh... Na ja...

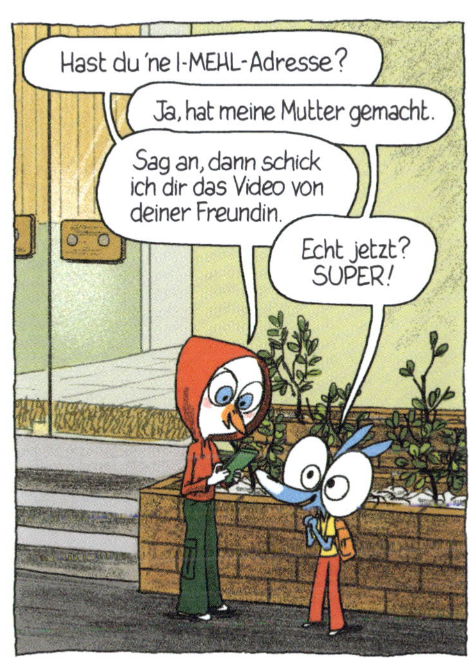
Hast du 'ne I-MEHL-Adresse?
Ja, hat meine Mutter gemacht.
Sag an, dann schick ich dir das Video von deiner Freundin.
Echt jetzt? SUPER!

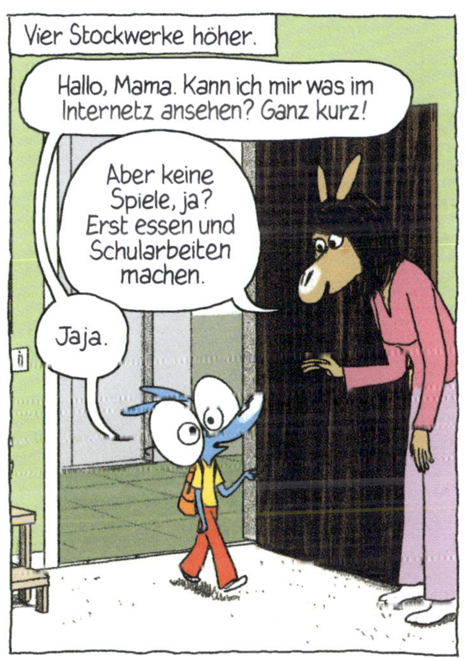
Vier Stockwerke höher.
Hallo, Mama. Kann ich mir was im Internetz ansehen? Ganz kurz!
Aber keine Spiele, ja? Erst essen und Schularbeiten machen.
Jaja.

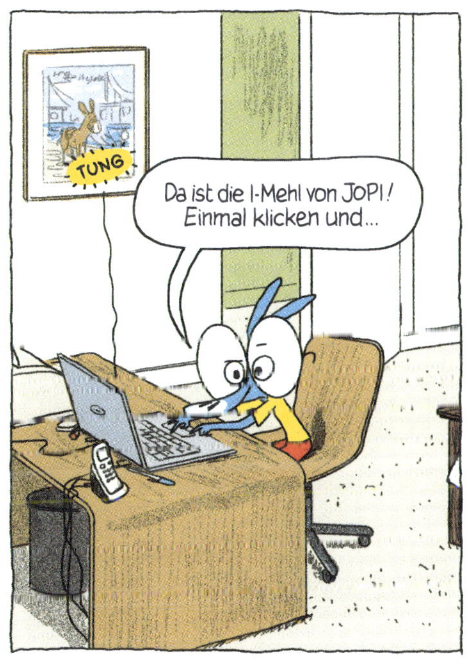
TUNG
Da ist die I-Mehl von JOPI! Einmal klicken und...

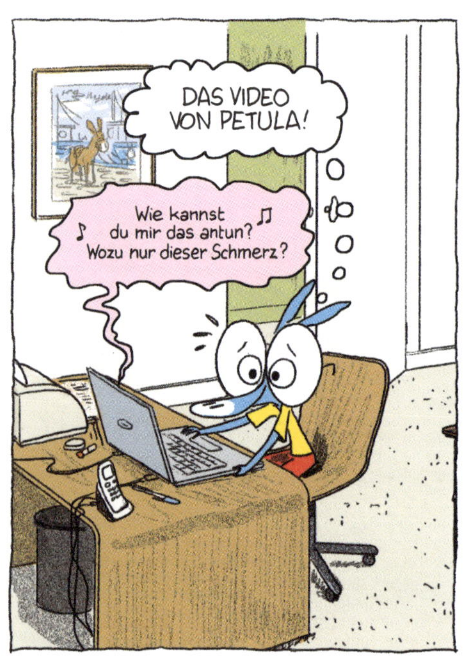
DAS VIDEO VON PETULA!
Wie kannst du mir das antun? Wozu nur dieser Schmerz?

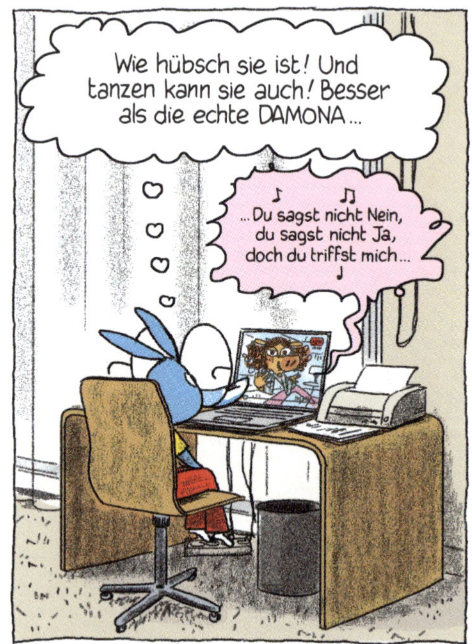
Wie hübsch sie ist! Und tanzen kann sie auch! Besser als die echte DAMONA...
... Du sagst nicht Nein, du sagst nicht Ja, doch du triffst mich...

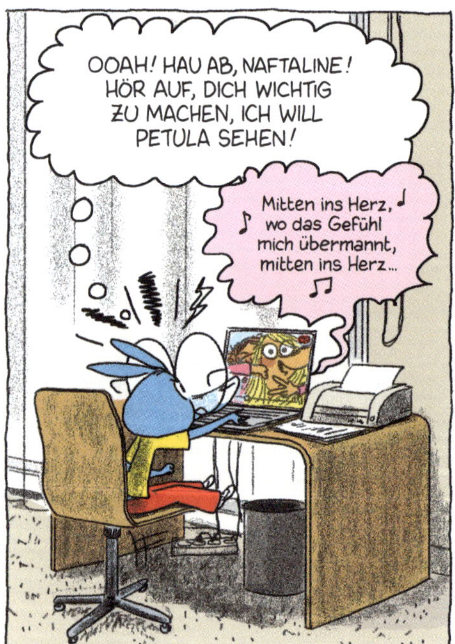
OOAH! HAU AB, NAFTALINE! HÖR AUF, DICH WICHTIG ZU MACHEN, ICH WILL PETULA SEHEN!
Mitten ins Herz, wo das Gefühl mich übermannt, mitten ins Herz...

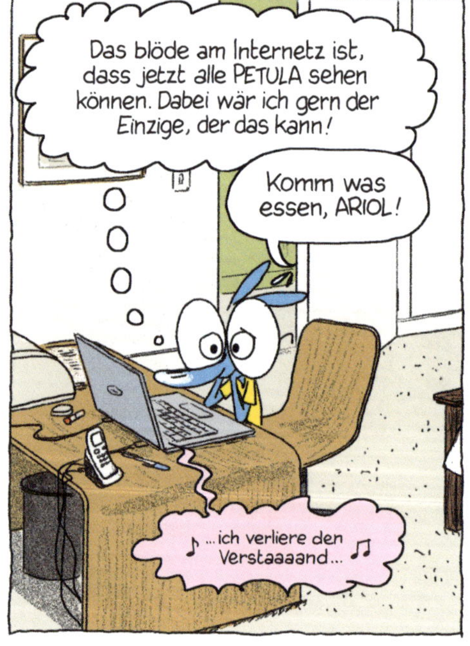
Das blöde am Internetz ist, dass jetzt alle PETULA sehen können. Dabei wär ich gern der Einzige, der das kann!
Komm was essen, ARIOL!
... ich verliere den Verstaaaand...

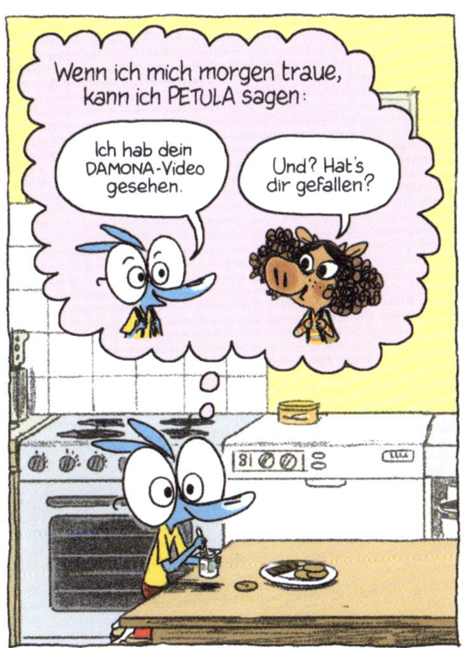
Wenn ich mich morgen traue, kann ich PETULA sagen:
Ich hab dein DAMONA-Video gesehen.
Und? Hat's dir gefallen?

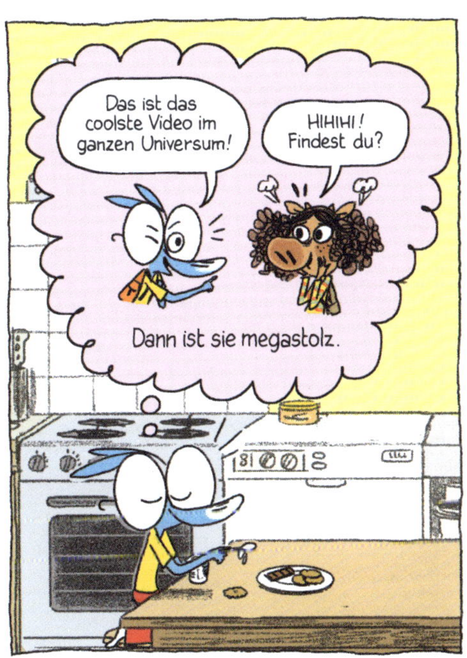
Das ist das coolste Video im ganzen Universum!
HIHIHI! Findest du?
Dann ist sie megastolz.

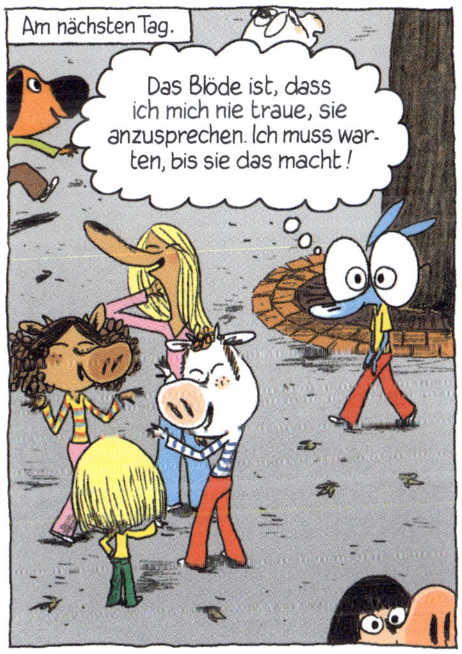
Am nächsten Tag.
Das Blöde ist, dass ich mich nie traue, sie anzusprechen. Ich muss warten, bis sie das macht!

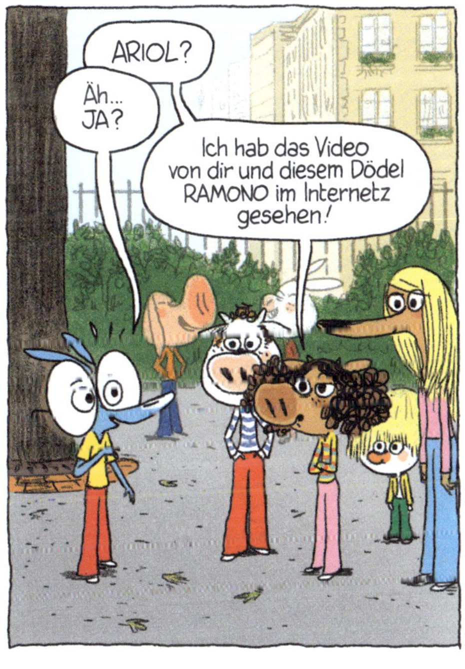
ARIOL?
Äh... JA?
Ich hab das Video von dir und diesem Ködel RAMONO im Internetz gesehen!

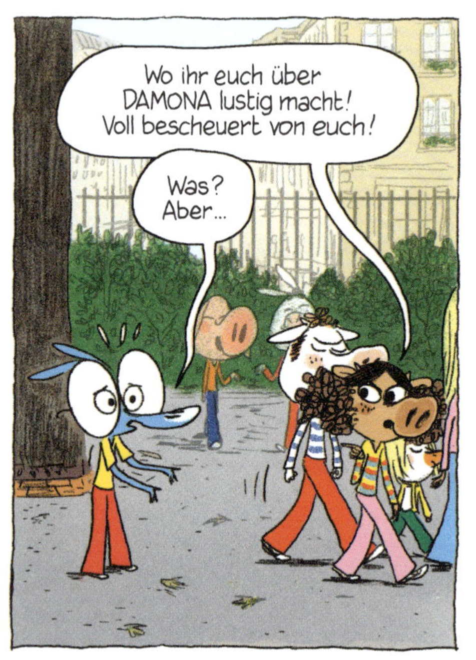
Wo ihr euch über DAMONA lustig macht! Voll bescheuert von euch!
Was? Aber...

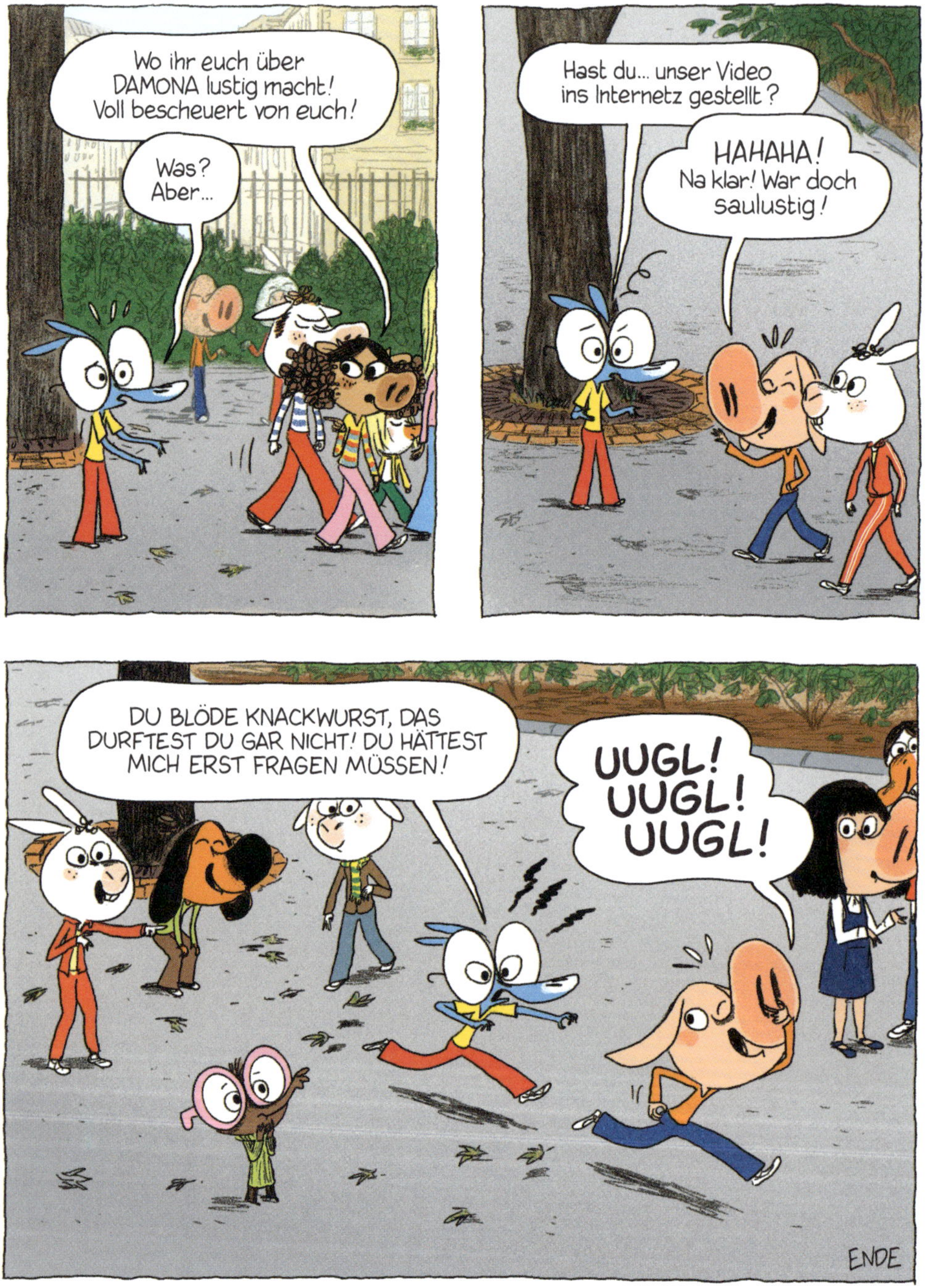

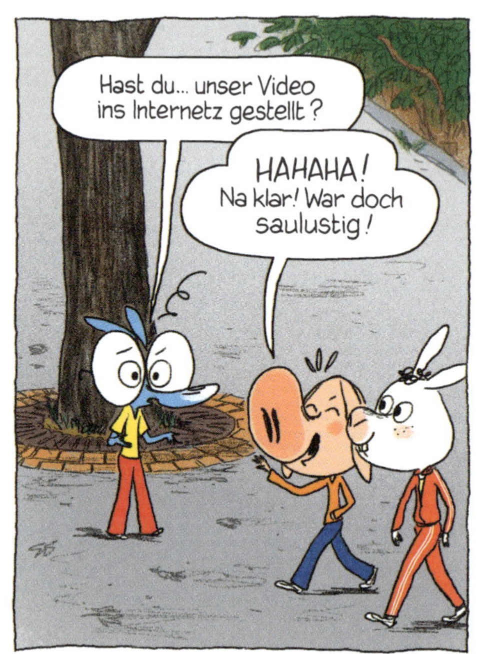
Hast du... unser Video ins Internetz gestellt?
HAHAHA! Na klar! War doch saulustig!

DU BLÖDE KNACKWURST, DAS DURFTEST DU GAR NICHT! DU HÄTTEST MICH ERST FRAGEN MÜSSEN!
UUGL! UUGL! UUGL!
ENDE

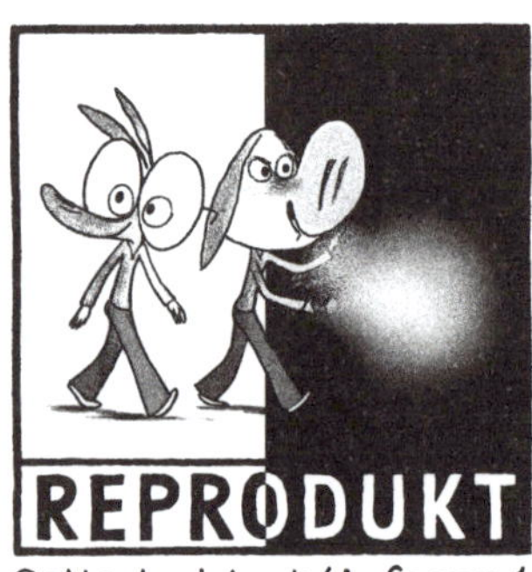

Gottschedstr. 4/Aufgang 1
13357 Berlin

Aus dem Französischen von
Annette von der Weppen
Redaktion: Michael Groenewald und
Matthias Wieland
Korrektur: Gustav Mechlenburg
Lettering: Michael Hau
Titelschriftzug: Arne Bellstorf

Originally published in France by Bayard Éditions,
18, Rue Barbès, 92128 Montrouge
Published by arrangement with Bayard Éditions
Herausgeber: Michael Groenewald
ISBN 978-3-95640-260-9
Herstellung: Arne Bellstorf
Druck: Pozkal, Inowrocław, Polen

Zweite Auflage: November 2024

www.reprodukt.com

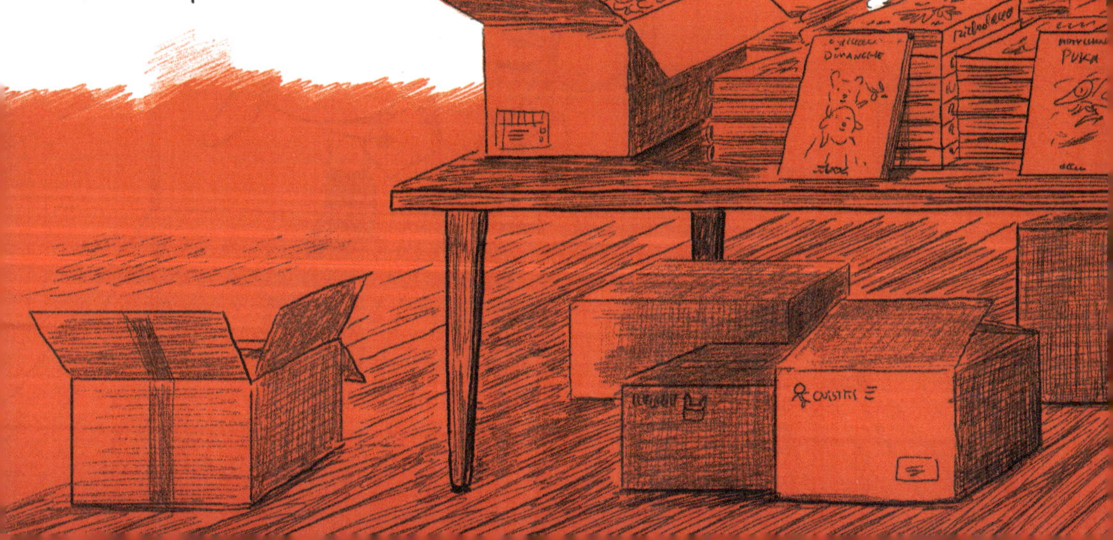

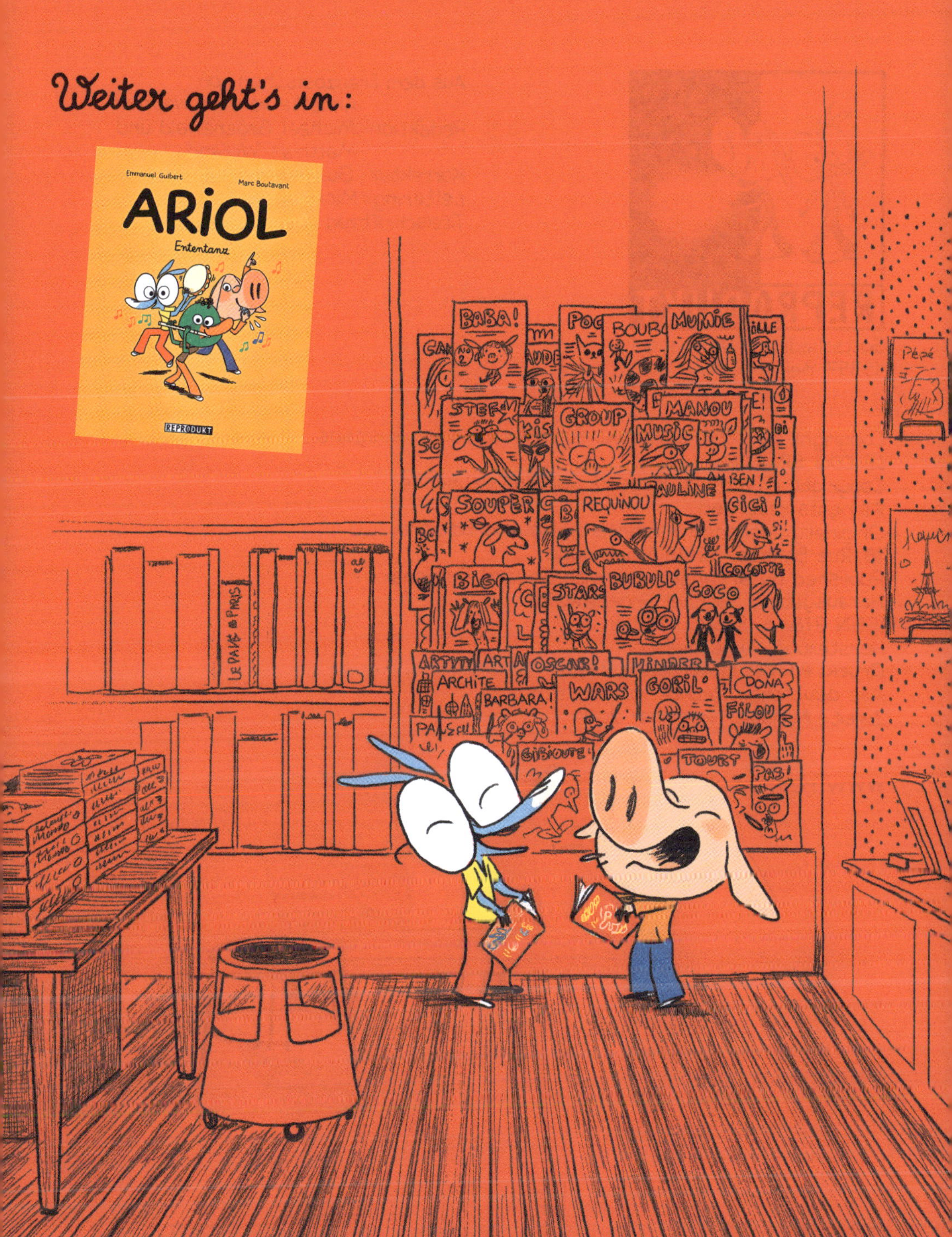
Weiter geht's in:
Emmanuel Guibert
Marc Boutavant
ARiOL
Ententanz
REPRODUKT

FÜR KLEINE LESER

Emmanuel Guibert & Marc Boutavant bei Reprodukt
Ariol

Ein kleiner Esel wie du und ich
HENGST HELDENHUF
Saugute Freunde
Eine ganz schöne Kuh
Mach die Fliege, SURRSULA
Miesekatze
Lehrer, die bellen, beißen nicht
Papa ist ein Esel
Hasenzähne
Ballettratten
Sei kein Frosch, VANESSA
Ein stolzer Gockel
Ententanz
So ein dummes Schaf
Kalbträume
NAPHTALINE: Einfach nur wau!
Wo ist PETULA?
Junges Gemüse auf großer Tour

Marc Boutavant bei Reprodukt
Mouk

Helden der Pedale
Mouk hat Langeweile
Die große Reise des kleinen Mouk

Pelzkugel und Ente
Der Popo von Hippopo (*mit Didier Lévy*)
Nur mal für einen Tag (*mit Laura Leuck*)
Niemals wilde Katzen kitzeln (*mit Pamela Butchart*)
Edmund: Das Fest im Mondschein (*mit Astrid Desbordes*)
Marienkäfer suchen ein Zuhause (*mit Davide Cali*)

Marc Boutavant bei Woow Books

Der Stinkehund (bislang sieben Bände, *mit Colas Gutman*)

Marc Boutavant bei Hanser

Man wird doch wohl mal wütend werden dürfen (*mit Toon Tellegen*)
Warum wird hier keiner wütend? (*mit Toon Tellegen*)

Emmanuel Guibert bei Schaltzeit

Alldine & die Weltraumpiraten (bislang zwei Bände, *mit Mathieu Sapin*)

FÜR GROSSE LESER

Emmanuel Guibert in der Edition Moderne

Alans Krieg
Alans Kindheit
Martha und Alan
Der Fotograf (*mit Didier Lefévre & Frédéric Lemercier*)
Reisen zu den Roma (*mit Alain Keler & Frédéric Lemercier*)